Marc van der Erve/Jonathan Ellis

Die Darwin Manager

Marc van der Erve/Jonathan Ellis

Die Darwin Manager

oder

Wie Evolution im lebenden Unternehmen wirkt

Aus dem Englischen von Franz Reitmayr

SIGNUM

Die Deutsche Bibliothek – CIP-Einheitsaufnahme
Erve, Marc van der:
Die Darwin-Manager : oder Wie Evolution im lebenden Unternehmen wirkt / Marc van der Erve mit Jonathan Ellis
[Aus dem Engl. von Franz Reitmayr]. – Wien : Signum-Verl., 1998
(Business)
Einheitssacht: The Darwin Circle <dt.>
ISBN 3-85436-250-1

Cover: Heinz Linhart
Umschlagphoto: © THE IMAGE BANK / Dennis Novak, Malcolm Piers
Druck: Druck- u. Verlagsanstalt Wiener Verlag Ges.m.b.H. Nachf. KG
A-2325 Himberg, Haideäckerstraße 1

ISBN 3-85436-250-1
Wien 1998

Inhalt

1. Eine Sache der Wechselwirkung

Ich verlagerte mein Gewicht im Stuhl und fragte mich nicht zum ersten Mal, warum Konferenzstühle immer so unbequem sind. Vielleicht, dachte ich, lag es nur an mir. Schließlich zählte ich die Minuten, bis diese Plenarsitzung beendet sein würde.

Plötzlich konnte ich diesen Gurukult keine Minute länger ertragen, und ungeachtet des Eindrucks, den ich hinterlassen würde, stand ich auf und verließ den Vortragssaal. Die vielen belästigten Blicke, die mir nachgeworfen wurden, ignorierte ich geflissentlich. Sollten sie mich doch für einen Ungläubigen halten, meinetwegen sogar für einen Häretiker. Das wäre nicht das erste Mal, daß man mir diese Art von Vorwürfen machen würde. Ebensowenig das letzte Mal. Ich ging in die Lobby und hoffte, daß eine Brise frischer Luft mir dabei helfen würde, meinen Kopf von der Frustration zu befreien, die sich während der letzten Tage fühlbar in mir aufgebaut hatte. Frustration ist mir nicht fremd, muß ich zugeben. Aber dieses Mal schien es heftiger und nachhaltiger zu sein als jemals in der Vergangenheit. Und ich erkannte, daß der Grund dafür das Gefühl war, ich würde mich eher immer weiter von der Wahrheit entfernen als ihr näher zu kommen.

Die Wahrheit! Ich war seit Jahren auf der Suche nach irgendeinem Weg gewesen, mein müdes Unternehmen wieder in Schwung zu bringen. War ein regelmäßiger Käufer der neuesten Bücher über die ultimativen Ideale des Managements geworden, hatte Seminare und Konferenzen in praktisch allen größeren Wirtschaftszentren der Erde besucht, hatte die jeweils neuesten Theorien in die Praxis umgesetzt und mit angehaltenem Atem darauf gewartet, daß die Verkaufskurven nach oben gehen würden. Aber alles ohne Erfolg. Und ich wußte, daß alles, das ich während der letzten beiden Tage gehört hatte, nichts an der Situation ändern würde, die mich daheim im Büro erwartete.

Es frustrierend zu nennen, war eine Untertreibung.

Ich setzte mich in einen der gepolsterten Armstühle, die strategisch über die ganze Lobby verteilt waren, und erlaubte meinen Augen, herumzuschweifen. Es war immer noch früh. Das Gedränge des abendlichen Berufsverkehrs hatte noch nicht begonnen. Tatsächlich waren, abgesehen von zwei älteren Frauen, die Tee und Kuchen genossen, nur zwei andere Menschen anwesend: ein großer Mann und eine elegante Frau. Obwohl sie heftig in eine angeregte Unterhaltung verstrickt waren, machten sie eher den Eindruck von Kollegen als den eines Liebespaares. Was mir am meisten auffiel, war der Unterschied zwischen diesen beiden Menschen. Der Mann war lebhaft und unterstrich seine Ausführungen mit seinen Händen und mit ruckartigen Bewegungen des Kopfes; die Frau war viel ruhiger, schien zuzuhören und ohne ersichtliche Anstrengungen zu analysieren.

Als ich die beiden beobachtete, entdeckte ich plötzlich die Konferenz-Badges, die aufdringlich an ihren Aufschlägen steckten. Was taten sie in der Lobby, anstatt in der Plenarsitzung zu sein? Waren sie ebenfalls von der Frustration befallen worden, die ich empfand? Plötzlich fühlte ich mich wie ein Fremder im Ausland, der entdeckt, daß im selben Hotel Bewohner seiner Heimatstadt abgestiegen sind. Die Verbundenheit war schlagartig da und ich wußte, daß ich mit ihnen sprechen mußte.

Ohne zu zögern, erhob ich mich und durchquerte die Lobby.

„Haben Sie auch genug?“ fragte ich und hoffte, zumindest irgendeine Reaktion hervorzurufen. Sie sahen mich an und beiden flog ein schuldbewußter Blick über das Gesicht. Dann lächelten sie mich offen an.

„Viel zu viel“, sagte der Mann, der offensichtlich für beide sprach. „Wir sprachen gerade darüber, daß all dieses Theoretisieren einfach zu nichts führt.“ „Das ist genau das, was ich auch gedacht habe“, begeisterte ich mich, zufrieden, jemanden gefunden zu haben, der auf den ersten Blick ein Mitverschwörer zu sein schien. „Ich bin einfach überschwemmt worden mit Ideen und Theorien – aber nichts, das man wirklich in die Praxis umsetzen kann.“

Die Frau dachte anscheinend über mich nach und kam zu der Entscheidung, daß ich harmlos sei. Sie sah zu mir auf und zeigte dann mit ihrem Arm auf einen leeren Armstuhl ihr gegenüber.

„Ideen sind dennoch wichtig, meinen Sie nicht?“ fragte sie, während ihre Augen die meinen prüften. „Sie sind der eigentliche Rohstoff unserer Gesellschaft.“

„Natürlich sind sie das“, antwortete ihr Begleiter, der offensichtlich versuchte, wieder ihre Aufmerksamkeit zu gewinnen, „aber sie müssen irgendwohin führen. Ich kann nicht erwarten, daß ich das Wachstum meiner Firma steigere, indem ich sie mir größer denke. Ich muß Dinge in Bewegung setzen. Es ist die praktische Anwendung, die ich einfach vermisse."

„Das sehe ich auch so", sagte ich und war zufrieden, jemanden gefunden zu haben, der meine Enttäuschungen mit Management-„Theorien" teilte. „Ich war bei so vielen dieser Veranstaltungen und habe so viel gelernt. Aber wenn ich wieder ins Büro komme, sieht es so aus, daß, was immer ich auch tue, nichts dabei hilft, die Abwärtsspirale wieder umzukehren, in die meine Firma geraten ist."

„Sie sagen, Sie haben etwas gelernt", meinte die Frau und wendete mir langsam den Blick zu. „Haben Sie bei Veranstaltungen wie dieser tatsächlich etwas gelernt?"

„Bei dem Geld, das wir bezahlen, will ich das doch stark hoffen", warf der Mann ein.

„Aha", sagte sie, als hätte sie das Problem verstanden. „Ich denke, das hängt davon ab, welche Definition von Lernen man verwendet."

„Definition?" fragte der Mann leicht irritiert. „Wir alle wissen, was Lernen ist. Es bedeutet, daß wir über neue Techniken hören und diese dann in die Praxis umsetzen."

„Das ist eine mögliche Definition dafür, denke ich, obwohl ich es eher eine Definition des Gedächtnisses nennen würde. Man hört etwas, lernt es auswendig und versucht, es in die Praxis umzusetzen. Ich glaube nicht, daß das irgend etwas mit Lernen zu tun hat. Nicht das geringste."

„Ich nehme an, Sie werden jetzt die Theorie der Feedback-Schleifen ansprechen", sagte ich, um nicht aus der Diskussion verdrängt zu werden. Ich war erfreut, daß mein Verstand mit etwas mithalten konnte, das zumindest intelligent klang. „Die Idee, daß Lernen eine Abfolge von Feedback-Schleifen ist: Man lernt etwas, vergleicht es mit dem, was man bereits im Gedächtnis hat, und entscheidet dann, ob man es akzeptiert oder nicht."

„Für mich ist auch das nicht Lernen. Denn ich glaube nicht, daß Lernen irgend etwas mit dem zu tun hat, was man schon in seinem Gehirn hat. Lernen heißt für mich, etwas völlig Neues zu entdecken. Etwas, das eben nichts mit dem zu tun hat, was man schon in seinem Gedächtnis hat. Lernen heißt für mich, eine Erfahrung zu machen, die einen verändert. Die irgend etwas irgendwo in einem verändert. Die einen richtig aufrüttelt. Ich finde nicht, daß es in diesen Veranstaltungen um Lernen geht. Es geht um die Vermittlung von Regeln. Die Leute bezahlen, damit man ihnen sagt, was sie tun sollen. Das ist nicht Lernen. Das ist ein Nachplappern nach Papageienart. Und niemand wird mich davon überzeugen können, daß Papageien lernen. Nicht nach meinem Verständnis von Lernen zumindest."

Einen Moment lang waren wir alle drei still und ließen diesen Gedanken auf uns wirken. Für mich machte das Sinn. Ich erinnerte mich, daß in der Schule einer meiner Mitschüler für extrem intelligent gehalten wurde. Er konnte unglaublich gut lernen. Aber dann ...

„Ich erinnere mich an jemanden aus meiner Schule", sagte ich und hoffte, den Gedanken weiterführen zu können, den die anmutige Frau in unser Gespräch eingebracht hatte. „Er war unglaublich geschickt darin, aus Büchern zu lernen. Und er absolvierte jede Prüfung mit Bravour. Aber eines Tages sollte er seine Meinung über den Charakter Hamlets sagen. Er fragte den Lehrer, auf welcher Seite der Charakter beschrieben wäre. Er konnte keinerlei Überlegungen anstellen. Er konnte nur nachplappern, was er gelernt hatte."

„War er deshalb intelligent?" fragte sie, zuversichtlich, wenigstens einen empfänglichen Zuhörer zu haben, „gab ihm das die Qualitäten, die man braucht, um sich an wechselnde Situationen anzupassen?"

„Hören Sie doch auf damit", sagte der große Mann, dem dieser Austausch von Gedanken offensichtlich wenig gefiel. „Sie klingen, als steckten Sie mitten in der Evolution oder so. Alles verändert sich, und wir müssen uns auch verändern. Als nächstes erzählen Sie uns etwas vom Überleben des Tüchtigsten."

„Genau", bestätigte die Frau. „Genau."

„Evolution also", sagte ich und freute mich heimlich, einen Punkt machen zu können. „Nicht Management des Wandels? Nicht Management des Chaos?"

„Oh, das auch. Aber es ist die Evolution, über die wir nachdenken müssen. Wenn wir nicht erkennen, daß sich sowohl Gesellschaft als auch Wirtschaft in ständiger Evolution befinden, dann können wir schwerlich erwarten, daß wir imstande sein werden, einen Erfolgskurs entwickeln zu können."

„Ich denke, das ist genau das, was mich so frustriert", sagte ich. „Darf ich Sie beide zum Abendessen einladen? Ich würde mich wirklich freuen. Ich habe das Gefühl, daß unsere Diskussion meinen Aufenthalt hier sinnvoller macht, als ich es vor einigen Minuten noch befürchtet hatte. Darum würde ich sie gerne fortsetzen. Bitte nehmen Sie an.

Zumindest hätte ich dann weniger Schuldgefühle wegen des Schwänzens der Sitzung."

Die beiden sahen einander an und nickten dann in meine Richtung. Wir verabredeten, uns später hier zu treffen, und ich sagte, ich würde die nötige Reservierung vornehmen. Nachdem sie zugestimmt hatten, verließ ich sie, um zurück auf mein Zimmer zu gehen. Ich entschloß mich, unterwegs bei der Rezeption nachzufragen, ob irgendwelche Nachrichten für mich hinterlassen worden wären.

Als ich durch die Lobby ging, dachte ich an unser Gespräch zurück. Diese beiden Fremden hatten zweifellos mein Interesse geweckt. Sie schienen in vielfacher Hinsicht ein unpassendes Paar zu sein – er so selbstsicher, so bestimmt, sie eher zurückhaltend, die Denkerin – und doch schienen sich ihre Qualitäten zu ergänzen. Ich wußte, daß der Abend nicht verschwendet sein würde.

Als ich mich der Rezeption näherte, bemerkte ich einen gepflegten älteren Herrn, der der Rezeptionistin einen Umschlag übergab. Kurz bevor ich das Pult erreichte, zog er vor der jungen Dame seinen Hut und ging. Ich sah ihm nach und dachte, daß er auf den Punkt genau meiner Vorstellung eines Hochschulprofessors entsprach. Ich fragte mich, wer der Adressat seiner Nachricht wohl sei?

„Bitte, mein Herr?", sagte die Rezeptionistin und riß mich aus meinen Gedanken.

Ich fühlte mich ertappt, als hätte man mich beim Aushecken eines Streiches erwischt.

„Ja – ich möchte fragen, ob irgendwelche Nachrichten für mich hinterlassen wurden – Geoffrey Sheldon."

Die Rezeptionistin nickte und drehte sich zu der Wand mit den Fächern hinter dem Pult um. Als sie sich mir wieder zuwandte, hielt sie einen Umschlag in der Hand. Sie überreichte ihn mir mit einem Lächeln.

Ich sah den Umschlag an, aber ich erkannte die Handschrift nicht. Könnte es sein …? Nein, sagte ich mir, das würde die Zufälligkeit zu weit treiben. Ich riß den Umschlag auf und zog ein gefaltetes Blatt Hotelbriefpapier heraus. Als ich die Notiz las, bestätigte sie den Zufall allerdings.

„Lieber Mr. Sheldon", begann die Nachricht. „Ich hoffe, sie verzeihen die Zudringlichkeit eines Fremden, aber zufällig hörte ich das Ende Ihres Gesprächs in der Bar mit und tat mein Bestes, um herauszufinden, wer Sie sind. Ich freue mich, Erfolg gehabt zu haben. Als ich an Ihnen vorüberging, fiel das Wort ‚Evolution'. Das leuchtete mir als sehr wichtig ein. Ich glaube, die Evolution könnte Ihnen sehr wohl Antworten auf die Fragen geben, die Sie stellen. Denken Sie nach über Evolution. Versuchen Sie, sie zu verstehen. Diskutieren Sie mit Ihren Freunden darüber. Ich bin sicher, es wird der Mühe wert sein. Hochachtungsvoll, Donald J. Wiggins." Ich betrachtete die Notiz eine Weile, dann drehte ich mich um und schaute, ob ich den Professor noch im Hotel sehen konnte. Aber er war jetzt verschwunden.Warum, dachte ich, hat er weder eine Adresse noch eine Telephonnummer hinterlassen? Verwirrt steckte ich den Zettel in meine Tasche und ging auf mein Zimmer, um mich für das Abendessen fertig zu machen.

☆

Das Taxi fuhr vor dem Atlantic Grill vor, einem von Londons beliebtesten Lokalen. Die Reaktion meiner beiden Kollegen zeigte mir, daß ich gut gewählt hatte. Ich hatte gehofft, die Umgebung würde sich günstig auf unser Gespräch auswirken, auf dessen Fortsetzung ich begierig wartete.

Ins Atlantic zu kommen, war ein Glücksfall gewesen. Im allgemeinen ist es auf Wochen voraus ausgebucht, aber heute hatte es eine Absage gegeben, und ich hatte genau zum richtigen Zeitpunkt angerufen. Es war einer dieser Zufälle, an die ich mich noch lange Zeit erinnern würde. Nachdem wir zu unseren Plätzen geführt worden waren, nahmen sich meine Begleiter Zeit und betrachteten die beeindruckende Umgebung. Das hier war ein Restaurant von gigantischen Ausmaßen, mit Sitzplätzen für beinahe tausend Gäste. Als wir uns umsahen, schien jeder davon besetzt zu sein. Für einen Augenblick überlegte ich, ob dies wirklich der richtige Ort war. Vielleicht wäre ein weniger bekanntes und intimeres Lokal eher geeignet gewesen.

„Was werden wir trinken?" fragte ich, als einer der Kellner an unserem Tisch auftauchte und uns die übergroßen Speisekarten in die Hand drückte.

„Warum bestellen wir nicht etwas Wein und Mineralwasser?" schlug der Mann vor, als wüßte er bereits, was seine Begleiterin sagen würde.

„Klingt gut. Vielleicht eine Flasche ... Hausmarke, weiß?" Ich richtete die Frage mehr an sie als an ihn und war entzückt, als sie nicht nur nickte, sondern mir sogar zulächelte. „Und Mineralwasser. Kalt, bitte."

Als der Kellner ging, beschloß ich, daß die Zeit gekommen war, das Eis zu brechen.

„Es ist nicht meine Angewohnheit, mit Menschen zu Abend zu essen, die ich nicht kenne. Mein Name ist Geoffrey Sheldon – wie heißen Sie?"

Der Mann sprach für sie beide.

„Ich bin David Whyse, und das ist Dory Woods. Und wir sind es nicht wirklich gewöhnt, Einladungen von Fremden anzunehmen."

„Sprechen Sie für sich selbst", sagte Dory, und in ihren Augen blitzte eine Andeutung von Mißbilligung auf, die ich bis dahin nicht gekannt hatte. „Ich nehme oft Einladungen von Fremden an. Nicht, daß ich ständig welche bekäme, aber wenn Sie uns einladen – gut. Warum sollte ich nicht annehmen?"

Ihre Frage hing in der Luft, als der Kellner zurückkehrte und unsere Gläser mit Wein und Wasser füllte. Als er wieder gegangen war, erhob Dory ihr Glas zu einem Gruß und sagte: „Auf die Fremden. Mögen wir Freunde werden, ehe die Nacht vorüber ist."

„Auf die Fremden", sagte ich und überlegte, ob sie damit nur mich gemeint hatte oder ob David auch unter diese Kategorie fiel.

„Ich lernte Dory in der Arbeitssitzung heute in der Früh kennen." David sagte es, als wollte er eine mehr als vorübergehende Bekanntschaft zu unserer attraktiven Begleiterin einfordern.

„Er spielte die Rolle des Gruppenzynikers. Er stellte alles in Frage. Es war sehr unterhaltend." „Die Sache ist die, meine Liebe, ich habe keineswegs eine Rolle gespielt – ich war ganz ich selbst."

„Der hedonistische Zyniker. Wie wundervoll", lächelte sie mit einem verspielten und neckischen Glitzern in den Augen.

„Und Sie, meine Liebe, sind die philanthropische Philosophin", setzte er dagegen, ohne allerdings ganz in der Lage zu sein, Dorys unschuldigen Tonfall zu treffen.

„Und wo passe ich in dieses herrliche Triumvirat?" warf ich ein, mit dem – wie ich finde, verständlichen – Gefühl, aus diesem Spiel der Verteilung von Rollen ausgeschlossen zu sein. „Klar doch, Sie sind der Inquisitor", sagte sie, als wäre das eine selbstverständliche Schlußfolgerung.

„Witzig – ich würde ihn eher als den Unschuldigen einschätzen", meinte David, der es diesmal schaffte, die Attacke mit einem gewinnenden Lächeln zu mildern.

„Vielleicht bin ich beides. Der Unschuldige und der Inquisitor. Ich sehe keinen Grund, warum das eine das andere ausschließen sollte. Sehen Sie einen?"

Ich suchte in Dorys Richtung nach Unterstützung, sah aber, daß sie sich auf die Blasen im Mineralwasser konzentrierte und an einer schwarzen Olive knabberte.

„Lassen Sie uns bestellen", sagte sie und sah von der Speisekarte auf. „Seien Sie doch so nett und versuchen Sie, den jungen Mann wieder an unseren Tisch zu bekommen."

☆

Während wir auf den ersten Gang warteten, wandte sich unsere Unterhaltung wieder unseren Erfahrungen mit dem Geschäftsleben und Seminaren zu.

„Haben Sie diese Frustration oft?" fragte David.

„In den letzten Jahren – ja", antwortete ich, „aber ich denke, das ist normal. Ich arbeite für eine Elektronikfirma, und wir hatten es für eine ziemlich lange Zeit recht gut. Aber jetzt ist der Wettbewerb so aggressiv, daß es schwieriger und schwieriger wird, unsere Ziele zu erreichen. Wir wissen, daß wir das Wachstum anregen müssen, aber wir sind einfach nicht imstande, das zu tun. Also haben wir uns nach anderen Wegen umgesehen, um unsere Gewinnlage zu verbessern, und bisher sind Kosteneinsparungen der einzige Weg, auf dem wir das können. Wir mußten uns in den letzten paar Jahren von einer erheblichen Anzahl unserer Mitarbeiter trennen. Und wir haben die Ausgaben so weit wie möglich gekürzt. Tatsächlich stand es auf Messers Schneide, ob ich an dieser Konferenz teilnehmen könnte oder nicht. Der einzige Grund, warum ich kommen konnte, ist, daß sie in London stattfindet. Eine Reise irgendwohin ans andere Ende der Welt kommt unter den gegenwärtigen Umständen eigentlich nicht in Frage."

„Warum kommen Sie dann überhaupt zu so einer Veranstaltung?" fragte David mehr sich selbst.

„Ich glaube, weil ich immer noch hoffe, die Antwort zu finden. Den Stein der Weisen, sozusagen. Ich kann nicht glauben, daß wir in eine Situation manövriert werden, aus der es keinen Ausweg gibt. Ich habe nicht vor, meine Firma untergehen zu lassen. Dafür ist sie zu gut. Und so komme ich immer wieder zu diesen Treffen, lese immer die neuesten Bücher, und hoffe tief im Innersten, daß ich vielleicht imstande sein werde, den Trend umzukehren, der mich dazu bringt, für weniger und weniger erkennbare Resultate mehr und mehr Stunden zu arbeiten."

„Das müssen Sie mir nicht erzählen", pflichtete David bei. „Kosten reduzieren, neue Qualitätskontrollen implementieren, eine Just-in-Time-Erweiterung der Kunden werden – wir haben das alles auch erlebt. Und wir sehen immer noch kein Licht am Ende des Tunnels. Ich bin in der Industrie tätig, wie Sie wohl schon erraten haben. Ich habe mich immer eher als Macher gesehen denn als Denker. Die sind auch wichtig, natürlich ..."

„Nett von Ihnen, das zu sagen", warf Dory mit einem giftigen Lächeln ein.

„Sie wissen, was ich meine – ich bin eben ein Mann der Tat. Ich muß in der Lage sein, etwas zu tun. Zu fühlen, daß ich einen Beitrag geleistet habe. Und wenn ich zu solchen Veranstaltungen komme, gibt mir das neue Ideen, die ich ausprobieren kann."

„Neue Ideen? Meinen Sie nicht neue Regeln, die Sie anwenden können? Das ist der letzte Ort, an dem ich neue Ideen suchen würde. Ich kam hierher auf der Suche nach etwas, das das System ins Wanken bringt. Ich möchte herausgefordert werden. Aufgerüttelt. Ich möchte etwas Neues erfahren – etwas, das alle meine bisherigen Vorstellungen durcheinander wirft."

„Da sind wir wieder bei unserer früheren Diskussion über Lernen", sagte ich. „Ich muß sagen, Ihre Vorstellungen haben mich zum Denken gebracht. Ich wäre der erste, der zugibt, daß er Lernen immer für das Memorieren neuer Tatsachen gehalten hat. Aber was Sie vorher angesprochen haben, läßt mich darüber nachdenken."

„Gut", sagte Dory und nippte an ihrem Mineralwasser. „Das klingt, als ob Sie meine Aussage bestätigen würden." „Ich?"

„Ja. Sie sagten gerade, daß etwas, das ich gesagt habe, Sie dazu gebracht hat, Ihre Vorstellungen zu überdenken. Mit anderen Worten: Sie verändern etwas, das seit langer Zeit in ihrem Kopf ist. Den Theorien, denen Sie bisher anhingen, wurde ein Schlag versetzt, und Sie sind bereit zu untersuchen, was dieser Schlag bedeutet. Ich denke, was wir wirklich beim Lernen bekommen, sind keine Tatsachen – aber Selbstvertrauen, Wirksamkeit. Die Bereitschaft, uns für Wechselwirkungen zu öffnen, die zwischen Ereignissen oder Menschen stattfinden können, die nichts miteinander zu tun haben. Oder sogar mit unseren Visionen über unsere Arbeit, unsere Firma oder unsere Gesellschaft."

„Wechselwirkungen?"

„Sicher. Sie sind die Wellen, die den Wandel tragen. Und die unsere Vorstellungen beeinflussen. Und die unsere lange gehegten Glaubenssätze über den Haufen werfen können. Ich bin überzeugt, daß Wechselwirkungen wesentlich sind, wenn wir uns in wirklich neue Richtungen bewegen sollen."

Sie wurde für einen Augenblick unterbrochen, als der Kellner den ersten Gang brachte. Als wir zu essen begannen, wurde erstmals der Lärm fühlbar, der im Raum herrschte. Wie konnten wir mitten in all diesem ohrenbetäubenden Krach eine ernsthafte Diskussion führen? Aber dann fiel mir auf, daß es bis dahin ganz gut gegangen war – und was hatte sich geändert?

„Als ich Sie heute nachmittags verließ, hatte ich ein eigenartiges Erlebnis", sagte ich. Plötzlich war mir die Begegnung an der Rezeption eingefallen. „Ich beschloß, an der Rezeption nachzufragen, ob es Nachrichten für mich gab, und als ich dorthin kam, sah ich jemanden weggehen, der für jeden die perfekte Karikatur eines Professors darstellen würde. Jedenfalls war eine Nachricht da, und ich bin ziemlich sicher, daß sie von ihm war – schließlich paßten die Ereignisse zu gut zusammen, als daß es jemand anderer gewesen sein konnte. Jedenfalls schrieb er in der Nachricht, daß er unsere Unterhaltung an der Bar mitgehört und das Wort ‚Evolution' aufgeschnappt hätte. Offensichtlich hatte er so etwas wie eine Macke mit Evolution. Er schrieb, wir sollten sie weiter untersuchen. Behauptete, sie könnte der Schlüssel zu der Lösung sein, die ich suche."

„Und das war alles, was in der Nachricht stand?" fragte David. „Er hat Ihnen nicht gesagt, was er meint? Hat er sonst irgend etwas geschrieben?"

„Nein – ich fürchte, das war's. Tatsächlich hat er nicht einmal seine Adresse oder Telephonnummer hinterlassen – nur seinen Namen: Donald J. Wiggins. Witzig – ich denke von ihm schon als ‚der Professor'. Vielleicht hat das gar nichts zu sagen. Aber wie oft hinterlegen schon kleine alte Professoren Nachrichten, die einem die Lösung eines Problems bringen? Das ist nichts, das mir jeden Tag passiert, versichere ich Ihnen."

„Aber es ist noch ein zufälliges Treffen", meinte Dory, sichtlich fasziniert von der Richtung, die das Gespräch eingeschlagen hatte. „Und ich glaube, Zufall spielt eine größere Rolle in unserem Leben als wir oft denken. Außerdem glaube ich, daß Zufall der Hauptfaktor der Evolution ist."

„Kommen sie wieder herunter", warf David dazwischen, vom Widerspruchsgeist überwältigt. „Wie können Sie sagen, daß Evolution das

Ergebnis von Zufall ist? Das würde bedeuten, daß es kein Schema dafür gibt. Und jeder Narr kann sehen, daß das nicht stimmt. Ich habe immer an das Überleben des Tüchtigsten geglaubt – sowohl in der Natur als auch in der Wirtschaft. Aber das bedeutet, daß die Dinge nicht eine Sache des Zufalls sind. Man wird nicht aus Zufall der Tüchtigste – sondern durch Planung. Das bedeutet also, daß Evolution das Ergebnis von Planung ist."

„Unsinn," sagte Dory, und ihre Augen leuchteten jetzt aus Vergnügen an dem Streit. „Wir sind doch gerade übereingekommen, daß Lernen nicht bedeutet, an Regeln zu kleben. Wenn man den Zufall aus der Gleichung entfernt, wird das Resultat eine anhaltende monotone Wiederholung desselben Verhaltens sein. Und dann wird es keinen neuen Anstoß geben, der unser Denken herausfordert. Und das wird zu geisttötender Monotonie führen. Also ist der Zufall wesentlich."

„Wenn Sie es so sagen, muß ich Ihnen zustimmen", sagte David. „Aber es ist nicht dasselbe wie die Behauptung, daß Zufall die treibende Kraft der Evolution ist. Für mich treibt das die Sache einen Schritt zu weit."

„Oder zu ihrem logischen Schluß", erwiderte Dory. „Ich denke, Evolution ist das Ergebnis einer ganzen Reihe von verschiedenen Wechselwirkungen – und das bedeutet im eigentlichsten Sinn, daß Zufall der steuernde Faktor ist. Letztlich ist es nur der Zufall, der diese Vielfalt an Wechselwirkungen zusammenführt. Es gibt keinen Weg, auf dem wir das kontrollieren können."

„Aber stimmt es denn nicht, daß die Evolution logisch ist?" Ich fühlte mich zerrissen zwischen den beiden Extrempositionen, die meine Gefährten einnahmen.

„Im nachhinein betrachtet, vielleicht. Aber das bedeutet nicht, daß sie vorausgeplant ist, und ebensowenig bedeutet es, daß sie nicht doch ein Ergebnis des Zufalls ist. Wo man war, ist immer viel einfacher zu sehen, als wohin man geht. Man kennt die Straße, die man bisher befahren hat – aber man weiß nichts über die Straße, die noch vor einem liegt. Ich bin überzeugt, daß es praktisch unmöglich ist, das genaue Ergebnis der Evolution vorherzusagen, vor allem, weil sie das Ergebnis eines zufallsgesteuerten Prozesses ist. Aber ich glaube sehr wohl, daß der Prozeß der Evolution stattfindet und nicht unterdrückt werden kann."

„Aber das bedeutet, daß wir keinerlei Kontrolle über unsere eigene Zukunft haben", sagte David, der entschlossen war, diese anscheinende Häresie nicht unbestritten durchgehen zu lassen. „Das bedeutet, daß wir systematisch gar nichts für unsere Firma tun können. Wir müssen alles dem Zufall überlassen."

„Ich glaube nicht, daß irgend jemand von uns diesen Gedanken unterschreiben würde. Das würde heißen, daß Management überflüssig ist. Ich halte mich nicht für überflüssig. Ebensowenig, nehme ich an, einer von Ihnen."

„Ich wünschte, Sie beide würden zu Ihren Schlüssen nicht springen", sagte Dory, die, wie es schien, leicht irritiert war über unseren Mangel an Einsicht. „Daß ich den Zufall für den Hauptantrieb der Evolution halte, heißt nicht, daß ich meine, wir könnten unsere Zukunft nicht beeinflussen. Wir mögen nicht in der Lage sein, das exakte Ergebnis der Evolution vorherzusagen, aber ich denke, wir können sie dennoch beeinflussen."

„Wie kann man den Zufall beeinflussen?" fragte David und goß uns allen Wein nach. „Sagen Sie mir das doch einmal."

„Natürlich kann man nicht", sagte Dory und nahm einen Schluck aus ihrem Glas. „Aber man kann die Umstände beeinflussen, unter denen Evolution stattfindet, wenn man versteht, welche Ereignisse, Verhaltensweisen und so weiter einander beeinflussen. Das bedeutet, daß wir, sobald wir verstehen, was jetzt geschieht, zukünftige Evolution beeinflussen können, indem wir die Umstände verändern, unter denen diese Ereignisse aufeinander wirken."

„Ich wünschte, ich könnte herausfinden, welche Umstände in meinem Geschäft wirksam sind", sagte ich. „Ich weiß, daß irgend etwas passiert – sowohl allgemein, in der ganzen Branche, als auch bei meiner Firma im speziellen. Aber ich kann es einfach nicht unter Kontrolle bekommen. Egal, was ich tue. Die Märkte verändern sich. Die Kunden verändern sich. Die Produkte verändern sich. Als ob wir in einem unbeständigen Gebiet arbeiteten, in dem nichts lange genug es selbst bleibt, um es zu verstehen. Manchmal macht mich das verrückt – na klar, in der Elektronikbranche, wo der Wandel so schnell vor sich geht, daß man kaum Schritt halten kann, geschweige denn vorangehen. Wenn ich für die Zukunft Größe und Beständigkeit planen soll, brauche ich einige Ideen, in welche Richtung wir gehen. Und dieses Gefühl, daß ich ein Opfer des Wandels bin, erzeugt die Frustration, die ich bei solchen Veranstaltungen fühle. Ich muß etwas tun – aber niemand scheint zu wissen, was. Ich habe im Lauf der letzten Jahre so viele Wirtschaftstheorien und -philosophien in die Praxis umgesetzt, daß ich zunehmend entmutigt wurde, irgend etwas Neues zu versuchen. So falle ich zurück in die alten Glaubenssätze: Kosten senken und versuchen, die Gewinnspanne zu erhöhen. Und wenn ich ehrlich bin, sind alle Erhöhungen der Gewinnspanne durch Kostensenkung entstanden – und nicht durch Wachstum. Einfach weil wir nicht imstande waren, irgendein Wachstum hervorzurufen. Zumindest kein erwähnenswertes."

„Ich verstehe Ihre Frustration – aber Sie müssen auch den Trugschluß hinter ihren Handlungen verstehen", erwiderte Dory. „Wie können wir hoffen, die Vorhersagbarkeit von etwas zu verbessern, das seiner eigensten Natur nach nicht vorhersagbar ist? Aber das ist genau, was wir Manager oft zu tun versuchen: die Richtung ändern anstatt die Bedingungen."

Wieder wurden wir durch den Kellner unterbrochen, der den Hauptgang servierte. Jeder von uns schien mit seiner Wahl zufrieden, obwohl wir alle die üblichen neidischen Blicke auf die Speisen der anderen warfen. Als wir uns dem ausgezeichneten Essen zuwandten, breitete sich wieder Stille aus – wenn das der richtige Ausdruck für den uns umgebenden Trubel war. Aber mir fiel auf, daß es nicht einfach das Essen war, was die Stille verursachte – wir alle ließen uns das Gespräch noch einmal durch den Kopf gehen. Plötzlich begrüßte ich diese Unterbrechung der Diskussion, da sie mir erlaubte, diese Ideen einigermaßen in den Blick zu bekommen und einzuordnen.

Wir waren alle praktisch fertig, als Dory ihre Herausforderung an David und mich richtete.

„Haben Sie Angst vor dem Unbekannten? Fürchten Sie sich vor der Vorstellung, das Unbekannte zu erfahren?"

„Natürlich nicht", sagte David, als wäre die Frage eine Beleidigung für ihn. „Das ist das, was wir jeden Tag im Geschäft tun. Das Unbekannte erforschen. Wenn wir das nicht tun, haben wir keine Zukunft."

„Ich würde Ihre Feststellung in Frage stellen", erwiderte Dory und ließ ihre Augen langsam von David zu mir und wieder zurückgleiten. „Nach allem, was Sie gesagt haben, arbeiten Sie in einer ausgeprägt starren Umgebung, in der Regeln viel gelten. Das scheint mir das genaue Gegenteil davon zu sein, das Unbekannte herauszufordern."

„Aber ist es denn nicht weit einfacher, in einer Umgebung zu arbeiten, in der Regeln gelten und von allen befolgt werden?" fragte ich, um David zu Hilfe zu kommen. „Leichter vielleicht – aber sicher nicht sehr anregend. Es gibt etwas, wovon ich fühle, daß ich es tun muß: Und das ist, mein Selbstvertrauen gegenüber dem Unbekannten zu stärken. Ich habe genau so viel Angst vor dem Unbekannten wie Sie beide. Aber ich denke auch, daß der Versuch, es zu vermeiden, genau der Weg ist, der in die Niederlage führt. Wir haben schon über meine Definition des Lernens gesprochen. Es hat nichts mit Regeln zu tun. Aber es hat alles zu tun mit einem Öffnen des Verstandes für das Unbekannte."

Der Kellner brachte uns noch einmal die Speisekarte, aber wir alle beschlossen, bei Kaffee zu bleiben. Als der auf dem Tisch stand, setzten wir unsere Debatte fort.

„Glauben Sie wirklich so sehr an die Evolution?" fragte ich, als der Kellner gegangen war. „Sicher", antwortete Dory. „Das ist eines der Dinge, die wir am Institut sorgfältig studieren. Wir sind eine Non-Profit-Organisation, und ich leite die Forschungsabteilung. Das bedeutet, wir blicken ständig ins Unbekannte – und versuchen Wege zu finden, um unsere Zukunft zu beeinflussen."

„Dann meinen Sie also, mein Professor hatte recht?" fragte ich.

„Natürlich glaube ich, daß das Verstehen der Evolution uns eine bessere Chance gibt, unsere eigene Zukunft zu beeinflussen. Und ich glaube, sie wird uns auch sagen, ob es den Versuch wert ist, sie zu beeinflussen oder nicht. Eines der Dinge, die wir gelernt haben, ist, daß Evolution mit allem stattfindet – mit der Gesellschaft, mit Firmen, der Wirtschaft, dem Markt, der ganzen Welt. Und es sind die Wechselwirkungen zwischen all diesen Veränderungen, die die Dinge in eine bestimmte Richtung treiben. Wenn man den Einfluß des Zufalls dazunimmt, bin ich überzeugt, daß Überleben nicht etwas ist, das einem wegen guten Verhaltens zuteil wird. Manchmal verlieren die besten Leute – und die Unterlegenen gewinnen. So ist das Leben. Aber wenn man das genauer betrachtet, stellt man fest, daß der letztendliche Sieg nicht nur von den Spielern abhängt, sondern auch von den Regeln, nach denen sie spielen, vom Spielfeld und von hundert und einem anderen Umstand. Ich glaube, das ist eine Sache der Resonanz. Wenn man das versteht, versteht man Evolution."

„Ich habe eine Frage", sagte ich und stellte meine Kaffeeschale hin. „Sie behaupten, daß Evolution unvermeidlich ist, ein ständiger Vorgang, der durch die zufälligen Wechselwirkungen einer Vielzahl von verschiedenen Umständen gesteuert wird, und daß man das Ergebnis nicht mit Genauigkeit vorhersagen kann. Sie sagen auch, daß Lernen bedeutet, sich selbst der Erfahrung des Unbekannten zu öffnen. Daß es nichts mit

Regeln oder ähnlichem zu tun hat. Es scheint mir also logisch, daß wir, wenn wir das Unbekannte akzeptieren und den Einfluß der Evolution bedenken, niemals sicher sein können, daß die Firma, um deren Überleben wir jetzt kämpfen, dieselbe Firma sein wird, wenn sie überlebt haben wird. Mit anderen Worten, es stellt sich die Frage, ob wir sicherstellen können, daß eine Firma überlebt, ohne daß sie sich zu etwas verändert, das wir nicht vorhersagen können."

„Geoffrey, ich beginne Sie zu mögen", erwiderte Dory und dachte offensichtlich noch einmal darüber nach, was ich gerade gesagt hatte. Nicht einmal ich war sicher gewesen, was ich meinte – aber ich hatte das Gefühl, daß ich über etwas von erheblicher Bedeutung gestolpert war.

„Wohin gehen wir später?" fragte David, ganz der pragmatische Industrielle. „Oder sind wir uns einfach einig über das, was wir besprochen haben, und gehen unserer eigenen Wege?"

„Natürlich nicht", antworteten Dory und ich gleichzeitig. Wir sahen einander an und begannen zu lachen.

„Nein", sagte ich, „wir haben hier den Grundstein für etwas Wichtiges gelegt. Das spüre ich in den Knochen. Jetzt müssen wir weitermachen und sehen, wohin uns die Evolution bringen kann."

„Aber wir dürfen nicht hoffen, in einem Restaurant etwas verändern zu können", meinte David. „Wir brauchen praktische Beispiele. Ich brauche praktische Beispiele. Ich möchte mir gegenüber Firmen haben, die irgend etwas richtig machen. Nehmen Sie zum Beispiel Wachstum. Das ist doch etwas, worum wir uns alle bemühen. Und doch ist es eines der Dinge, die für uns am schwierigsten zustandezubringen sind. Ich möchte mehr über Wachstum herausfinden. Über die Bedingungen für Wachstum. Die praktischen Bedingungen."

„Nichts hält uns ab, das zu tun," bot ich an. „Es ist alles bereit, um dem Unbekannten zu begegnen. Ich bin dabei – und Sie?"

Das Lächeln auf ihren Gesichtern war mir Antwort genug.

2. Schlüssel zur Zukunft

Als ich am folgenden Morgen in den Frühstücksraum kam, waren Dory und David bereits da. Ich grüßte sie und setzte mich auf einen leeren Stuhl, den sie offensichtlich für mich freigehalten hatten.

„Haben Sie gut geschlafen?" fragte mich David.

„Ja und nein", antwortete ich, denn ich war nicht ganz sicher, wie ich seine Frage beantworten sollte. „Ich war von dem Gespräch von gestern abend so begeistert, daß ich meine Gedanken nicht abstellen konnte. Also stand ich wieder auf und arbeitete ein paar Stunden lang. Ich wollte das alles aufschreiben, solange ich es noch klar im Kopf hatte."

Dann gab ich jedem der beiden ein Blatt Papier. Ganz oben hatte ich geschrieben. „Fragen, die wir stellen müssen."

„Warum Fragen?" wollte David wissen.

„Einen Augenblick, David. Ich denke, das ist eine gute Idee", sagte Dory und legte ihre Hand auf die seine. „Wir wollen den Leuten nicht Antworten geben, denn sonst würden wir auch nichts anderes als Regeln weitergeben und Fakten vermitteln, anstatt ihnen zu helfen, selbst zu lernen. Mir gefällt das, was Geoffrey gemacht hat. Er hat die Fragen aufgelistet, die sich jeder selbst stellen muß. Und es liegt an den Leuten, selbst Antworten zu finden. Alles, was wir tun können, ist, die Fragen zu stellen."

„Sie klingen, als arbeiteten wir hier für den Rest der Geschäftswelt und nicht für uns selbst", warf David ein, offensichtlich wenig erfreut über die Art, wie Dory ihn überstimmt hatte. „Ich dachte, wir versuchen etwas zu entdecken, das uns dabei hilft, unseren Mitbewerbern gegenüber einen Vorsprung zu gewinnen. Nicht etwas, das ihnen auch hilft."

„Natürlich tun wir das", sagte sie, „natürlich, aber ich habe das Gefühl, wir lassen uns hier auf ein ganz besonderes Abenteuer ein. Und es ist gut, Notizen zu machen. Das ist genau die Art und Weise, wie Forschungsprojekte gehandhabt werden müssen. Wir müssen uns versichern, daß wir nichts vergessen. Wir könnten uns später auf etwas beziehen müssen – und dann ist es gut zu wissen, daß wir alles dokumentiert haben."

David zögerte einen Moment, dann nickte er und nahm sein Blatt in die Hand.

„Also, welche Fragen müssen wir uns stellen?"

Wir blickten auf das Papier und versuchten sorgfältig, uns die vorabendliche Diskussion zu vergegenwärtigen. Ich hatte eine Reihe von Fragen aufgeschrieben:

- Was ist Evolution?
- Wenn Evolution Fortschritt ist, was ist Fortschritt?
- Wenn Evolution nur eine fortlaufende Wechselwirkung einer Vielzahl von verschiedenen Ereignissen und Ideen ist, was können wir dann tun?
- Welche Parameter können uns etwas über den Prozeß der Evolution sagen?
- Ist Wachstum einer dieser Parameter?
- Wenn uns Evolution in etwas verwandelt, das wir nicht vorhersagen können, was bedeutet dann Überleben?
- Wie stehen wir dazu, das Unbekannte kennenzulernen?
- Wie können wir Zuversicht aufbauen, um dem Unbekannten entgegenzutreten und davon profitieren zu können?

David sah von seinem Blatt auf und nickte, als wäre er überzeugt, daß diese Fragerichtung gut war.

„Sie scheinen an alles gedacht zu haben", sagte er ohne jeden Unterton des Mißfallens. „Aber jetzt müssen wir weitermachen. Ich denke, es ist an der Zeit, das Theoretisieren zu lassen und all das einem Praxistest auszusetzen."

Dory nickte und sah mich dann an.

„Haben Sie eine Idee, wie wir weitermachen könnten?"

Ich zögerte.

„Ich dachte, wir hätten letzte Nacht beschlossen, eine Firma zu suchen, die außergewöhnlich stark gewachsen ist, und dann zu sehen, ob wir die Gründe dafür feststellen können?"

„Gut", sagte ich. „Irgendwelche Vorschläge? Kennen wir eine Firma, auf die diese Beschreibung zutrifft?"

Wir dachten eine Zeitlang nach, dann leuchteten Davids Augen auf.

„Mir ist gerade eine eingefallen. Einer unserer Kunden. Das Wachstum der Firma während der letzten Jahre war erstaunlich. Völlig beispiellos."

„Und glauben Sie, daß man uns hineinlassen wird?“ fragte ich, wie immer bei derlei Dingen etwas nervös.

„Ich könnte es versuchen. Ich habe ohnehin meinem Chef zugesagt, daß ich im Laufe der Woche dort vorbeischauen würde. Ich rufe einfach an und frage, ob das in Ordnung geht. Sie beide werden mit mir kommen, wie ich hoffe?“

Dory nickte zustimmend, aber ich mußte einschränken.

„Das hängt davon ab, für wann Sie den Besuch vereinbaren. Ich muß direkt von hier zu einem Treffen mit einer Gruppe von potentiellen Partnern für eine geschäftliche Verbindung. Wir versuchen herauszufinden, ob eine solche Verbindung uns helfen kann, die Geschäftslage zu verbessern. Ich glaube nicht, daß ich das absagen kann – obwohl ich überzeugt bin, daß ein Treffen mit dieser Firma sehr erhellend sein könnte.“

„Dann darf ich also vorschlagen, daß wir beide morgen das Unternehmen besuchen“, sagte Dory, „und später treffen wir uns mit Ihnen und teilen Ihnen unsere Erkenntnisse mit. Das ist wohl der effizienteste Weg, die Sache anzugehen.“

„Einverstanden“, erwiderte ich, obwohl ich insgeheim wünschte, sie begleiten zu können. Aber ich wußte, daß es nicht in Frage kam. „Man weiß nie. Wir könnten alle etwas lernen, das für uns brauchbar ist.“

☆

Wir trafen uns an der Hotelrezeption, um auszuchecken. Dory hatte ihren Terminplan schon ändern können und einen Flug nach Birmingham gebucht. David hatte sich mit der Firma in Verbindung gesetzt und ein Treffen mit dem Vorstandsvorsitzenden vereinbart.

„Wie haben Sie es geschafft, ihn dazu zu überreden, sie beide zu treffen?“ fragte ich. Wie immer war ich etwas beeindruckt von der Art, wie manche Menschen in der Lage sind, fast alles zu erledigen.

„Einfach“, antwortete David. „Ich habe ihm erklärt, daß wir eine auswärtige Forschungskonsulentin gebeten haben, einen Blick in unsere Firma zu werfen und Vorschläge auszuarbeiten, wie wir unseren Kunden besser dienen können. Ich sagte, sie seien einer unserer wichtigsten Kunden, und wir würden unserer Forschungsspezialistin gerne Einblick in ihre Erfolge verschaffen, damit wir vielleicht von ihnen lernen können.“

„Klingt gut“, sagte Dory, die gerade ihre Hotelrechnung überflog. Offensichtlich zufrieden mit dem, was sie gesehen hatte, unterschrieb sie den Kreditkartenabschnitt und schob ihn über das Pult. „Alles in Ordnung“, lächelte sie dem Hotelangestellten zu. Dann drehte sie sich zu David um: „Brauchen wir ein Auto für die Fahrt zum Flughafen – oder versuchen wir unser Glück mit einem Taxi?“

David zögerte für einen Augenblick. „Ein Auto. Außerdem“, ergänzte er mit einem Lächeln in den Augen, „können wir die Kosten durch zwei teilen. Das bringt sogar eine Ersparnis.“

Nachdem wir alle unsere Rechnungen unterschrieben hatten, setzten wir uns auf einige Stühle in der Lobby, von denen aus wir den Eingang gut im Auge behalten konnten.

„Was haben Sie heute vor?“ fragte Dory.

„Ich fahre jetzt direkt zurück ins Büro, um einige Papiere abzuholen, und dann weiter zu einem Treffen mit unseren potentiellen Partnern. Wir werden gemeinsam zu Mittag essen und dann bis zum Abend weiter diskutieren, nehme ich an. Morgen werde ich um die übliche Zeit im Büro sein, Sie können mich also dort erreichen.“

Ich faßte die Pläne für den Tag ins Auge.

„Wissen Sie, ich würde lieber mit Ihnen kommen. Eigentlich ist es eine Schande, daß wir so etwas wie ein Evolutions-Triumvirat gegründet haben, nur um uns bei der ersten Gelegenheit wieder zu trennen.“

„Machen Sie sich darüber keine Sorgen“, sagte Dory. „Wir erledigen das schon in Birmingham. Und man kann nie wissen, vielleicht bringt Ihr Treffen neue Ideen, die wir gut gebrauchen können. Sehen Sie – oh, ich glaube, das Auto ist gerade gekommen, wir müssen jetzt gehen.“ Sie erhob sich aus dem tiefen, bequemen Stuhl.

„Wir bleiben in Verbindung, Geoffrey, machen Sie sich darüber keine Sorgen. Wir haben alle Ihre Nummern – Büro, Wohnung, Handy, Fax – also haben wir keine Ausrede, uns nicht zu melden. Und glauben Sie mir, es wird auch in unserem Interesse sein. Kommen Sie, David, Zeit zu gehen. Bis bald, Geoffrey. Und viel Glück für Ihr Treffen.“

☆

„Wachstum ist offensichtlich der Hauptgrund für jede potentielle Verbindung“, sagte der Vorsitzende der Firma – ein eher rundlicher, freundlicher Mann, dessen Äußeres, wie ich fand, nur zum Teil den scharfen Verstand und die rücksichtslose Zielstrebigkeit verbarg, für die er berüchtigt war –, als wir die Diskussion begannen. „Aber es ist genau dasjenige, was für uns schwer erreichbar ist. Soweit ich weiß, haben Sie dieselben Probleme?"

Er schoß diese Frage geradezu auf mich ab und versuchte wohl, mich zu überrumpeln, und das als psychologischen Vorteil auszunutzen.

„Ja und nein", antwortete ich, eingedenk der Worte eines Mannes, für den ich früher gearbeitet hatte: Wenn du im Zweifel bist, bleibe undeutlich, damit du Zeit zum Denken hast. Der Rat hatte mir oft gute Dienste geleistet, und ich hoffte, daß er das wieder tun würde.

„Ja", fuhr ich fort, „wir versuchen, neue Gebiete zu finden, die uns Wachstumsmöglichkeiten bieten, und nein, weil ich nicht glaube, daß zwei Firmen genau die gleichen Probleme haben. Vielleicht ähnliche, aber niemals identische."

Ich hoffte, daß der Blick, mit dem er mich ansah, neuen Respekt bezeugte. Ich hatte mich nicht überrumpeln lassen. Vielleicht war es jetzt an der Zeit, diese Taktik selbst anzuwenden.

„Es wäre vielleicht vorteilhaft für unsere Diskussion, wenn Sie uns einige Einblicke geben könnten, welche Anstrengungen Sie bereits unternommen haben, um Ihre Wachstumsziele zu erreichen."

Ein leichtes Lächeln flog über seine Lippen, und ich wußte, daß er meine Absicht durchschaut hatte. „Natürlich", sagte er. „Das wird uns die Möglichkeit geben, ehrlich zueinander zu sein. Kein Verschweigen von Umständen, die sich im Rückblick als wichtig für die endgültige Entscheidung herausstellen könnten. Legen wir die Karten offen auf den Tisch."

Und so fingen wir an. Aber was so vielversprechend begonnen hatte, stellte sich bald als das übliche Versteckspiel heraus. Zeig du mir deins, dann zeig ich dir meins. Am Ende des Tages fragte ich mich, warum in aller Welt ich noch da war.

Zu Hause angekommen, konnte ich nicht vermeiden, darüber nachzudenken, wie es Dory und David in Birmingham wohl ergangen war. Heimlich hatte ich auf eine Nachricht von ihnen gehofft, aber es war keine eingetroffen. Und während des Treffens war mein Mobiltelefon natürlich abgeschaltet gewesen. Ich hatte das Gefühl, beim Nachgrübeln meine Zeit zu verschwenden, und hoffte, der folgende Tag würde etwas interessanter werden.

Doch nichts änderte sich am Gespräch. Und als der Vormittag vorüberging, wußte ich, daß aus diesen Geplänkeln nichts von irgendwelchem Interesse hervorgehen würde. Die Firmen hatten zu viel gemeinsam und zu wenige Verschiedenheiten, um aus irgendeiner Form der Verbindung einen gangbaren Weg zu machen. Wenn wir unsere Kräfte vereinigen würden, wäre das eher eine Multiplikation der Schwäche als eine Einheit der Stärke.

Zur Mittagszeit begann ich die Minuten zu zählen, bis ich die Verhandlungen endlich ohne größere Verstimmtheit zu Ende bringen konnte.

Als der Vorsitzende vorschlug, wir sollten in einem nahegelegenen Bistro zu Mittag essen, lehnte ich fast ab und überlegte, ob ich in aller Höflichkeit versuchen könnte, mich zu entschuldigen. Wie sich allerdings herausstellte, war das Mittagessen die Mühe der ganzen zwei Tage wert.

☆

Das Bistro war eines der Lokale, von denen es in London nur so wimmelt – kleine, schmale Tische, eng nebeneinander, aber ausgezeichnetes Essen für ein anspruchsvolles Publikum.

Ich kam neben Claire Middleton zu sitzen, einer jungen Frau, die während der letzten eineinhalb Tage sorgfältige Aufzeichnungen aller Verhandlungen angefertigt und gelegentlich scharfsinnige Bemerkungen eingeworfen hatte. Aber bisher hatte ich wenig Grund gehabt, ihr viel Aufmerksamkeit zu schenken.

Jetzt allerdings drehte sich Claire zu mir und sagte mit gedämpfter Stimme, offensichtlich um sicherzustellen, daß die anderen am Tisch ihre Worte nicht mithören konnten: „Ich nehme an, Sie überlegen gerade, wann Sie uns sagen sollen, daß eine Zusammenarbeit zwischen unseren beiden Firmen nicht in Frage kommt."

Ich sah sie an und war etwas bestürzt, daß sie so leicht meine Gedanken hatte lesen können. „Wie kommen sie darauf?" war alles, was ich herausbrachte.

„Nun, ich habe mich einfach an Ihre Stelle versetzt. Ich würde sicherlich keine Zusammenarbeit erwägen, aus genau denselben Gründen, die Sie vorher angesprochen haben – unsere Firmen haben ganz einfach zu viele Gemeinsamkeiten. Ich denke, Verbindungen werden am besten zwischen Firmen geschlossen, die weniger gemeinsam haben, aber dennoch ein gewisses Maß an Resonanz erreichen können."

„Resonanz", wiederholte ich in einer Mischung aus überraschtem Aufschrei und Frage. Es verblüffte mich, daß sie gerade dieses Wort verwendet hatte, um so mehr, als es bei meinen Diskussionen mit Dory und David so regelmäßig aufgetaucht war.

„Sicher." Sie nahm meinen Ausruf als Frage. „Denn Wechselwirkungen führen zu Resonanz, und das kann seinerseits zu neuen Veränderungen in einer Firma oder Gesellschaft führen, die ihrerseits wieder neue Wachstumsmöglichkeiten schaffen können."

Jetzt gehörte ihr meine ganze Aufmerksamkeit, aber ich wurde durch den Kellner unterbrochen, der jeden am Tisch fragte, ob Weißwein gewünscht werde. Ich nickte bestätigend, dann überlegte ich es mir anders. „Vielleicht noch etwas Mineralwasser dazu?" schlug ich vor und bemerkte den zustimmenden Blick in Claires Augen.

„Na gut", sagte der Vorsitzende, der jetzt seine Rolle als Gastgeber übernahm. „Jetzt reichen wir einmal die Speisekarten herum, damit wir ein paar Entscheidungen treffen können. Vielleicht die schwierigsten Entscheidungen, die wir während des ganzen Tages zu treffen haben", fügte er hinzu und unterlegte seinen Versuch von Humor mit einem sanft polternden Lachen.

Claire und ich lächelten höflich, aber ich war mir bewußt – und ich bin sicher, auch sie –, daß wir diese Bemerkung für fehl am Platz hielten. Vor allem angesichts dessen, was wir beide gerade besprochen hatten. Um unsere Empörung zu verbergen – meine jedenfalls –, senkten wir unsere Köpfe über den Speisekarten und begannen mit der wichtigen Entscheidung zwischen Fisch und Fleisch, Vorspeisen und Suppen, warm und kalt. Schließlich entschieden wir uns, bei der Bestellung der Empfehlung des Vorsitzenden zu folgen, was – wie er sich beeilte, uns zu erklären – die Bestellung viel einfacher und die Wartezeit viel kürzer machen würde.

Nachdem die Formalitäten erledigt waren, fühlte ich mich berechtigt, meine Aufmerksamkeit wieder meiner Gesprächspartnerin zuzuwenden.

„Dann glauben Sie also immer noch, daß Wachstum wichtig ist?" fragte ich.

„Natürlich. Jeder im Geschäftsleben muß die Notwendigkeit von Wachstum begreifen. Ich versuche herauszufinden, wo Wachstum gefunden werden kann. Ich denke, wir irren uns, wenn wir Wachstum weiterhin in denselben alten Bereichen suchen. Wenn wir das tun, könnten wir sehr leicht in Gefahr geraten, unseren eigenen Abgang einzuleiten."

„Das ist ein kühne Aussage", sagte ich, mehr und mehr an Claires Gedankengang interessiert.

„Vielleicht – aber ich glaube, eine sehr offensichtliche. Viele Menschen meinen, Wachstum sei linear und folge immer denselben ausgetretenen Pfaden. Ich sehe das alles nicht so. In der Tat wurden wir in meiner früheren Firma – es war eine ziemlich innovative Softwarefirma – aktiv ermutigt, innovative Bereiche für Wachstum ausfindig zu machen. Mein Chef dort sagte immer, daß eine Art von Wachstum immer von einer anderen Art Wachstum abgelöst werden müsse. Wachstum in einem einzigen Bereich zu erwarten, wäre einfach ein Fehler, der zur Zerstörung führen könne. Er wollte, daß wir Mutationen hervorbringen. Das ist genau das Wort, das er verwendete – Mutationen. Er sagte, das wäre genau das, was auch in der Natur passiert. Und er war überzeugt davon, daß es in der Gesellschaft und in der Wirtschaft ebenfalls passiert. Manchmal würde eine Mutation Erfolg haben und Wachstum hervorbringen, ein anderes Mal sich als unreif erweisen und aussterben. Aber der Kern der Sache war, daß wir immer auf der Suche nach Wechselwirkungen waren, die solche Mutationen hervorbringen konnten."

„Evolution", ich war kaum fähig, meine Aufregung unter Kontrolle zu halten. „Das ist genau das, was ich unlängst mit zwei Kollegen besprochen habe, die ich bei einer Konferenz hier in London kennengelernt habe. Und ich habe auch jemanden getroffen, den ich den *Professor* nenne. Er schrieb uns eine Nachricht und forderte uns auf, weiterhin darüber nachzudenken. Und jetzt fange ich an, die ganze Tiefe dessen zu verstehen, was er da vorgeschlagen hat. Na ja – vielleicht geht das zu weit. Aber zumindest verstehe ich, daß die Vorstellung der Evolution enorm reichhaltig ist. Und daß sie in unserem Managerdenken einen Platz haben muß."

„Natürlich – und ich denke, in erfolgreichen Firmen hat sie immer Platz. Und einen wichtigen dazu. Sehen Sie, ich halte Wachstum für einen Indikator sowohl für Leben als auch für Sterben. Man kann im selben Gebiet nicht in alle Ewigkeit wachsen. Es kommt eine Zeit, in der das Wachstum eine Obergrenze erreicht. Und dann wendet es sich in Sterben. Zumindest wenn es keine andere Quelle des Wachstums gibt, die seinen Platz einnimmt. Also ist auch Wachstum Teil der Evolution."

„Aber das bedeutet, daß Wachstum unvorhersagbar ist. Schließlich ist Evolution unvorhersagbar. Sie ist ein Ergebnis des Zufalls. Sollen wir deshalb glauben, daß Wachstum auch etwas ist, das dem Zufall unterliegt?"

Sie sah mich mit einem wissenden Lächeln an.

„Ich vermute, Sie spielen den Advocatus Diaboli", lachte sie mit offensichtlichem Vergnügen an diesem geistreichen Scharmützel. „Gut, ich spiele mit. Ich glaube nicht, daß der Umstand, daß Evolution unvorhersagbar ist, gleich bedeutet, daß wir unser Geschäft dem Zufall ausliefern. Das ist albern, und das wissen Sie auch. Nein, es bedeutet, daß wir die Bedingungen schaffen müssen, die das Auftreten von Mutationen erlauben, um danach zu sehen, welche davon tatsächlich die Stärke hat, zu überleben und zum Wachstum beizutragen. Für mich hängt Überleben nicht vom Erreichen des vollen Wachstumspotentials ab – ich denke, die meisten Firmen sollten das ohne größere Probleme schaffen –, sondern eher davon, eine Umgebung zu schaffen, die Erneuerung begünstigt. Denn das läßt neue Lebensformen entstehen, die dann ihr eigenes Wachstumspotential anstreben könnten."

„Sie sagen also, daß sowohl Ihre als auch meine Firma sich auf Wachstum in schon bestehenden Bereichen konzentrieren, anstatt Wechselwirkungen zu begünstigen, die zu neuen Lebensformen führen würden, die dann ihren eigenen Wachstumszyklus haben."

„Genau", bestätigte sie. Der Kellner kam mit dem ersten Gang.

„Bon appetit", brummte der Vorsitzende und erhob sein halb mit Wein gefülltes Glas. „Auf uns und auf die Zukunft", sagte er.

„Auf uns und auf die Zukunft", wiederholten wir pflichtschuldig, während meine Augen Claires Blick fanden. Ich hatte das Gefühl, daß die Unterhaltung zu einem späteren Zeitpunkt fortgesetzt werden würde.

☆

Wir waren die letzte Gruppe, die an diesem Nachmittag das Bistro verließ, und jetzt war die Stimmung des Vorsitzenden erheblich weniger fröhlich. Beim Kaffee hatte ich ihm gesagt, daß ich eine Zusammenarbeit zwischen unseren Firmen nicht befürworten würde. Er hatte versucht, mich umzustimmen, aber ich war hart geblieben. Zuletzt mußte er das Unvermeidliche akzeptieren: Er würde sich nach einem Partner umsehen oder allein weiterarbeiten müssen. Für mich galt dasselbe.

Auf der Straße vor dem Bistro suchte ich mir eine Stelle, die geeignet schien, ein Taxi herbeizurufen. Ich wollte so schnell wie möglich von hier weg, ohne jede weitere Diskussion.

„Es tut mir leid, daß es so ausgegangen ist", sagte Claire, als sie mir die Hand schüttelte.

„Mir auch. Obwohl ich wirklich glaube, daß ich aus all dem eine Menge gelernt habe. Und von unserem Gespräch während des Essens. Ich würde es bei Gelegenheit gerne fortsetzen, wenn Sie das auch wollen."

„Das möchte ich. Ich treffe nicht oft jemanden, der auf derselben Wellenlänge ist. Es wäre gut, mit Ihnen Erfahrungen zu teilen und auszutauschen."

„Hören Sie zu, Claire, ich habe einen Vorschlag. Dory und David, die beiden Freunde, von denen ich Ihnen erzählt habe, werden morgen aus Birmingham zurückkommen. Sie werden sicher Verbindung mit mir aufnehmen, um mir zu erzählen, was sie dort herausgefunden haben. Wie wäre es, wenn ich ein Treffen mit ihnen arrangierte? Würden Sie auch kommen? Ich denke, es könnte für uns alle interessant sein."

„Es kann gut sein, daß ich darauf zurückkomme, Geoffrey. Warum rufen Sie mich nicht an, sobald Sie etwas vereinbart haben? Ich werde mein Bestes tun, um freizukommen."

Schließlich entschloß sich doch ein Taxi, meinen ausgestreckten Arm zu registrieren und hielt am Randstein. Ich verabschiedete mich, stieg ein und nannte dem Fahrer meine Adresse. Um ehrlich zu sein, ich war neugierig zu sehen, ob es irgendwelche Neuigkeiten aus Birmingham gab.

☆

Ich sah Dorys Fax, sobald ich das Zimmer betreten hatte.

Geoffrey …

Wir hatten einige sehr erhellende Begegnungen – erhellend aus Sicht unserer Diskussion. Diese Firma hat wirklich spektakuläres Wachstum erlebt – aber es ist eine der uninteressantesten Firmen, die einer von uns je gesehen hat. Sie ist völlig in ihren Ideen festgefahren. Das Management hat alles dem Zweck untergeordnet, ihre Marktlücke völlig auszufüllen. Ihre Manager denken an nichts anderes als an Preise, Verarbeitung, Qualität und Geschwindigkeit. In ihren Köpfen ist kein Platz für irgend etwas, das Neuerungen im Geschäft mit sich bringt. Einfach Wachstum innerhalb der altbewährten Parameter. Alles war so klinisch. Zumindest kann man sagen, daß die Erfahrung verwirrend war. Ausgegangen sind wir von der Vorstellung, daß wir dort, wo

Wachstum stattfindet, auch die Antwort finden würden. Aber jetzt haben wir festgestellt, daß das auch nicht stimmt. Wir müssen uns dringend treffen und miteinander sprechen. Wir werden morgen wieder in London sein. Ich rufe an. David schlägt vor, uns so schnell wie möglich zu treffen. Gut?

Grüße – Dory

Ich las das Fax mehrere Male. Einerseits schien das ein Widerspruch zu unserer anfänglichen Prämisse – aber andererseits schien es die Gedanken zu unterstützen, die Claire und ich zu Mittag ausgetauscht hatten. Jetzt bemerkte ich, wie sehr ich diese Diskussion fortsetzen wollte – um so mehr, als Dory und David etwas von großer Bedeutung erfahren hatten. Denn davon war ich überzeugt. Was sie herausgefunden hatten, würde sich als überaus wichtig für unsere Untersuchung herausstellen. Ich konnte kaum den nächsten Tag erwarten.

☆

Dory rief am nächsten Morgen an, und wir verbrachten einige Zeit damit, über die Ereignisse der letzten Tage zu sprechen. Sie informierte mich über das Treffen in Birmingham, und ich erzählte ihr über meine Besprechung. Ich erwähnte auch Claire und erzählte Dory, daß wir auf ähnlichen Wellenlängen waren und daß ich vorgeschlagen hatte, sie solle sich unserer kleinen Gruppe anschließen. Dory schien zufrieden, vor allem als ich ihr von unserem Gedankenaustausch über Evolution erzählte.

„Geoffrey, je mehr ich mich damit beschäftige, um so überzeugter bin ich, daß wir auf etwas sehr Entscheidendes gestoßen sind. Ich finde es mehr und mehr faszinierend. Und David auch, wie ich weiß. Also – natürlich fragen wir Claire, ob sie sich anschließen will. Dann fühle ich mich auch weniger in der Minderheit."

Nachdem wir die verschiedenen Möglichkeiten bedacht hatten, beschlossen wir, uns um acht Uhr in meiner Wohnung zu treffen.

David kam als erster. Ich bat ihn ins Wohnzimmer und bot ihm einen der Armstühle an. Aber statt sich zu setzen, ging er im Raum herum und betrachtete die Kunstwerke an meinen Wänden.

„Sammler, nicht wahr?" fragte er und blieb vor einem großen Gemälde stehen, das ich bei einer Ausstellung in Whitechapell gekauft hatte.

„So ähnlich", antwortete ich, überrascht, daß David in irgendeiner Weise an Kunst interessiert sein sollte. „Und Sie?"

„Nicht Sammler – aber Liebhaber. Im eigentlichen Sinn des Wortes. Ich gehe gern zu Ausstellungen. Manchmal auch zu ein oder zwei Auktionen. Aber ich halte mich nicht für einen Sammler. Dazu liebe ich meine Kunst zu sehr. Ich spezialisiere mich auf nichts – nur auf das, was ich mag. Und wenn ich einmal etwas kaufe, dann möchte ich es auch behalten. Als Sammler kann man das nicht tun. Zumindest, wenn man ein richtiger Sammler ist. Da muß man Gemälde von einem bestimmten Künstler sammeln, oder von einer bestimmten Bewegung oder Schule. Ich werfe sozusagen alles durcheinander. Sie finden das wahrscheinlich niveaulos."

„Gar nicht. Ich mache es genauso, wirklich."

„Aber die scheinen alle aus derselben Schule zu stammen", sagte er und schwenkte seinen Arm durch den Raum.

„Aber Sie haben den Rest nicht gesehen. Ich habe die Porträts im Wohnzimmer, einige osteuropäische Abstrakte im Arbeitszimmer und einige postmoderne Arbeiten im Schlafzimmer. Und das Gästezimmer ist einfach eine wilde Ansammlung von Werken, die in keine dieser Kategorien passen."

„Stört es Sie, wenn ich mir die Porträts ansehe, während wir warten? Ich war immer von der Weise fasziniert, wie Künstler versuchen, die innere Wirklichkeit einer Person auf einer Leinwand einzufangen. Es ist etwas ganz anderes, als eine Photographie zu machen. Da geht es nur um Äußerlichkeit. Bei einem Porträt geht es um das Innere. Darum, was eine Person wirklich ausmacht."

Es läutete wieder. Diesmal war es Claire, die kaum erwarten konnte, meine Freunde kennenzulernen. Ich führte sie ins Wohnzimmer und stellte ihr David vor.

„Ich bewundere gerade Geoffreys Porträts. Ich hatte keine Ahnung, daß er hier so etwas hat. Ich hätte ihn eher als Bücherfreund eingeschätzt."

„Ich habe gute Bücher. Eine Menge davon. Aber meine Geschmack ist universell. Kunst, Musik, Literatur. Das sind die Dinge, die mich beschäftigen, wenn ich gerade nicht mit meiner Arbeit beschäftigt bin."

„Sind Sie Kunstliebhaberin, Miss Middleton?" fragte David. Ich bemerkte, daß hinter der Frage nicht bloße Höflichkeit steckte, sondern echtes Interesse.

„Ich glaube schon“, antwortete sie und trat näher an ein lebensgroßes Porträt einer Frau heran, die aussah wie Elisabeth, die Erste. „Das mag ich“, sagte sie und blickte erst David und dann mich an.

„Es ist ein sehr modernes Stück“, sagte ich. „Die Künstlerin hat Geschichte studiert und war von der Elisabethanischen Epoche fasziniert. Also versuchte sie, diese Zeit mit modernen Mitteln einzufangen. Es ist auch eines meiner Lieblingsbilder.“

Die Türglocke unterbrach uns. Dory schien ein wenig aufgelöst und hatte sich offensichtlich gehetzt.

„Entschuldigen Sie bitte, daß ich zu spät komme. Es gab eine kleine Panik im Labor. Ich blieb so lange wie möglich und ging dann. Sie wissen, wo ich zu erreichen bin, wenn alles daneben geht. Hallo, ich bin Dory“, sagte sie zu Claire und gab ihr die Hand.

„Hallo. Geoffrey hat mir eine Menge über Sie erzählt.“

„Nicht eine Menge“, beeilte ich mich hinzuzufügen, als fürchtete ich, die anderen könnten glauben, ich würde meine ganze Zeit damit verbringen, über sie zu sprechen. „Nur einige Kleinigkeiten. Daß Sie mit David in Birmingham waren, um sich eine Firma mit unglaublichen Wachstumszahlen anzusehen.“

„Ich verstehe immer noch nicht, wie die das gemacht haben. Sie haben sich eine Marktnische gesucht und ihre ganze Zeit darauf verwendet, diese Lücke zu füllen. Sie wissen alles über diese Lücke, was man nur darüber wissen kann – aber über alles andere wissen sie herzlich wenig.“

„Aber das ist nicht das wahre Problem“, unterbrach David. „Das wahre Problem ist, daß sie über etwas anderes auch gar nichts lernen wollen. Sie sind völlig in ihren vertrauten Schemata festgefahren. Im Grund genommen sind sie so gut wie tot.“

Wir gingen alle zurück ins Wohnzimmer, wo ich ein Tablett mit verschiedenen Getränken vorbereitet hatte. Ich deutete darauf und sagte allen, sie mögen einfach zugreifen.

„Ich bin kein guter Gastgeber“, sagte ich. „Vor allem nicht, wenn ich gerade in einem interessanten Gespräch bin. Dann vergesse ich alles und jeden. Sie werden sich also wirklich selbst versorgen müssen.“

Ich gab ein Beispiel, indem ich mir einen schwachen Gin-Tonic mixte und setzte mich in einen der gepolsterten Armstühle, die ich vor einiger Zeit bei einer Auktion ersteigert hatte. Damals wie heute war ich angetan von dieser Verbindung von Bequemlichkeit und altmodischem Stil.

„Glauben Sie also, daß Wachstum in einer Firma ein Anzeichen nahen Todes sein kann?“ Ich fragte einfach in die Gruppe hinein.

„Ich habe niemals an diese Möglichkeit gedacht“, antwortete Claire, während die andern offensichtlich abwarteten, was sie von diesem Gedanken hielt. „Wissen Sie, Sie könnten recht haben. Aber ich möchte nicht an etwas so Endgültiges denken wie Sterben. Ich denke lieber an einen Übergang zu einer neuen Stufe. Mehr wie eine Raupe, die sich in einen Schmetterling verwandelt. Das ist Sterben durch Umwandlung.“

„Ich mag die Vorstellung“, sagte David. „Aber vergessen wir nicht, daß wir hier über das Geschäft sprechen. Das ist keine Biologiestunde. Die Frage, die ich weiterhin stelle, ist, wie wir wissen können, wann Wachstum gut ist und zu mehr Leben führt, und wann es schädlich ist und zum Tod führt. Ich denke, das ist etwas, das wir verstehen müssen. Es mag für Philosophen wie Sie zu pragmatisch klingen, aber im Geschäft möchte ich so pragmatisch wie möglich sein.“

„Das haben Sie in Birmingham auch ein paar Mal gefragt, David“, warf Dory ein, „und ich muß sagen, daß mich das nachdenklich gemacht hat. Sie haben ganz recht, wenn sie die Dinge in praktischer Hinsicht betrachten wollen. Ich habe versucht, die Gedanken in eine Art Ordnung zu bringen. Ich denke, wenn wir davon ausgehen, daß Evolution wesentlich ist, dann müssen wir akzeptieren, daß Wachstum ein natürliches Resultat der Evolution ist. Das eine erfordert das andere. Ich glaube, einer der Punkte, an dem wir immer wieder stolpern, ist die Annahme, daß Wachstum unbegrenzt ist. Nichts in der Natur ist unbegrenzt. Alles muß zu einem Ende kommen. Und das gilt auch für Wachstum. Zumindest für Wachstum in einem bestimmten Bereich. Ich glaube nicht, daß in der Firma, die wir besucht haben, das Wachstumspotential erschöpft ist. Die Leute sind entschlossen, mehr Wachstum zu erzielen, und haben sich ganz diesem Zweck verschrieben.“

„Aber wir beide hatten den Eindruck, daß die Firma tot ist“, entgegnete David.

„Da stimme ich zu. Aber mit tot sein meine ich die Unfähigkeit, Bedingungen zu schaffen, um andere Wachstumsbereiche zu finden.“

„Könnten Sie das deutlicher machen?“ bat ich.

Dory dachte kurz nach und nippte an ihrem Glas Weißwein.

„Ich glaube, wir alle gehen in die Falle, uns Wachstum als linear vorzustellen. Es beginnt und setzt sich in der Zukunft fort. Die Situation ist nicht ganz so einfach, denke ich. Wachstum ist für mich nicht linear. Es muß sich ständig erneuern. Dafür muß es Beispiele geben, da bin ich sicher."

„Meine alte Firma war eines", sagte Claire, die offensichtlich fasziniert war von der Richtung, die die Diskussion einschlug. „Ich habe für Hewlett-Packard gearbeitet, und die ganze Firmengeschichte war eine Geschichte der Regeneration und Selbsterneuerung. Immer, wenn eine unserer Technologien das Ende ihres Lebenszyklus erreicht hatte, hatten wir schon etwas anderes gefunden, um das Wachstum des schwächer werdenden Marktsegments zu ersetzen. Es begann mit Meßtechnik, ging weiter mit Rechenmaschinen und Kleincomputern, dann zu PCs, dann zu Druckern, von Laser Druckern zu Tintenstrahl-Druckern, von Druckern zu Scannern, und jetzt zu Multimedia-Ausrüstungen für Fernsehen und Multimedia-PCs. Es war, als würden wir immer das Ende des Wachstums in einem Gebiet vorherahnen und rechtzeitig neue Bereiche finden, in denen wir mehr Wachstum erzielen konnten, um die Gesamtkurve aufwärts zeigen zu lassen."

„Aber dann sagen Sie, daß sich die Wachstumskurve einer Firma durchaus aus kleineren einzelnen Wachstumskurven von spezifischen Produkten zusammensetzen könnte." David schien glücklich, in all dem eine praktische Antwort zu finden.

„Natürlich. Ich denke, das ist die Grundlage des ganzen Arguments", nickte Claire. „Ich denke, um Wachstum zu erzielen, müssen wir ständig auf der Suche nach neuen Gebieten für Wachstum sein. Ich bin sicher, daß einige Produktbereiche durch Zufall entstanden sind. Und auch das ist etwas, das den Vergleich mit der Evolution stützt. Zufall ist auch hier die treibende Kraft."

„Zu diesem Schluß sind wir schon bei unserem allerersten Treffen gekommen", sagte ich, zufrieden, es von jemandem anderen bestätigt zu bekommen. „Und es ist aufregend, daß Sie mit uns übereinstimmen. Aber ich möchte noch einmal auf die Wachstumszyklen zurückkommen, wenn ich darf. Sie erwähnten eine Kurve. Ich glaube, Sie haben den Nagel damit auf den Kopf getroffen. Ich möchte versuchen, herauszufinden, ob die Theorie funktioniert. Wachstum hat seinen eigenen natürlichen Zyklus. Es beginnt langsam und steigt an, um gegen Zyklusende hin abzuflachen und schließlich zuerst schnell und dann langsamer auf die letzten Stufen seines Todes zu sinken. Ist das ein Zyklus, den wir auf alles anwenden können? Ist das eines der Gesetze der Evolution? Kann mir jemand diese Fragen beantworten?"

Ich sah mich erwartungsvoll um und hoffte, sie alle würden herumspringen und „Heureka“ schreien. Natürlich taten sie das nicht. Der einzige, der sich bewegte, war David. Er stand auf und goß sich einen neuen Drink ein.

„Das ist möglich“, sagte er, die Kristallkaraffe in der Hand. „Aber das erschreckt mich auch. Denn das würde bedeuten, daß wir etwas, sobald wir es einmal in Bewegung gesetzt haben, nicht mehr aufhalten können, bis es von selbst ausläuft. Lassen Sie mich erklären, was ich meine. Vor Jahren haben wir einen Zyklus für die Nutzung von Atomenergie begonnen. Und wir haben genau die Art von Zyklus beobachtet, die Sie gerade beschrieben haben. Aber jetzt hat eine Debatte über das Für und Wider der Atomkraft begonnen. Und als Ergebnis wollen wir die Entwicklung verlangsamen. Wenn ich Ihnen richtig zugehört habe, dann meinen Sie, daß der Zyklus seinen eigenen Weg weitergehen muß, und daß wir wenig dazu tun können, ihn zu beeinflussen. Ist das richtig?“

„Das kann nicht sein“, wand Dory ein. „Sie können unmöglich glauben, daß es keine Chance gibt, etwas umzukehren, sobald man es einmal in Bewegung gebracht hat.“

„Ich fürchte, das tue ich aber“, sagte ich, ein wenig betrübt durch die Entdeckung, die ich gemacht hatte. „Ebenso wie es keinen Weg gibt, die Evolution zurückzudrehen. Sobald eine Mutation in der Evolution auftritt, gibt es keinen Weg, sie wieder ungeschehen zu machen. Man muß sie ihren Gang gehen lassen. Und dasselbe wird mit Atomenergie geschehen. Sie ist das Ergebnis einer Mutation – und es gibt keinen Weg, das umzukehren. Wir können die Atomkraft nicht wieder vergessen.“

„Aber können wir Wege finden, um alles so zu verändern, daß neue Mutationen nach vorne drängen, so daß Atomenergie eine Sache der Vergangenheit wird?“

„Sagen Sie das noch einmal“, meinte David aufgeregt, „sagen Sie das noch einmal.“

„Wie können wir die Geschehnisse so beeinflussen, daß wir eine Mutation weg von der Atomenergie sicherstellen?“

„Sehen Sie denn nicht, wie wichtig diese Aussage ist?“ Er sah uns an, als ob wir alle Idioten wären, ganz einfach unfähig, seine Begeisterung nachzuempfinden. „Denken Sie doch, wenn wir uns nur selbst die Frage stellen könnten, welche Möglichkeiten wir schaffen müssen, um Mutationen zu erzeugen – in diesem Fall weg von der Atomenergie, aber in anderen Fällen weg vom Wachstum in den traditionellen Bereichen, hin zum Wachstum in anderen Bereichen – oder – anders gesagt, um uns zu regenerieren, so daß wir einen neuen Wachstumszyklus beginnen können, dann müßten wir den ersten Schlüssel zu unserem Rätsel haben. Das müssen Sie doch sehen …"

„Wissen Sie, David, Sie könnten gerade auf den Kern der ganzen Diskussion gestoßen sein", Claire zeigte erste Anzeichen von Bewunderung.

Wir alle hielten inne. Die Unterhaltung verstummte, während wir Davids scharfsinnige Beobachtung auf uns wirken ließen. Ich sah von einem zum anderen, und plötzlich fiel mir die Resonanz auf, die unsere individuellen Gedanken und Ideen hervorbrachten. Als ich sie jetzt ansah, wußte ich, daß wir daran waren, etwas zu entdecken, das für uns alle in unserem täglichen Leben von Wert sein würde. Ich glaubte zu wissen, wie sich einige der legendären Denker und Wissenschaftler gefühlt haben mußten, als sie sich in unerforschte Gebiete vorwagten, mit nichts als ihren eigenen Ideen, ihren eigenen Überzeugungen, von denen sie sich leiten ließen.

„Das ist es", brach Dory schließlich das Schweigen. „David, darf ich versuchen, Ihre Gedanken in andere Worte zu fassen?"

„Was – sind meine Worte zu schwierig für Sie?"

„David, seien Sie kein Arsch. Natürlich nicht – aber Sie sollten jetzt bereits wissen, daß ich Ideen modellieren, umformen muß, ehe ich sie unterschreiben kann. Das ist mein Art zu verstehen."

David schien etwas erwidern zu wollen, aber ich hob die Hand.

„Nein David, lassen Sie Dory sprechen. Wir alle haben unterschiedliche Weisen, mit Begriffen umzugehen, die neu in unserer Erfahrung sind. Wenn Dory Ihre Beobachtung umformulieren möchte, sollten Sie zufrieden sein, daß Sie bei ihr einen Gedankengang ausgelöst haben, den sie für verfolgenswert hält. Sehen Sie es als Kompliment. Denn genau das ist es. Machen Sie weiter, Dory. Der Prozeß ist fast ebenso spannend wie die Ergebnisse, zu denen wir kommen."

Dory machte eine Pause und versuchte offensichtlich, ihre Gedanken zu ordnen.

„Gut", sagte sie und sah uns der Reihe nach an. „David hat gesagt, daß es eines der Hauptziele des Managements ist, Gelegenheiten zu entdecken, um sich zu regenerieren. Denn nur dadurch kann das Management neue Wachstumsbereiche entdecken."

„Oder die Gesellschaft", unterbrach David, der nicht stillhalten konnte.

„Oder die Gesellschaft", wiederholte Dory und warf ihm einen betrübten Blick zu, als wollte sie ihn bitten zu schweigen. „Aber da Wachstum nicht linear ist – und ich denke, darüber sind wir uns alle einig –, und da Wachstum oft die Folge einer zufällig auftretenden Mutation ist, heißt das: Wenn wir Wachstum in neuen Bereichen anregen wollen – vielleicht in Bereichen, an die wir nie zuvor gedacht haben –, dann müssen wir die Grundkräfte identifizieren, die den Prozeß der Erneuerung vorantreiben."

„Und das ist eine Aufgabe des Managements, die nur wenige Manager zu akzeptieren bereit sind", sagte Claire.

„Natürlich nicht." Jetzt konnte ich mich auch nicht mehr zurückhalten. „Es gehört nicht zu unseren traditionellen Vorstellungen von Management. Wir betonen immer, daß das Management die Entwicklung einer Firma kontrollieren muß. Sie sagen jetzt, daß das Management nicht mehr die Umwelt kontrollieren, sondern daß es eher eine Umwelt schaffen muß, in der der Zufall zu unvorhersagbaren Mutationen führen und so eine Firma in unerforschte Gebiete vorstoßen lassen kann. Es ist eine anregende Vorstellung – aber es könnte einer Menge der heutigen Manager höllische Angst einjagen."

„Das tut es auch", sagte David. „Sie erzählen mir, daß ich das Wohl und Wehe meiner Firma nicht mehr unter Kontrolle habe. Und wenn ich es nicht mehr unter Kontrolle habe – dann ist alles, was bleibt, Chaos."

„Als ob Chaos so ein neuer Begriff wäre." Claire sah David mit einem Glitzern in den Augen an. „Aber sehen Sie, David, Sie haben die Kontrolle ja. Sie sind die Person – wir sind die Leute, wir, die wir die Verantwortung als Manager tragen –, die eine geeignete Umwelt schaffen müssen, in der der Zufall seinen Lauf nehmen kann. Sie haben nicht weniger Kontrolle, David! Sie müssen nur Kontrolle über Bereiche übernehmen, die für Sie bisher völlig fremd waren. Für mich auch. Für mich ist das alles ebenso neu wie für Sie. Wir alle unternehmen diese Reise gemeinsam – hoffe ich zumindest. Denn bis jetzt bin ich noch nicht wirklich als Mitglied Ihrer Gruppe anerkannt worden. Ich bin eigentlich nur als Zuhörerin da. Aber ich möchte mehr sein. Denn was ich heute höre, ist Musik in meinen Ohren." Sie blickte umher, und ihre Augen verrieten den Wunsch nach Anerkennung.

„Claire", sagte ich in dem Bewußtsein, für uns alle zu sprechen. „Ich glaube nicht, daß es eine Frage ist, ob wir Sie aufnehmen – ich glaube nicht, daß einer von uns Ihnen erlauben wird, nicht Teil der Gruppe zu werden. Einverstanden?"

Dory und David nickten zustimmend. Für eine Weile kehrte wieder Stille ein. Als wollte er die Gesprächspause füllen, stand David auf und ging im Zimmer umher. Er betrachtete noch einmal die Kunstwerke, die ich über die Jahre so sorgfältig zusammengetragen hatte. Vor einem der ersten Gemälde, das ich je gekauft hatte, blieb er stehen. Ich erinnerte mich an einen Freund, der gesagt hatte, ich müsse verrückt sein, so viel Geld für etwas auszugeben, das ich dann an die Wand hing. Und was wußte ich damals schon von Kunst. Zu jener Zeit sehr wenig. Ich war nie imstande gewesen, etwas über Kunst zu lernen – nicht einmal im Kunstgeschichteunterricht in der Schule. Das war eines der Dinge, in die ich mich erst später im Leben einmal vertiefen wollte. Wie sich herausgestellt hatte, sollte ich schon früher dazu kommen. Kunst war zu einer der größten Leidenschaften in meinem Leben geworden.

„Das ist wirklich ein sehr schönes Stück", sagte David, der seine Augen auf dem Bild ruhen ließ. „Ich suche seit langer Zeit etwas von diesem Künstler – aber es liegt weit außerhalb meiner Möglichkeiten. Sie müssen ganz schön verdienen, wenn Sie sich so etwas leisten können."

„Ich wünschte, das wäre so", antwortete ich, stand auf und ging zu ihm. „Aber ich habe dieses Gemälde schon seit vielen Jahren. Ich kaufte es bei einer Ausstellung an einer Kunsthochschule, die jedes Jahr Arbeiten der Studenten des letzten Jahrgangs zeigt. Ich habe es einfach gesehen und entschieden, daß ich es haben mußte. Ich wußte überhaupt nichts über den Künstler. Und ganz bestimmt wußte ich nicht, daß er einmal so begehrt sein würde. Ich sah einfach das Bild und mußte es haben. So einfach war das."

„Sie schieben also alles auf den Zufall?" fragte David.

„Ich glaube schon", entgegenete ich und sah ihn an, um festzustellen, ob er es ernst meinte oder mich nur reizen wollte. Ich entschied mich für ersteres. „Ich war zufällig in der Ausstellung und bin zufällig diesem Bild verfallen – also war es Zufall, würde ich sagen. Aber es hatte auch damit zu tun, daß ich meiner eigenen Überzeugung gefolgt bin. Ich hatte immer einen Leitgedanken über den Ankauf von Kunst, damals und jetzt: Möchte ich damit leben, egal, wieviel es wert ist oder wird? Ich investiere nicht in Kunst – ich kaufe, weil ich ohne sie nicht leben kann. Aber je mehr ich besitze, um so mehr erfahre ich darüber – und ich stelle fest, daß mein Geschmack ebensogut ist wie der jedes anderen. Man muß mir nicht sagen, ob ich ein Kunstwerk mag – ich vertraue meinen eigenen Gefühlen. Vielleicht sollte man das im Management genauso machen.“

„Aber wenn ich eine Fehlkalkulation anstelle, könnte es die Firma – und mich – eine Menge Geld kosten.“

„Das könnte ein Fehlkauf, den ich mache, auch. Es ist genau dasselbe. Ich glaube, wir alle müssen letztlich uns selbst vertrauen. Solange wir das nicht tun, verdienen wir es nicht, Manager zu sein.“

David schwieg eine Zeitlang und betrachtete mit großem Vergnügen das Gemälde, über das wir gesprochen hatten.

„Es ist die Verwendung der Farben, die es so besonders macht“, sagte er, ohne jemand bestimmten anzusprechen. Er seufzte und drehte sich von dem Bild weg. „Lassen Sie es mich wissen, falls Sie es je verkaufen wollen, Geoffrey. Ich will es. Sogar sehr.“

„Ich habe derzeit nicht die Absicht zu verkaufen. Aber wenn, dann werden Sie der erste sein, der es erfährt, David.“

Jetzt war es Claire, die aufstand und zu den Getränken ging. Sie holte sich ein Glas Wasser. Während David und ich über Kunst diskutiert hatten, hatte sie mit Dory unser Gespräch weitergeführt.

„Mich beschäftigt die Frage, wie sehr Wachstum ein Phänomen mit seinen eigenen Regeln und wie sehr es ein Spiegelbild der Firma ist.“

„Erklären, bitte“, verlangte Dory.

„Na ja – ich weiß nicht, ob ich die Antwort erklären kann – aber ich kann versuchen, die Frage zu erklären. Wir kamen überein, daß Wachstum ein natürliches Phänomen ist, mit eigenen Regeln. Und wir sagten, daß es eine Wachstumskurve gibt, wie Geoffrey sie beschrieben hat. Was ich immer noch rätselhaft finde, ist das Problem, genau herauszufinden, wo wir zu einem gegebenen Zeitpunkt auf der Kurve sind. Ich meine – auch wenn Wachstum seinen eigenen Regeln folgen mag, heißt das noch nicht, daß alles genau nach dem gleichen Schema wächst. Denken Sie darüber nach. Einige Firmen scheinen in nur einem einzelnen Segment weiter und weiter zu wachsen. AT&T zum Beispiel ist durch Konzentration auf Telekommunikation größer und größer geworden. Der Wachstumszyklus dort verläuft einfach anders als der von, sagen wir, Microsoft. Die sind so schnell gewachsen, daß sie fast alle anderen Firmen auf der Welt hinter sich gelassen haben.“ Sie hielt kurz inne und arbeitete offensichtlich im Kopf ihr Konzept durch. „Was ich versuche zu sagen, ist – glaube ich", ergänzte sie mit einem kurzen Glucksen, „daß, obwohl Wachstum seinen eigenen Regeln unterliegt, Ausmaß und Dauer des Wachstumszyklus von Firma zu Firma variieren können. Woher wissen wir, wann eine Firma an die Wachstumsdecke stößt? Und was bestimmt die Höhe dieser Decke?"

David und ich waren wieder zu den beiden Frauen gegangen und wurden einmal mehr von der Debatte eingeholt. Aber Claires Gedanke verursachte wieder einen Augenblick der Stille, als würden wir alle uns Zeit dafür nehmen, die neue Idee zu analysieren.

„Ich mag Ihre Verwendung des Wortes *Decke.*" Ich war der erste, der die Stille wieder durchbrach. „Ich denke, das macht das Konzept sehr anschaulich. Und ja – ich glaube auch, daß es für jede Firma eine solche *Decke* geben muß. Die Wachstumsrate und die Obergrenze dieses Wachstums hängen von einer ganzen Reihe von internen und externen Wechselwirkungen ab. Ich habe da so eine Vorstellung – ich vermute, es ist das Ergebnis unserer Gespräche hier. Als Sie vorher den Begriff *Decke* verwendeten, fiel mir die Sixtinische Kapelle ein. Und dann, daß es natürlich auch für die Fähigkeiten von Michelangelo eine *Decke* gab. Ich spreche hier nicht über seine künstlerischen Qualitäten – niemand kann in Frage stellen, daß er eines der kraftvollsten Genies war, die je gelebt haben – nein, ich spreche über den Umfang seines Werkes. Über das Wachstum des Gesamtwerkes, das er der Nachwelt hinterlassen hat. Dieses Gesamtwerk ist – nach seiner Quantität, nicht nach der Qualität – bedeutungslos, wenn man es etwa mit dem Werk van Goghs vergleicht. Sie waren beide unglaubliche Genies, die nach völlig verschiedenen Zeitmaßstäben arbeiteten. Van Gogh produzierte auf dem Höhepunkt seiner Schaffenskraft zwei Werke am Tag, während Michelangelo Jahre mit dem Eingerüsten der Sixtinischen Kapelle zubrachte."

„Ich mag die Analogie", meinte David. „Sie sagen, daß, ebenso wie Michelangelo niemals dieselbe Wachstumsdecke erreichte wie van Gogh, so hat auch jede einzelne Firma ihre eigene Wachstumsdecke, die das Ergebnis einer ganzen Reihe von Faktoren ist. Schließlich liebte Michelangelo die Arbeit mit Marmor – und das ist nichts, das man über Nacht erledigen kann. Außerdem arbeitete er für Auftraggeber – vor allem für den Papst. Die Umstände, die ihm erlaubten, sein Werk zu schaffen, waren also sehr verschieden von den Umständen, die van Gogh umgaben – der für sich selbst arbeitete und mit einem anderen, vielleicht zugänglicheren Medium. Trotzdem waren sie beide großartige

Künstler. Ich denke, wir müssen uns fragen, warum einige Firmen wie Michelangelo sind und andere wie van Gogh."

„Ja", sagte Dory, „aber die Frage geht weiter. Wir müssen die Umweltbedingungen verstehen, die eine Firma eher wie Michelangelo oder eher wie van Gogh werden lassen. Und wir müssen verstehen, daß wir das eine niemals in das andere verwandeln können. Es ist Teil unseres Jobs als Manager, den Grundcharakter unserer Firma wahrzunehmen, denn das ist einer der Faktoren, von denen Geschwindigkeit und Obergrenze des Wachstums bestimmt werden. Es wäre unmöglich, aus einem Michelangelo einen van Gogh zu machen – oder umgekehrt. Das würde einen völligen Umbau des Mannes erfordern, den wir Michelangelo nennen. Und bei diesem Umbau müßten wir alle Bedingungen verändern, all die mitverantwortlichen Faktoren, die den ursprünglichen Michelangelo hervorgebracht haben. Das Ergebnis – wir konstruieren die Genialität weg. Und das würde uns niemand danken."

„Aber wenn wir einige der internen und externen Wechselwirkungen ändern, die während des Wachstumszyklus eine Rolle spielen, müßte es möglich sein, eine Mutation eintreten zu lassen, so daß neue Wachstumsgebiete entstehen", erläuterte Claire.

„Das ist genau das, was ich vor einigen Minuten gesagt habe", meinte David. „Alles dreht sich um Regeneration. Ständig auf der Suche nach neuen Wegen, um Wachstum zu erreichen, anstatt verständnislos auf den Bereich zu starren, der bis dahin das Wachstum gebracht hat. Aber das beantwortet immer noch nicht die Grundfrage: Wie wissen wir, an welchem Punkt des Wachstumszyklus wir uns befinden? Das ist natürlich wesentlich, wenn wir nach neuen Bereichen suchen."

„Da stimme ich nicht zu", sagte ich, weil ich den Keim einer Idee in mir reifen fühlte. „David, Sie lassen durchblicken, daß wir nur nach Gelegenheiten zur Regeneration suchen müssen, sobald ein Ende des Wachstums absehbar ist. Ich bin nicht sicher, daß das der Fall ist. Ich meine, daß wir in diesem Fall auch nur Krisenmanagement betreiben würden – so lange nichts tun, bis wir Gefahrenzeichen erkennen. Ich denke, daß diese Idee der Evolution, die wir gemeinsam entwickeln, weit grundlegender ist. Wenn wir anerkennen, daß der Wachstumszyklus unvermeidlich ist – und daß nach Wachstum Niedergang folgt –, dann können wir uns dieses Wissen zunutze machen. Wir können erkennen, daß Evolution ein fortlaufender Prozeß ist. Was wir tun müssen, ist sicherstellen, daß jederzeit Mutationen auftreten können. Das ist wesentlich, denn wir werden nur im Rückblick wissen, welche der Mutationen sich als stark genug erweisen wird, um sich weiterzuentwickeln. Man kann nicht sagen, *Machen wir so weiter, denn es sieht so aus, als würde das Wachstum zumindest für eine Weile anhalten,* und hoffen, daß man nur einen Schalter umzulegen braucht, wenn das Wachstum dann nachläßt, und sofort Mutationen heraushüpfen würden. Nein – wir müssen sicherstellen, daß alles, was in der Firma wechselwirkt – sowohl intern als auch extern –, gefördert wird und die Gelegenheit erhält, Erneuerung zu initiieren. Und es ist wichtig, nicht zu versuchen, die Dinge in eine bestimmte Richtung zu schieben – denn Evolution ist unvorhersagbar. Das mag das Ganze für einige von uns etwas beängstigend machen, aber das ist eine Tatsache des Lebens. Eine, an die wir uns alle gewöhnen werden müssen."

„Dem stimme ich zu", sagte Dory, „aber ich würde gern noch weiter gehen. Denn Evolution ist so unvorhersagbar und hängt so sehr von Zufall ab, daß wir nur im Rückblick sehen können, ob eine vielversprechende Idee sich tatsächlich als etwas erwiesen hat, das einen neuen Wachstumszyklus erzeugte. Und das bedeutet, daß wir uns nicht von den konventionellen Gedanken einengen lassen dürfen, Evolution sei linear und deshalb irgendwie kontrollierbar."

Wir alle setzten uns. Ich spürte, daß in unserem Treffen etwas sehr Wichtiges erreicht worden war. Jetzt wurde es spät, und wir alle wußten, daß wir diese informelle Zusammenkunft bald zu Ende bringen mußten. Aber wir zögerten. Wir alle fühlten die Heiterkeit, die zwischen Menschen mit ähnlichen Ansichten entsteht. Uns allen hatte die Debatte gefallen – aber irgendwie waren wir immer noch unzufrieden.

Erstaunlicherweise war es David, der unsere Gefühle in Worte kleidete.

„Wenn Sie mir gesagt hätten, daß ich mit Freude an meinem freien Abend mit einer Gruppe gleichgesinnter Menschen Managementkonzepte diskutieren würde, hätte ich Sie für verrückt erklärt. Aber jetzt gehe ich nur ungern. Das gab es noch nie. Vielleicht bin ich zynischer als mir guttut. Hier geht etwas Besonderes vor. Ich möchte sicherstellen, daß es nicht im Sande verläuft. Ich möchte es fortsetzen, denn ich glaube, es hilft mir, neue Einsichten zu gewinnen. Es hilft mir herauszufinden, welche Fragen ich in meiner eigenen Firma stellen sollte. Aber ebenso bin ich von Natur aus ein praktischer Mensch. Und ich möchte die Dinge weiterbringen. Ich möchte nicht, daß das, worüber wir diskutieren, bloß eine weitere Managementtheorie wird. Dazu ist es zu wichtig. Ich möchte also, daß wir über irgendeine Art der praktischen Anwendung für unsere Ideen nachdenken. Irgendeine Art von Kontrollgruppe. Wie bei einem Test neuer Medikamente. Ich möchte sehen, wie es in der Praxis funktioniert. Vielleicht ist das verfrüht. Aber ich möchte mein Geschäft nicht aus den Augen verlieren, und all das, was ich tun muß, um es am Laufen zu halten und Gewinn zu machen."

„Darüber habe ich auch nachgedacht", beeilte ich mich zu sagen. „Und ich habe eine Idee. Ich habe einen Internet-Anschluß – und die meisten von Ihnen vermutlich auch." Alle drei nickten. „Also habe ich mir gedacht, ob wir uns nicht irgendeinen Plan ausdenken können, um das alles zu einer Art Abschluß zu bringen. Es ist jetzt zu spät, um eine neue Diskussion zu beginnen – aber wir könnten darüber nachdenken und einander über das Netz kontaktieren. Wie klingt das?"

„Gut", sagte Dory unter zustimmendem Nicken von David und Claire. „Wer weiß, vielleicht könnten wir eine Website einrichten – wo die Leute etwas darüber erfahren können, wie man Resonanz hervorrufen kann."

„Man weiß nie", meinte ich, als sich alle erhoben, um zu gehen, „vielleicht wird es ein weithin tönender Erfolg."

3. Zwischenspiel im Internet

Als ich am nächsten Morgen ins Büro kam, war das erste, was ich in Angriff nahm – ja, ich weiß, ich bin ein Gewohnheitstier –, meinen Computer zu starten und mich ins Netz einzuloggen.

Ich hatte seit einiger Zeit meine eigene e-mail-Adresse, weil ich überzeugt davon war, das Internet würde in den kommenden Jahren eines der mächtigsten Werkzeuge zwischenmenschlicher Kommunikation werden. Aber das war nicht alles – ich war auch überzeugt, daß das Internet ein Ort war, der zwischen einer Vielzahl von Menschen mit den unterschiedlichsten Hintergründen, Interessen und Funktionen Resonanz herstellen könnte. Ich fand, daß es ein Mikrokosmos der Gesellschaft war.

Nachdem ich mich eingeloggt hatte, sah ich zu meiner Überraschung, daß drei Nachrichten auf mich warteten. Erstaunt darüber, daß plötzlich so viele Menschen versuchten, mit mir Kontakt aufzunehmen, lud ich das erste e-mail.

@ An: gsheld@compuserve
Von: dor@compuserve

Betrifft: Treffen letzte Nacht

Geoffrey – was für ein großartiger Abend! Danke für die anregende Diskussion. Ich glaube wirklich, daß wir da auf etwas gestoßen sind. Die natürliche Wachstumskurve, die Wachstumsdecke, die Notwendigkeit, Mutation anzuregen. Ich konnte nicht aufhören, über all das nachzudenken. Werden Sie eine Liste mit Fragen machen, wie nach unserem ersten Treffen? Ich habe diese Liste sorgfältig aufgehoben und komme regelmäßig darauf zurück. Ich glaube, die Fragen könnten die Schlüssel zu einer Menge Antworten sein, die wir suchen. Ich habe übrigens über Ihre Idee nachgedacht, eine Evolutions-Website zu eröffnen. Wir sollten es tun. Ich bin sicher, wir würden dann Kontakt mit noch mehr verwandten Geistern bekommen. Und können Sie sich die Art von Resonanz vorstellen, die wir in die Welt setzen würden, wenn das wirklich geschähe? Machen wir es also.

Schicken Sie mir die Fragenliste, wenn Sie eine gemacht haben. Und lassen Sie uns nicht allzulange warten bis zu unserem nächsten Treffen.
Liebe Grüße
Dory

Ich las die Nachricht mit zunehmender Freude. Auch mir hatte der Abend gefallen und das Gefühl gegeben, daß wir etwas sehr Wichtigem auf der Spur waren. Ich wollte diesen Schwung auf jeden Fall erhalten, da ich wußte, wie leicht etwas unter dem Druck des Tagesgeschäftes in den Hintergrund gedrängt werden kann. Ich war überzeugt, daß so etwas hier nicht geschehen würde. Mehr noch. Die Menschen in der kleinen Gruppe, die sich gebildet hatte, seit wir das Thema erstmals zur Sprache gebracht hatten, waren dabei, meine Freunde zu werden. Sie wurden zu Menschen, mit denen ich Gedanken austauschen konnte. Es war ein aufregendes Gefühl. Eines, von dem ich wollte, daß es anhielt.

Daß Dory die Fragen erwähnt hatte, brachte ein leichtes Lächeln auf meine Lippen. Denn ich hielt eine Liste in der Hand, die ich am Vorabend hastig zusammengeschrieben hatte, bevor ich zu Bett gegangen war. Auch ich hatte das Gefühl gehabt, daß sich eine solche Liste als nützlich erweisen könnte, und hatte deshalb nicht damit warten wollen, sie zu Papier zu bringen. Ich hatte vorgehabt, sie später abzutippen und allen Teilnehmern des Treffens zuzuschicken, aber ich tat es wohl besser gleich.

Aber da mich die Neugier plagte, holte ich zuerst die zweite Nachricht auf den Bildschirm. Sie war von David.

@ An: gsheld@compuserve
Von: why@knoware.uk

Betrifft: Treffen letzte Nacht

Bin erfreut, daß alle auf derselben Wellenlänge sind. Kann gar nicht genug betonen, daß wir unsere Gedanken in die Praxis bringen sollten. Zu viel Philosophie wird die Idee nur abtöten. Machen wir weiter. Aber versuchen wir, etwas Greifbareres zu schaffen. Übrigens – haben Sie über eine Liste von Fragen nachgedacht?
Grüße
David

Ich lächelte bei dieser zweiten Erwähnung der Fragenliste. Wir hatten Resonanz erreicht – wenn auch nur hinsichtlich der Fragen. Aber das schien ein guter Ausgangspunkt zu sein.

Die dritte Nachricht wartete, aber ich vermutete schon, daß sie von Claire sein würde – wer sonst sollte mich über das Internet kontaktieren? Und so beschloß ich, zuerst meine Fragen einzutippen.

Fragen, die wir stellen sollten:

- Welches sind die Schlüsselphänomene in unserer Firma, die natürliches Wachstum zeigen?
- Wo betreiben wir blindlings die Realisierung von Wachstum?
- Glauben wir wirklich, daß unsere Organisation für immer auf die Weise wachsen wird, wie sie jetzt wächst?
- Können wir genau dasjenige in Frage stellen, was in der Vergangenheit unseren Erfolg gebracht hat?
- Nehmen wir Fehler sozusagen einfach hin, oder verwenden wir die Erfahrung, um das nächste Mal ein erfolgreicheres Ergebnis zu erreichen?
- Wie lernen wir zu erkennen, daß wir die Decke erreicht haben?
- Welche Gelegenheiten müssen wir ergreifen, um uns selbst und unsere Organisation zu erneuern?
- Da alles seiner eigenen natürlichen Wachstumskurve zu folgen scheint: Welche Freiheiten haben wir tatsächlich, von dieser wieder loszukommen, sobald wir uns einmal auf ihr befinden?
- Sollten wir versuchen, für immer auf dieselbe Weise zu wachsen?

Ich sah auf die Fragen, die ich aufgeschrieben hatte, und nickte. Ja, wenn ich meine Gedanken wieder auf das Gespräch zurücklenkte, war ich überzeugt, daß sie den Großteil der Themen abdeckten, die wir besprochen hatten. Mit einem abschließenden geistigen Nicken schickte ich sie an David, Dory und Claire. Das Internet würde sich als unschätzbar für unsere Kommunikation erweisen.

Nachdem die Liste verschickt war, wollte ich Claires e-mail lesen. Aber ich wurde überrascht, denn es stellte sich heraus, daß dieses e-mail von jemandem war, dessen Namen ich nicht auf Anhieb erkannte. Mein Interesse wuchs, und ich begann zu lesen.

@ An: gsheld@compuserve
Von: wiggins@private.co.uk

Lieber Mr. Sheldon,
zweifellos fragen Sie sich, wer ich bin und wie ich an Ihre e-mail-Adresse gekommen bin. Nun, Sie erinnern sich vielleicht an die Notiz, die ich Ihnen kürzlich bei einer Managementkonferenz übermittelt habe. Ich hatte Ihr Gespräch mit Freunden mitgehört, und das hat mich veranlaßt, etwas zu Ihrer Verwendung des Begriffes „Evolution" anzumerken und Ihnen eine kurze Nachricht zu schreiben, um Sie alle zu ermutigen, diese Diskussion fortzusetzen.
Seit damals denke ich regelmäßig über diese aufgeschnappte Bemerkung nach, und ich habe mich zahllose Male gefragt, wie weit Ihre Überlegungen gediehen sind. Ich glaube mich zu erinnern, daß zwei weitere Personen in das Gespräch verwickelt waren – und ich habe mich gefragt, ob diese kurze Begegnung mit verwandten Geistern irgendwelche fruchtbaren Folgen hatte.
Ich entschied, der einzige Weg, mein Bedürfnis nach Aufklärung zu stillen – ich gebe zu, daß ich von Natur aus ein Mann von großer Neugier bin –, sei der, mit Ihnen direkt Kontakt aufzunehmen. Das war weniger einfach, als ich ursprünglich gedacht hatte. Schließlich rief ich das Konferenzsekretariat an und fragte, ob sie mir behilflich sein könnten. Aber alles, wozu ich sie überreden konnte – sie machten einen großen Zirkus, wie sehr sie sich verpflichtet fühlten, die Daten ihrer Teilnehmer vertraulich zu behandeln – war, mir Ihre e-mail-Adresse zu geben. Sie fanden das anonym genug, um ungefährlich zu sein.
Und so nehme ich mit Ihnen Kontakt auf, Mr. Sheldon, um herauszufinden, ob Sie irgendwelche Fortschritte in Ihren Studien über Evolution gemacht haben. Ich bin heute ebenso wie damals überzeugt, daß diese Theorie den Schlüssel zu etwas von großer Bedeutung in sich birgt.
Um all das auf ein praktischeres Niveau zu bringen, lassen Sie mich folgendes fragen:
Sind Sie dem Thema auf irgendeine Weise nachgegangen?
Haben Sie mit den anderen beiden Leuten Kontakt gehalten?
Was sind bisher Ihre Ergebnisse, wenn es denn welche gibt?
Ich vertraue darauf, daß Sie es mir nicht übelnehmen, daß ich mich auf diesem Weg an Sie gewandt habe. Schreiben Sie es meiner angeborenen Neugier zu. Und meinem Drang, an einem Prozeß teilzunehmen – wenn auch nur am Rande –, der wichtige Auswirkungen für die Geschäftswelt haben könnte, wie ich glaube.
Hochachtungsvoll,
Donald J. Wiggins

Ich las die Nachricht noch einmal und erinnerte mich an die kurze Notiz, die so hilfreich gewesen war, das alles ins Laufen zu bringen.

Auch ich war seltsam beeindruckt von dieser kurzen Nachricht und hatte mich oft gefragt, wer der *Professor* war, den ich beim Verlassen der Rezeption gesehen hatte, und warum er so scharf darauf war, daß wir Gedanken über die Evolutionstheorie entwickelten.

Ohne zu zögern schrieb ich eine kurze Antwort:

@ An: wiggins@private.co.uk
Von: gsheld@compuserve

Lieber Mr. Wiggins!
Meinen aufrichtigen Dank für Ihre Nachricht. Es scheint, als sei die Evolution entschlossen, meinen Bekanntenkreis zu erweitern, und ich hoffe, daß Sie ein Teil dieses Kreises werden.
Ja, wir verfolgen Ihre Gedanken über Evolution. Ja, Ihre Anregung, genau das zu tun, hat uns entscheidend vorangetrieben. Es ist immer so einfach, sich zu erlauben, in Theorie zu versinken – obwohl wir uns in Davids Gegenwart selten den Luxus leerer Philosophie leisten. David ist der Mann, mit dem Sie mich bei der Konferenz gesehen haben, und es hat sich gezeigt, daß er für unsere Diskussionen von enormem Wert ist, nicht zuletzt wegen seiner geradezu eingebauten Sachlichkeit. Ich bin sicher, daß es für uns schwierig wäre, mit David in der Theorie zu verweilen. Er ist derjenige, der uns ständig zwingt, praktisch zu denken. Er ist es, der verlangt, daß wir unsere Vorstellungen einer Art Praxistest unterziehen. Eines der schwierigsten Probleme, denen er sich stellen muß, ist unsere Überzeugung, daß der Zufall in der wirtschaftlichen Entwicklung seinen Einfluß haben dürfen muß – denn das ist einer der Hauptparameter der Evolution. Er ist ein solcher Pragmatiker, daß er Schwierigkeiten mit der Vorstellung hat, die Leitung seiner Firma müsse dem Zufall überlassen werden, statt seiner strikten Kontrolle zu gehorchen. Manchmal frage ich mich, ob wir die ganze Evolutionsvorstellung in dieser Hinsicht nicht zu weit treiben – aber es ist noch früh, und wir wollen keine Idee ausschließen, die auf unserer Entdeckungsreise wichtig sein kann. Ich weiß, daß er etwas Praktisches tun will, und ich verstehe seinen Standpunkt. Aber wie können wir all unsere Ideen einem Test in der Praxis unterziehen? Diese harte Nuß beschäftigt meine Gedanken, seit David diesen Vorschlag gemacht hat.
Und dann gibt es Dory – sie war auch bei der Konferenz und entwickelt sich gerade zu einer richtigen Draufgängerin. Sie und David haben gerade eine Firma in Birmingham besucht, um zu sehen, wie Wachstum den Stil des Managements beeinflußt. Ihre Erkenntnisse waren aufschlußreich: Diese Firma hatte großartiges Wachstum erzielt – weit mehr als jeder erwartet hätte – und war trotzdem nach Dory und David die uninteressanteste

Firma, die sie je gesehen haben. Das Management war so auf Wachstum fixiert, daß für den geringsten Grad von Innovation, Kreativität oder Veränderung überhaupt kein Raum mehr blieb. Es hat uns wirklich in Staunen versetzt, kann ich Ihnen sagen. Wenn ich an Dory denke, merke ich immer, daß sie unsere Philosophin ist. Sie hat die wunderbare Fähigkeit, abstrakte Begriffe in verständliche Form zu bringen.

Und schließlich gibt es Claire. Sie hat sich unserer Gruppe angeschlossen, nachdem ich Sie während Verhandlungen mit potentiellen Fusionspartnern kennengelernt hatte. Die haben zwar nichts gebracht – aber ich fand einen sehr intelligent klingenden Resonanzboden in Form von Claire. Sie war nur bei einem unserer Treffen dabei – wir sind immer noch ganz am Anfang unseres Abenteuers (Ja! Genau so beginnen wir es zu empfinden!), aber Ihre Beiträge sind wichtig für die Art und Weise, wie wir unsere Ideen entwickeln.

Im großen und ganzen sind wir eine recht hübsche Gruppe – mit Qualitäten, die einander ergänzen. Außerdem bringen wir etwas zustande, das ich RESONANZ nennen möchte. Es ist, als träfen unsere Gedanken auf einen Klangboden und würden in unseren Köpfen widerhallen. Es ist ein aufregender Prozeß – und einer, den wir zunehmend spannend finden. Es ist, als wäre die Idee der Evolution im wirtschaftlichen Rahmen von bahnbrechender Bedeutung. Ich kann Sie fast sagen hören: „Das habe ich Ihnen doch gleich gesagt."

Eine unserer bisher wichtigsten Entdeckungen ist, wie ich meine, daß Manager sich nicht darauf konzentrieren dürfen, Wachstum zu erzielen, obwohl das in jedem geschäftlichen Umfeld wichtig ist, sondern darauf, Bedingungen zu schaffen, unter denen Evolution – wirtschaftlich gesprochen bedeutet das Erneuerung, glaube ich – angeregt werden kann. Wir glauben, daß es nichts bringt, zu erwarten, daß die Wachstumskurve gerade nach oben führt. Das Wachstum wird steigen, und es wird ebenso wieder fallen, in einem natürlichen Zyklus. Das Management muß sicherstellen, daß die Bedingungen für Mutationen so geschaffen werden, daß dies zu jedem Zeitpunkt während des Wachstumszyklus geschehen kann, damit in einem anderen Bereich schon neues Wachstum begonnen hat, wenn das Wachstum im ersten Bereich zu fallen beginnt. Es handelt sich dabei um eine Reihe von Kurven, von denen sich jede mit der vorhergehenden überschneidet.

Es ist naheliegend, daß ich wissen möchte, ob Sie meinen, daß wir auf der richtigen Spur sind. Wir wurden durch Ihre Bemerkung angestachelt. Und jetzt beweist Ihr e-mail, daß Ihre Beobachtung einen tieferen Sinn gehabt hat. Lassen Sie es mich bitte wissen – ich bin sehr interessiert, von Ihnen zu hören.

In der Zwischenzeit schicke ich Ihnen eine Liste von Fragen, die wir in unserer Diskussion entwickelt haben. Wir sind überzeugt, daß es nicht richtig ist, den Leuten, die neue Einsichten in wirtschaftliche Potentiale suchen, Antworten anzubieten. Wir sind überzeugt, daß die Leute statt dessen wissen müssen, welche Fragen sie stellen sollen. Und so haben wir diese Fragen entwickelt.

Lassen Sie mich Ihre Meinung dazu wissen. Wir (und ich spreche auch für den Rest unserer kleinen Evolutions-Gruppe) sind an allen möglichen Meinungen interessiert.
Mit den besten Wünschen
Geoffrey Sheldon

☆

Der Tag wurde einer dieser nicht enden wollenden Alpträume, wie sie im Management von Zeit zu Zeit auftreten. Eine ganze Reihe von Angelegenheiten hielt mich beschäftigt, und ich mußte in einer ganzen Reihe von Abteilungen Feuerwehr spielen. Es war also später als sonst, bis ich mich endlich meiner e-mail zuwenden konnte. Du meine Güte, dachte ich, als ich eine Liste von vier Nachrichten vorfand, ich werde noch berühmt.

Das erste e-mail stammte von Claire, die sich für die Liste bedankte. Sie stimmte völlig damit überein und wollte wissen, für wann ein neues Treffen geplant war. Die beiden nächsten waren von Dory und David. Auch ihnen gefiel die Fragenliste, und auch sie wollten wissen, wann wir uns wieder treffen würden.

Aber die vierte Nachricht erregte wirklich mein Interesse, denn ich sah, daß sie von Mr. Wiggins war. Eilig klickte ich auf *Laden*.

@ An: gsheld@compuserve
Von: wiggins@private.co.uk

Lieber Mr. Sheldon,
wie eifrig waren Sie doch. Und wie erfreut bin ich, daß Sie meinen Rat ernst genommen haben. Ich fürchtete, Sie könnten mich für einen senilen alten Mann halten, der nicht mehr alle Tassen im Schrank hat. Ich bin froh, daß sich meine Befürchtungen nicht bewahrheitet haben.
Ihr e-mail war gehaltvoll – gehaltvoller als ich erwartet hatte. Sie scheinen einen sehr weiten Weg sehr schnell zurückgelegt zu haben. Machen Sie bitte weiter. Und halten Sie mich bitte auf dem laufenden.
Nun, da wir uns offensichtlich in Richtung einer Art Wechselwirkung bewegen, sollte ich Ihnen vielleicht etwas mehr über meinen Hintergrund und mein Interesse an Evolution erzählen.
Ich glaube seit vielen Jahren fest an die Werke Darwins. Man sollte meinen, daß er heute anerkannt ist, und doch sind seine Ideen immer noch Gegenstand von Spott, Streit und

Unglauben. Nichtsdestoweniger ist es meine persönliche Überzeugung, daß diese Theorie auf Gebiete weit außerhalb der Wissenschaften angewandt werden kann. Ihre Gedanken über Wachstum, Mutation oder über das Schaffen von Bedingungen, unter denen Evolution stattfinden kann, zeigen, wie Darwins Ideen in anderen Gebieten benutzt werden können.

Ich sage benutzt, als müßten wir sie aktiv anwenden. Aber ich glaube nicht, daß es so ist. Ich habe das Gefühl, daß beim Tod von korporativen Strukturen vieles bis zu der Entscheidung zurückverfolgt werden kann, strenge Regeln auf etwas anzuwenden, das weder streng noch im eigentlichen Wortsinn an Regeln gebunden ist.

Eine meiner Überzeugungen ist, daß wir dem Phänomen des selbstorganisierenden Verhaltens nicht genügend Aufmerksamkeit schenken. Das ist etwas, was mich seit einer Anzahl von Jahren fasziniert, und es stellt, wie ich glaube, ein wichtiges Element in jeder Diskussion über Evolution dar.

Lassen Sie mich hier etwas dazu sagen.

Auf meiner Suche habe ich die Arbeiten von einigen der wichtigsten Biologen aller Zeiten studiert. Ich nenne die Namen von Foerster, Ashby, Varela und Maturana. Vielleicht haben Sie von Ihnen gehört – wenn nicht, macht es auch nichts. Was ich von ihnen gelernt habe, ist, daß biologische Systeme nicht eine Art Input-Output-Maschine sind. Sie alle stimmen überein, daß beispielsweise das Gehirn ein intern gesteuertes System ist, das für alle Absichten und Zwecke geschlossen ist. Das gilt, egal ob wir von operationaler oder von organisatorischer Geschlossenheit sprechen. Äußere Einflüsse mögen das Gehirn beeinflussen, aber weit weniger als wir glauben. Was seine Reaktion bestimmt, sind eher interne Aktivitäten als äußere Reize.

Jetzt müssen wir einen Schritt weiter gehen. Denn es gibt eine Gruppe von anderen Wissenschaftlern – Leute wie Hajek, Probst oder Varela –, die meinen, bei sozialen Systemen könnten ähnliche Phänomene beobachtet werden. Sie behaupten, daß Menschengruppen – Abteilungen oder Firmen – auf ähnliche Weise geschlossen sind. Auch sie würden von innen gesteuert. Ihre Sicht der Wirklichkeit wird durch etwas gelenkt, was sie innerhalb ihrer selbst hervorbringen (ich stelle mir das als Resonanz vor). Auch wenn diese Anschauungen denen widersprechen, die außerhalb des Systems für wahr gehalten werden.

Wenn wir all das akzeptieren, ist der nächste Schritt nicht so wirklichkeitsfremd, wie einige Leute annehmen mögen. Denn der nächste Schritt besagt, daß sowohl das Gehirn als auch ein soziales System die Fähigkeit haben, ihre Strukturen von innen zu verändern. Nicht von außen. Nicht nur durch Druck, der durch äußere Ereignisse hervorgerufen wird. Nein, sie verändern sich sowohl wegen interner als auch wegen externer Ereignisse. Sie verändern sich, weil sie ihrem Wesen nach selbstorganisierend sind. Sie verändern sich, um sich an neue Umstände anzupassen, von denen sie einige oder alle sehr gut selbst verursacht haben können.

Ich bin überzeugt, daß Selbstorganisation wesentlich für das Überleben ist. Systeme, die überleben – und das umfaßt Organisationen, Firmen, Gesellschaften oder was auch immer –, müssen selbstorganisierend sein. Wenn sie es nicht sind, werden sie einfach zerfallen. Sie werden auseinanderfallen.

Ich entwickle diese Theorie jetzt weiter. Im Augenblick verfolge ich einen Gedankengang, der nahelegt, daß sich solche Einheiten in Kreisen bewegen – in meinem Kopf nenne ich es lieber Spiralen. Derzeit entwickle ich einen theoretischen Rahmen, in dem vier Merkmale von Bedeutung sind: Autonomie, wechselseitige Abhängigkeiten, Selbstbezug und Überfülle. Ich stelle mir vor, daß diese Phasen einander in einer unaufhörlichen Spirale folgen. Und ich glaube, daß diese vier Merkmale in jedem sozialen System gefunden werden können, das lebt und selbstorganisierend ist.

Darf ich Sie und Ihre Gruppe bitten, über dieses Thema nachzudenken? Ich glaube, jetzt, wo Sie auf der Evolutionsreise so weit gekommen sind, ist das der nächste Stein im Puzzle. Teilen Sie mir Ihre Erkenntnisse mit. Berichten Sie mir von Ihren Debatten. Ich werde nicht dabei sein, denn ich fürchte, ich würde die Richtung Ihrer Gedanken zu sehr beeinflussen.

Ein letzter Gedanke: Ich entwickle eine kleine Idee, die genau für Ihr Praxisprojekt passen könnte. Ich werde noch mehr Informationen brauchen, ehe ich Ihnen das Wesen dieser Idee enthülle. Lassen Sie uns im Augenblick einfach feststellen, daß es ein interessantes kleines Abenteuer geben könnte, das einen Testfall für Ihre Ideen über Evolution bieten würde.

Lassen Sie mich bitte wissen, ob Sie weitergekommen sind. Ich warte mit wachsender Ungeduld.

Hochachtungsvoll

Donald J. Wiggins

☆

„Eine Menge davon macht eminent viel Sinn“, sagte Claire und sah von der Kopie von Wiggins e-mail auf, die sie vor sich hatte. Als ich herumblickte, nickte auch Dory zustimmend. Doch David schien gewisse Schwierigkeiten zu haben, mit unserer Begeisterung mitzuhalten.

„Ich weiß nicht“, meinte er und runzelte nachdenklich die Stirn. „Denn eine Menge davon sagt mir gar nichts. Ich habe nie von einem der Wissenschaftler gehört, die er erwähnt. Jemand von Ihnen?“

„Nicht von allen“, sagte Dory. „Aber ich glaube, das macht nichts. Das ist das Uninteressanteste. Es sind die Schlußfolgerungen, die mich so faszinieren. Die Idee der Selbstorganisation ist wirklich etwas, dem ich bisher nicht begegnet bin. Zumindest nicht in der Weise, wie Donald Wiggins es beschreibt. Aber wenn ich darüber nachdenke, glaube ich wirklich, daß er den Punkt hat.“

Wir waren wieder einmal in meiner Wohnung und taten genau das, was Wiggins uns befohlen hatte (eigentlich hatte er uns gebeten, aber es hatte wie ein Befehl gewirkt – zumindest in meinem Kopf).

Nach der Lektüre seines e-mails hatte ich mich wie von einer Erleuchtung getroffen gefühlt. Seine Theorie paßte so gut zu dem, was wir diskutiert hatten. Ich hatte sofort dieses Treffen einberufen, weil ich diese Gedanken meiner kleinen Gruppe mitteilen hatte wollen.

„Haben Sie herausgefunden, was er mit diesem Praxisprojekt meint, von dem er spricht?“ fragte David, nachdem er sich eingeschenkt hatte. Es war ein Freitagabend – wir hatten diesen Abend gewählt, damit wir keinen nachfolgenden Arbeitstag berücksichtigen mußten –, und wir hatten beschlossen, uns diesmal kein Zeitlimit für die Diskussion zu setzen. Wenn Wiggins recht hatte (und ich persönlich war der wachsenden Überzeugung, daß es so war), würde sich unsere kleine Gruppe selbst eine angemessene Zeiteinteilung organisieren.

„Nein“, antwortete ich. „Ich hatte seither keinen Kontakt mit dem Mann. Ich wollte zuerst Ihnen allen davon erzählen. Wer weiß, was dieser Mann noch alles im Ärmel hat.“

„Warum haben Sie ihn nicht für heute eingeladen?“ fragte Claire.

„Sie haben ja gelesen, was er schreibt – er möchte unsere Diskussion nicht beeinflussen.“

„Ich weiß. Aber meinen Sie nicht, daß uns seine Anwesenheit heute geholfen hätte, besser aus den Startlöchern zu kommen?“

„Wir haben ihn bisher nicht gebraucht“, sagte Dory, die offensichtlich ziemlich erstaunt war, daß Claire denken sollte, wir könnten unsere eigenen Probleme nicht selbst lösen. „Nein – ich stimme dem zu, was Wiggins sagt. Wir müssen unsere eigene Interpretation seiner Gedanken finden. Das ist der einzige Weg, wie sie uns helfen können. Denn würden wir ihm erlauben, uns seine Theorien aufzudrängen, dann würde das natürlich seine ganze Theorie widerlegen. Es will, daß wir reagieren. Er will sehen, ob wir lernen können. Vergessen wir nicht, daß wir uns am Anfang darüber einig waren, daß Lernen bedeutet, sich an etwas völlig Neues anzupassen. Es hat nichts mit Regeln oder ähnlichem zu tun. Es hat zu tun mit der Konfrontation mit etwas, dem wir nie zuvor begegnet sind. Wiggins gibt uns die Chance zu lernen.“

„Was ich nicht verstehe, ist das Ende – dieser neue Schritt, wie er es nennt“, sagte Claire, die Dory beipflichtete. „Diese vier Merkmale der Spirale, von denen er spricht. Ich finde das alles ziemlich kryptisch.“

„Ich weiß, was Sie meinen", antwortete ich, „Ich hatte genau das gleiche Gefühl, als ich das Schreiben zum ersten Mal gelesen habe – und wie ich zugeben muß, auch beim zwanzigsten Mal."

„Aha", lachte David. „Ein paar Hausaufgaben gemacht vor dem Treffen, nicht wahr? Eindruck schinden wollen, ohne Zweifel. Das sieht Ihnen ähnlich. Ich denke, es ist Ihnen nie in den Sinn gekommen, uns dieses e-mail schon vorher zu schicken, damit wir auch vorausdenken können."

„Genau das wollte ich tun, David." Ich quittierte seine Attacke mit einem gequälten Lächeln. „Aber dann habe ich mich dagegen entschieden. Ich wollte Ihre ersten Reaktionen sehen. Ich wollte sehen, ob es Ihnen mit Wiggins genauso ergehen würde wie mir. Seien wir ehrlich, er verspricht eine Theorie, die nach meiner Erfahrung einmalig ist. Er möchte wissen, wie wir darauf reagieren. So dachte ich, es wäre das Beste, dafür zu sorgen, daß wir sie gemeinsam sehen."

„Abgesehen davon, daß Sie sie früher gesehen und sehr ausführlich studiert haben", lächelte Dory. „Aber andererseits, lieber Geoffrey, sind Sie ohnehin immer der Langsame. Es war also eine gute Idee von Ihnen, sich zu bemühen, es schon vorher zu verstehen. So müssen Sie nicht das Gefühl haben, danebenzustehen."

Ich lief knallrot an, und alle lachten. Ich habe dieses Kindheitsrelikt immer noch – die Fähigkeit, völlig außer Fassung zu geraten. Aber heutzutage kann es im allgemeinen nur durch eine attraktive Frau ausgelöst werden.

„Sei dem, wie dem auch sei", begann ich mit dem Versuch, einiges von meiner zerstörten Würde zu retten, „ich glaube immer noch, daß der Weg, den ich gewählt habe, am geeignetsten war."

„Ach, Geoffrey", lächelte Claire. „Seien Sie nicht so ein steifer Kragen. Entspannen Sie sich. Dory hat gescherzt. Haben Sie doch?"

„Das weiß er doch", meinte Dory und nahm einen Schluck Wein. Innerlich lächelte sie über den Tumult, den sie verursacht hatte. „Und jetzt, da wir das aus der Welt geschafft haben, kümmern wir uns um die wichtigen Dinge."

„Also – was macht man mit diesen vier Eigenschaften?" fragte David, als würde er einfach dort fortfahren, wo er unterbrochen worden war. „Ich muß zugeben, ich kann daraus keine Nägel mit Köpfen machen."

„Ich bin nicht sicher, ob ich das kann", antwortete ich, zufrieden, daß ich meine Verlegenheit mit logischer Diskussion übertünchen konnte.

„Zumindest nicht beim ersten Lesen. Aber dann schien ich zu verstehen, worauf er hinaus will. Autonomie versteht sich ja wohl von selbst. Ich meine, wenn man sagt, daß etwas selbstorganisierend ist, unempfindlich gegen das, was außen geschieht, dann folgt daraus, daß es ein hohes Maß an Autonomie haben muß. Es versorgt sich völlig selbst und ist daher unabhängig. Aber das scheint dem nächsten Merkmal zu widersprechen – wechselseitige Abhängigkeiten. Das eine paßt nicht zum andern. Und das hat mich wirklich umgeworfen."

„Aber sollte es das?" fragte Claire mit gerunzelter Stirn. „Ich glaube, er meint, daß eine soziale Struktur zwar von Ereignissen und anderen Strukturen in ihrer Umgebung unabhängig sein kann, aber in der Lage sein muß, sich auf gewisse Abhängigkeiten innerhalb ihrer selbst zu verlassen. Und wenn ich darüber nachdenke, glaube ich, daß es Sinn macht. Denn ich kann mir vorstellen, daß ein soziales System ein gewisses Maß an Komplexität aufweisen muß – und das impliziert automatisch, daß diese Abhängigkeiten existieren müssen."

Sie blickte umher, als hoffte sie auf ein Zeichen der Bestätigung – oder zumindest der Zustimmung – von uns dreien. Aber alles, was wir ihr anbieten konnten, waren konzentrierte Blicke. Wir waren nicht geneigt, etwas gelten zu lassen, ohne es in unseren Gedanken hin und her gewendet zu haben.

„Sie sagen", fragte David, „eine soziale Struktur würde ihrer Natur nach komplex sein müssen. Dürfen wir das für wahr halten? Ich meine – manchmal sehen unsere sozialen Strukturen so simpel aus, daß jedes Maß an Komplexität völlig zu fehlen scheint."

„Ich denke, ohne Komplexität gäbe es keine sozialen Strukturen. Das scheint mir eine selbstverständliche Folgerung."

„Vielleicht für Sie, Dory, aber nicht für mich. Doch ich denke darüber nach, wie wir die direkte Verbindung von Autonomie zu den Abhängigkeiten herstellen. Nach meinem Verständnis gibt es keine logische Abfolge zwischen diesen beiden. Sie stellen eher Gegenteile dar."

„Dem stimme ich zu", sagte Claire. „Und das beschäftigt mich schon die ganze Zeit. Wiggins spricht über die vier Merkmale einer Spirale. Ich habe angenommen, daß diese vier Merkmale aufeinander folgen. Aber was Sie sagen, macht viel mehr Sinn. Autonomie und Abhängigkeiten müssen die entgegengesetzten Enden des Spektrums sein. Ebenso wie innengesteuert und außengesteuert Gegensätze sind."

„Und wenn das so ist“, setzte Dory fort, deren Augen jetzt vor Verständnis brannten, „dann sind die anderen beiden Merkmale auch Gegensätze. Man könnte sagen, daß Selbstreferenz die Abhängigkeit vom Ganzen bedeuten könnte – die totale. Und daß sich Redundanz eher auf etwas Bruchstückhaftes bezieht – ich denke, wir würden es Elemente nennen. Und dann bekommt man zwei neue Gegensätze: das Ganze und die Elemente.“

„Ja“, unterbrach David gedankenlos. „Firmen haben sich immer um das Ganze gesorgt. Viele Manager haben sich auf selbstreferentielle Ziele für das Ganze konzentriert, die durch Strategien und Taktiken unterstützt wurden. Aber das Problem war, daß diese eigentlich für die Elemente bestimmt waren.“

„Da stimme ich zu.“ Ich drehte mich zu Dory. „Jetzt haben wir also Gegensätze – aber wie bringen wir sie in eine Spirale?“ Als ich fragte, war ich mehr und mehr davon überzeugt, daß Dory den Schlüssel zum Problem des Professors – war er denn einer, fragte ich mich, denn immer noch wußte ich kaum mehr über diesen merkwürdigen Donald Wiggins als bei unserem ersten Treffen – gefunden hatte.

„Ich weiß es“, sagte David, „sehen Sie her.“ Er begann eine einfache Zeichnung. „Ich mache die erste Achse senkrecht. Ganz oben steht *Autonomie,* und ganz unten steht *Abhängigkeiten.* Dann machen wir die horizontale Achse, mit den Elementen hier“ – er deutete nach links – „und dem Ganzen hier.“ Jetzt deutete er nach rechts. „Und jetzt sehen Sie her ...“, und er fing an, einen Kreis zu zeichnen, der an der Spitze begann und im Uhrzeigersinn um die Außenpunkte der beiden Achsen herum führte. Aber es war eigentlich kein Kreis, was er zeichnete, sondern eher eine Spirale. „Sehen Sie – eine Spirale. Jetzt müssen wir nur noch herausbekommen, was sie bedeutet.“

„Aber das ist doch offensichtlich“, rief ich, von der Wahrheit getroffen. „Schauen Sie – stellen wir das in einen wirtschaftlichen Zusammenhang. Irgend jemand hat einen Job in einer großen Firma. Aber je erfolgreicher er ist, um so mehr spürt er den Drang nach Autonomie. Er möchte aussteigen und eine eigene Firma gründen. Das ist der Anfang der Spirale, hier oben. Während sich das Geschäft entwickelt, zieht er andere Menschen an sich, die seine Vorstellungen und seine Hingabe an den Erfolg teilen. Ebenso wie diese Gruppe hier von Anfang an Menschen angezogen hat. Das bedeutet, daß jede Entscheidung, die zu treffen ist, so zu treffen ist, daß man dabei die Firma als ein Ganzes im Kopf hat.“

„Weiter, Geoffrey“, ermutigte mich Dory. „Das klingt richtig. Weiter. Machen Sie weiter.“

Ich holte tief Luft und fühlte zum soundsovielten Male, daß wir tatsächlich am Rande einer bedeutenden Entdeckung waren. „Wir haben also eine Stufe erreicht, auf der wir die Firma als ganze zum Wachsen bringen. Ja, zum Wachsen. Denn das ist die Funktion der Wirtschaft – zu wachsen. Das muß sie, um zu existieren.“

„Aber was ist mit all dem, was wir bereits über Wachstum gesagt haben?“ fragte David und schüttelte verwirrt den Kopf.

„Wir sagten, Manager dürften sich nicht darauf konzentrieren, das Wachstum über seinen natürlichen Zyklus hinaus zu verlängern“, erwiderte ich und nickte David zu, um ihm zu zeigen, daß ich seinen Einwand verstanden hatte. „Das würde sich als unnatürlich herausstellen. Aber wir haben niemals gesagt, daß wir kein Wachstum anstreben sollen. Wachstum ist – und wird es meiner Ansicht nach immer bleiben – das vorherrschende Interesse der Wirtschaft. Worüber wir jetzt sprechen, ist, daß wir uns am Anfang darauf konzentrieren müssen, die ganze Organisation dazu zu bringen, sich auf Wachstum zu konzentrieren. Als eine einzige Einheit. Ich glaube, das ist der Schlüsselfaktor. Als eine einzige Einheit. Aber dann, wenn das Wachstum steigt, muß ein Unternehmen über seine interne Organisation nachdenken. Und das führt zur Konzentration auf wechselseitige Abhängigkeiten. Wenn sich Ansichten und Aktivitäten selbst verstärken, entwickelt sich wachsende Resonanz. Das führt zu Maßregeln darüber, wie das Ganze sich selbst organisiert. Aber das verursacht in der Organisation Interesse dafür, ob die Elemente innerhalb des Ganzen stärker werden. Und die Frage, die auf dieser Stufe gestellt werden muß, ist, wie man all die Elemente dazu bringt, zusammenzuarbeiten, um das Wachstumspotential des Ganzen umzusetzen.“

„Entschuldigen Sie, Geoffrey, eine Frage“, Claire bat mit einem Blick um Verzeihung, weil sie meinen Gedankenfluß unterbrochen hatte. „Geschieht es Ihrer Meinung nach an irgendeinem Punkt der Entwicklung einer Firma automatisch, daß die Elemente – die Teile des Ganzen – vorherrschend werden? Meinen Sie das? Und glauben Sie, daß das immer geschieht? Daß es etwas Unvermeidbares ist?“

„Ich glaube schon, obwohl ich mir nicht sicher bin, ob das Sinn macht. Lassen Sie mich bitte weiter machen, denn nur dann werden wir wissen, ob ich die Prachtstraße hinuntermarschiere oder ob ich in einer

Sackgasse gelandet bin." Ich holte tief Atem und setzte alles auf eine Karte, ohne Rücksicht, ob ich mich zum Narren machen würde.

„Jetzt haben wir also wechselseitige Abhängigkeiten zwischen den Elementen erreicht, aber das führt rasch dazu, daß die verschiedenen Elemente Geltung beanspruchen. Es ist nicht so sehr ein Zerfall, glaube ich, sondern eher fühlt jedes einzelne Element, daß es außerhalb des Ganzen mehr erreichen könnte. Und so sieht man, wie sie sich in Richtung Autonomie zu bewegen beginnen. Und dort kann die ganze Spirale von neuem beginnen."

Ich hörte ebenso plötzlich zu sprechen auf, wie ich begonnen hatte. Jetzt wartete ich mit verhaltenem Atem und war ziemlich sicher, die anderen würden meine Idee mit einzigartiger Rücksichtslosigkeit abschießen.

„Geoffrey", sagte schließlich David, „ich glaube, Sie haben es geknackt. Was Sie sagen, macht Sinn. Wirklich. Und Sie haben erklärt, warum Wiggins von einer Spirale spricht. Denn das geht weiter und weiter. Wenn wir auf die Element-Stufe kommen, können wir hoffen, daß Autonomie entsteht und einfachen Ideen erlaubt, sich zu komplexen Themen zu entwickeln. Ich mag es. Ich mag es. Es gibt all dem ein gewisses Maß an Ausgeglichenheit und Beständigkeit."

„Ich habe mich gefragt", meinte Claire, „ob diese Resonanzspirale tatsächlich auf unsere Theorie des Wachstums übertragen werden kann. Ich glaube, das geht. Ich habe das schon bemerkt, als ich bei Hewlett-Packard gearbeitet habe. Ich glaube, die sind ein perfektes Beispiel für diese Spirale. Denken Sie nur, ein Produkt wird auf den Markt gebracht, und die ganze Organisation steht dahinter, dieses eine Produkt wachsen zu lassen und zu einem Markterfolg zu machen. Aber dann beginnen die verschiedenen Elemente, an neuen selbstorganisierten Zielen zu arbeiten, und das führt zum Entstehen eines neuen Produkts, das wieder die ganze Kraft des gesamten Unternehmens braucht. Eigentlich sehen wir also, daß die Spirale sicherstellt, daß die S-Kurven des Wachstums tatsächlich stattfinden können. Das eine speist das andere."

„Das eine speist das andere ...", wiederholte Dory. Dann war sie wieder still, als wollte sie diese Erkenntnis in Stille genießen.

„Das bedeutet also, daß ich diese Spirale in Bewegung setzen muß, nicht wahr?" fragte David, immer ganz der Praktische.

„Nein – das glaube ich nicht. Ich glaube, in Wirklichkeit bedeutet es, daß Sie Schritte setzen müssen, um sicherzustellen, daß die Spirale nicht unterbrochen wird. Als Manager können Sie eine Spirale nicht starten. Sie können sie nur eifersüchtig bewachen und sicherstellen, daß nichts ihre natürliche Entwicklung aufhält."

„Sie meinen so, wie diese Leute in Birmingham alle Entwicklung im Namen des Wachstums abgebrochen haben?"

„Genau. Ich bin überzeugt, daß diese Leute letztlich für den Tod ihrer Firma verantwortlich sind. Denn sie wird sterben. Vielleicht früher, vielleicht später. Aber der Tod ist unvermeidlich, weil ihre Aktivitäten die Firma aus dieser Spirale genommen haben. Sie haben dafür gesorgt, daß sie nicht mehr in der Lage ist, sich zu erneuern. Sie haben Regeln und Strategien zu Göttern erhoben – und das hat zu einer völligen Unterbrechung des selbstorganisierenden Verhaltens geführt, das für lebende Organismen so wesentlich ist."

„Das ist richtig." Jetzt erwachte Dory aus ihrer Kontemplation. „Alles dreht sich um Evolution. Wir haben immer vom Überleben des Tüchtigsten gesprochen. Und ich glaube, das ist genau der Grund, warum Wiggins von Überfülle spricht. Wir müssen in der Wirtschaft Überfülle zulassen. Wir können nicht vorher wissen, welche Richtung sich als die wichtigste erweisen wird. Das geht, wie wir schon gesehen haben, nur im Rückblick."

„Und ich glaube, das beweist, daß unser projektiertes Joint-Venture gar kein Erfolg werden hätte können", sagte Claire und sah mich verständig an. „Wir wären niemals imstande gewesen, innerhalb solch eines Joint-Venture irgendwelche Autonomie zu erzeugen, um Resonanz schaffen zu können. In der Tat drehte sich, wenn Sie sich erinnern, ein Teil unserer Diskussionen darum, sicherzustellen daß das Joint-Venture, die geplante Fusion, alle Non-core-Aktivitäten hätte zurückschneiden sollen, so daß wir gezwungen gewesen wären, uns auf das Wachstumspotential des Ganzen zu konzentrieren."

„Ja, da haben Sie recht. Abgesehen davon, daß es ebenso sein könnte, daß wir beim *Ganzes*-Teil der Spirale waren und eine ziemlich lange Entwicklung durchgehen hätten müssen, ehe wir etwas Neues produziert hätten. Und es gab einfach nicht genug Zeit, die es uns erlaubt hätte, diese Teile der Spirale zu durchlaufen. Ich weiß, daß meine Firma jetzt über diese *Überfülle* nachdenken muß. Nicht in ein paar Jahren. Wenn ich an die Bedeutung der Evolution glaube, muß ich den Dingen erlauben, sich zu entwickeln. Das muß ich jetzt tun. Ich muß die Spirale schützen. Und ich denke, daß wir alle genau das tun werden müssen, wenn wir das Wachstum in die nächste Kurve fortsetzen wollen."

„Ich frage mich eines", sagte David. „Ich weiß, daß wir uns auf die Idee zubewegen, daß Manager nicht länger die Gestalter des Schicksals ihrer Firma sind, sondern die Beschützer einer Umwelt, in der einer Firma die komplette Macht eingeräumt wird, sich selbst zu organisieren und ihre eigene Zukunft zu entwerfen. Aber nichtsdestoweniger glaube ich immer noch, daß wir Regeln der einen oder anderen Art brauchen. Wir können nicht wirklich der Meinung sein, daß wir Anarchie schaffen müssen, um Wachstum erzielen zu können."

„Ich glaube, Sie haben recht", nickte Dory heftig. „Aber wir müssen klarstellen, daß wir die richtigen Regeln und Strategien einsetzen. Es sollten keine Regeln sein, die darauf abzielen, den Status quo zu bewahren. Keine Regeln, die darauf gerichtet sind, eine Kultur von Imitaten zu produzieren, die wohl kaum von einer Firma auf die andere übertragen werden kann. Wir müssen Regeln entwickeln, die Resonanz über das Bedürfnis erzeugen, entweder Autonomie oder Abhängigkeiten zu entwickeln, je nachdem, in welchem Teil der Spirale unsere Firma gerade ist."

„Aber es muß natürlich weitergehen", sagte Claire. „Wir müssen Platz lassen, damit eine natürliche Spirale stattfinden kann. Wenn wir diese Theorie akzeptieren, dann gibt es keinen Grund, um Autonomie zu empfehlen, wenn wir tatsächlich auf der *Abhängigkeiten*-Stufe der Spirale sind. Außerdem dürfen wir nicht zu viel Betonung auf Autonomie legen, denn das könnte zu einer erschreckenden Zerstückelung führen. Wir wollen unsere Firma zusammenhalten – nicht auseinandertreiben. Also müssen wir in unseren Erwägungen über Autonomie sicherstellen, daß unsere Organisation tatsächlich mit neuen Ideen aufwarten kann. Das ist etwas, worüber wir im voraus nachdenken müssen. Nicht wenn wir plötzlich mitten in einer Autonomiephase stecken. Dasselbe gilt, glaube ich, für Abhängigkeiten. Es ist in Ordnung, sich an der richtigen Stelle der Spirale darauf zu konzentrieren. Aber zu viel Aufmerksamkeit auf Abhängigkeiten könnten eine Firma dazu bringen, ihre Identität zu verlieren. Und das könnte zu Desintegration führen und weiter zu einer Unfähigkeit, das eigene Überleben durch Erneuerung zu gewährleisten."

„Ich brauche noch ein Gin-Tonic", sagte ich, stand auf und goß mir ein stärkere Mischung ein.

„Ich schließe mich an", murmelte David und bedeutete Dory und Claire, auch sie sollten einen Drink nehmen.

„Wissen Sie, ich hoffe, Sie erreichen Wiggins so schnell wie möglich", meinte er, als wir alle wieder saßen. „Ich möchte wissen, welche praktischen Ideen er für uns hat. Das würde dieses Projekt wirklich anlaufen lassen. Ich bin ganz und gar dafür."

4. Kulturschocks?

Es war einer dieser typischen hektischen Tage im Büro, der mich damit beschäftigt hielt, wie von irgendeiner dämonischen Kraft besessen herumzurennen und in regelmäßigen Intervallen stehenzubleiben, um Feuer am Ausbrechen zu hindern oder um es zu löschen, wenn ich zu spät auf der Szene erschienen war, um noch irgendwelche Präventivmaßnahmen treffen zu können. Es schien, als hätte weder der Tag genügend Stunden noch die Woche genügend Tage, um alles zu erledigen, was mein Geschäft mir vor die Füße warf.

All das brachte es mit sich, daß ich an diesem Abend spät heimkam, und es war fast Mitternacht, als ich mich müde einloggte, um die Fragen zu mailen, die ich für jene Leute aufgelistet hatte, von denen ich inzwischen als von meinen Partnern in Sachen Evolution dachte. Während des Tages hatte ich mich ein paar Mal beim Summen der französischen Hymne ertappt – *Allons enfants*. Der anregende Ruf zu den Waffen hatte für mich einen besonders angemessenen Beiklang bekommen. Unsere kleine Gruppe von streitbaren, aufrichtigen, energischen und ambitionierten Arbeitstieren waren zu einer Reise aufgebrochen, die uns an Orte führte, die wir in der Inanspruchnahme durch unser Geschäft niemals aufsuchen hatten wollen – die aber, wie wir jetzt entdeckten, sehr wohl den Schlüssel zu unserer Zukunft enthalten konnten.

Ein Lächeln zog über meine Lippen als ich sah, daß mehrere Nachrichten in meiner Mailbox warteten. Ich wollte erst später darauf zurückkommen und begann erst einmal die Fragen einzutippen, in der Sorge, daß meine Partner in Sachen Evolution sonst über meinen Mangel an Fleiß verstimmt sein könnten.

@ An: Meine Partner in Sachen Evolution
Von: gsheld@compuserve

Liebe Freunde ...
Hiermit die Liste der Fragen, die ich nach unserem gestrigen, sehr interessanten Treffen

zusammengestellt habe. Tut mir leid, daß sie später kommt als angekündigt – aber heute war wieder einer dieser Tage ...

- Was denken wir über den Bedarf an Autonomie und über die Abhängigkeiten außerhalb unserer Organisation?
- Welches von den beiden – Autonomie oder Abhängigkeiten – haben wir zu lange vernachlässigt?
- Haben wir die richtigen Bedingungen geschaffen, unter denen Autonomie und Abhängigkeiten stattfinden können?
- Verbringen wir unsere Zeit damit, auf die Teile zu schauen oder auf das Ganze?
- Welches von diesen beiden braucht unsere umgehende Aufmerksamkeit?
- Können wir aus unseren eigenen Erfahrungen erkennen, ob wir und unser Geschäft uns tatsächlich auf einer spiralförmigen Bahn der Resonanz befinden, oder ob unser Schwung irgendwo entlang der Bahn aufgehalten worden ist?
- In welchen Beziehungen stehen wir und unsere Organisation zu anderen um uns herum – sowohl zu denen aus demselben Tätigkeitsfeld als auch zu denen in anderen Bereichen?
- Diesen Gedanken weiterführend: In welcher Beziehung stehen wir zum Rest der Gesellschaft?
- Zeigen wir einen höheren Grad von Autonomie als die Firmen um uns herum?
- Regen wir gleichzeitig die weitere Entwicklung von Abhängigkeiten an?

Ich las die Liste noch einmal, und unsere Diskussion klang in meinen Ohren nach. Ich stellte fest, wie vieles sich in meinen Gedanken geändert hatte. Aber wie wenige dieser Ideen konnte ich in die Praxis umsetzen, sobald die alltägliche Verantwortung als Vorstand den Ton angab. Ich fühlte mich darin eingesperrt. Gefangen. Wie ein wildes Tier, das in seinen Träumen die Freiheit genossen hat, nur um danach in den engen Gehegen eines Tiergartens aufzuwachen. Ich wollte ausbrechen. Aber ich hatte weder die Zeit noch das Wissen, und, wie ich mir selbst eingestehen mußte, auch nicht den Mut, mein Schicksal in meine eigenen Hände zu nehmen. Ich war bis ins Kleinste ein Gewohnheitswesen geworden, wie ein Löwe im Tiergarten, der weiß, daß um die Mitte des Nachmittags, wenn die Menge vor dem Käfig immer größer wird, das Fressen kommt.

Meine Frustrationen beiseite schiebend, klickte ich auf „Senden" und sah zu, wie meine Nachricht vom Bildschirm verschwand.

Meine Gedanken verfolgten mich immer noch. Ich wußte, daß ein kultureller Wandel in meinem Unternehmen stattfinden müssen würde, wenn wir die drohende Tragödie abwenden wollten. Daran glaubte ich verbissen. Es war etwas, von dem wir alle fühlten, daß es ein zentraler Punkt unseres Denkens war. Doch realisierte ich auch, daß wir bisher wenig in diese Richtung unternommen hatten. Etwas zu erkennen und aktive Schritte zur Umsetzung von Ideen in die Praxis zu unternehmen, waren zwei völlig verschiedene Dinge. Zum ersten Mal konnte ich die Frustration verstehen, die ein Macher wie David fühlen mußte, wenn wir alle in theoretischem Streit versanken. „Sagen Sie mir, was ich tun soll", schien er uns immer wieder zuzurufen. „Geben Sie mir einen Angriffspunkt. Lassen Sie mich Ideen nehmen und sie dann in Taten umsetzen."

Vielleicht war es mehr als Frustration, was ich empfand, nach Mitternacht vor meinem Computer sitzend, erpicht darauf, die Suche nach der Wahrheit fortzusetzen, und doch unfähig, mehr als einige eilige Stunden meiner Freizeit dem zu widmen, von dem ich überzeugt war, daß es von lebenswichtiger Bedeutung für mein zukünftiges Geschäftsleben sein könnte. Und nicht nur für mein zukünftiges Geschäftsleben – sondern ebenso für meine dringlicheren Probleme. Ich entwickelte eine neue Theorie – dennoch machte ich genau so weiter, wie wir es als falsch erkannt hatten.

Ich griff nach dem Whisky, den ich mir eingegossen hatte und bewunderte das tiefgoldene Versprechen, das mein liebster Kristallpokal enthielt. Ich nahm einen Schluck und ließ den reichen Geschmack des zehnjährigen Malt in meinem Mund wirken, ehe er sich sanft durch meinen Körper bewegte und ihn dabei erwärmte. Es war eine zutiefst sinnliche Empfindung, von der ich wußte, daß sie das Ergebnis von Jahrhunderten der Hingabe an die Schaffung von etwas Einmaligem war.

Ich lächelte, als ich mich an meinen ersten Besuch in Japan erinnerte. Ich war von einem der Manager einer Firma, die ich besucht hatte, zu einem Abendessen eingeladen worden. Wir aßen in einem sehr teuren Lokal, und er trieb einigen Aufwand, um mir ein Regal hinter der Bar zu zeigen, auf dem die persönlichen Whiskyflaschen der Stammgäste standen. Dieser Anblick – die Sammlung von Glennfiddich, Glenlivet, Glenmorangie, Chivas Regal und Lophraigh in einem verspiegelten Schrank, der die schönen japanischen Frauen in ihren traditionellen Kimonos reflektierte, hätte ein Kulturschock sein müssen. Statt dessen schien er von perfekter Natürlichkeit. – Die Verbindung zweier völlig unterschiedlicher Welten, zweier völlig unterschiedlicher Kulturen.

All das stand in starkem Kontrast zu der Situation, vor der ich im Büro stand. Gerade erst vor einem Jahr waren wir in eine Fusion mit einem unserer kleineren Mitbewerber eingetreten. Anders als meine unlängst abgebrochenen Fusionspläne waren diese tatsächlich realisiert worden. Zu dieser Zeit schien es schließlich ein sehr logischer Schritt – einzeln waren wir ständig daran, von unseren stärkeren Konkurrenten aus dem Markt gedrängt zu werden, und eine Vereinigung der Kräfte hätte im Ergebnis für die entstehende Firma zu einer besseren Position führen können, um als Marktgröße zu agieren.

Wir alle traten mit großen Hoffnungen für die Zukunft in diese Fusion ein. Aber diese Hoffnungen waren nicht ohne jeden Vorbehalt: Meine Firma hatte eine Tradition eines sehr persönlichen Managements – ich glaube, das hat etwas mit meiner Vorstellung von Arbeit zu tun –, und ein hohes Maß an nach unten delegierten Befugnissen, was, wie ich glaubte, größere Affinität zu und Hingabe an die Zukunft sicherstellte, die uns alle anging. Unser neuer Partner war weit traditioneller organisiert, mit streng definierten Managementebenen und Verantwortlichkeiten. Man hatte uns gewarnt, daß dieser Zusammenstoß der Kulturen zu Beginn der Fusion größere Probleme schaffen könnte. Und genau das war der Fall. Delegation von Befugnissen gegen Autorität des Managements war ein zentraler Streitpunkt, und er war, wie ich feststellte, bis heute nicht gelöst.

Der Versuch, irgendeine Form von Einheit in diese gegensätzlichen Kulturen zu bringen, verschlang seit unserem Zusammengehen eine Menge Zeit. Und um ehrlich zu sein, ich war jetzt am Ende meiner Geduld. Ich fühlte mich total unfähig. Ich wußte, wir könnten eine sehr profitable Firma werden. Ich wußte, wir konnten erfolgreich auf dem Markt bestehen. Ich wußte, wir hatten das Potential, Marktführer zu werden. Aber das ständige Gezänk auf allen Ebenen der Firma – von der Produktionsebene bis hinein ins Vorstandszimmer – erodierte allmählich mein Vertrauen, daß aus all dem je irgend etwas Gutes herauskommen würde.

Kulturen, hörte ich mich selbst bei einem der Vorstandstreffen sagen, die wir diesem Thema gewidmet hatten (natürlich zu Recht, denn nur, indem wir diese kulturellen Schranken durchbrachen, konnten wir hoffen, in unseren Tätigkeiten je irgendeine Form der Einheit herzustellen), Kulturen sind Blödsinn. Die Leute sind hier, um zu arbeiten. Wir alle sind hier, um die Firma erfolgreich zu machen. Aber durch unsere ständige Beschäftigung mit dieser kulturellen Trennlinie verschlimmern wir die Sache noch. All das Gerede über kulturelle Unterschiede, ergänzte ich sehr zum Erstaunen der anderen Vorstandsmitglieder, hatte aufzuhören. Und zwar sofort.

Natürlich geschah nichts dergleichen. Denn das Abwürgen einer Diskussion über die kulturellen Unterschiede würde bedeuten, eine neue Kultur zu schaffen, um die zu ersetzen, die in den letzten Jahren entstanden war.

Wir waren einfach Gefangene unserer eigenen Kulturdiskussion.

Ich seufzte und nahm noch einen Schluck von meinem Whisky. Da begann das kleine Icon unten auf meinem Monitor gleichzeitig mit dem Umschlag-Symbol oben auf dem Monitor zu blinken. Wer um alles in der Welt sollte mir um diese nächtliche Zeit eine Nachricht schicken?

Neugier überkam mich, und ich ging, um zu sehen, von wem das e-mail war. Ich lächelte, als ich die Kennung meines Professors erkannte. Schnell klickte ich die neue Nachricht an und wartete, bis sie den Bildschirm gefüllt hatte. Ich setzte meine Brillen auf und begann zu lesen.

@ An: gsheld@compuserve
Von: wiggins@private.co.uk

Lieber Mr. Sheldon!
Seit unserem letzten Austausch von Nachrichten hatte ich Sie ständig in meinem Kopf. Heute abend, als ich Ihre Liste mit Fragen erhielt, konnte ich nicht widerstehen, Sie sofort zu kontaktieren. Ich nehme an, daß Sie jetzt bereits zu Bett gegangen sind, also erwarte ich heute nichts mehr von Ihnen. Aber ich bin aus Gewohnheit ein nachtaktives Lebewesen, das die Dunkelheit liebt und sie als passende Freundin für seine Grübeleien über die wunderbaren Theorien betrachtet, die Sie sehr bald entdecken werden.
Ich habe Ihre Nachricht mehrmals gelesen, und meine Hoffnung, ich sei über eine Gruppe hochinteressanter Menschen gestolpert, hat sich weiter verstärkt. Ich empfinde es als eine Ehre und, so füge ich hinzu, als eine höchst erfrischende Erfahrung, in Ihre Diskussion eingeschlossen zu werden, wenn auch aus der Ferne. Ich habe nicht das Gefühl, daß ich das Gleichgewicht Ihrer Gruppe stören sollte, indem ich eine aktive Rolle in Ihren Überlegungen einnehme; eher möchte ich als Beobachter weitermachen und – mit Ihrem Einverständnis – als Kommentator. Ich hoffe, Sie werden diesen Vorschlägen zustimmen.
Die Fragen, die Sie mir geschickt haben, haben meinen Gedanken reichlich Nahrung gegeben. Sie scheinen wirklich an den innersten Kern der Theorien zu rühren, die ich Ihnen

gegenüber unlängst erwähnte. Ich finde es schmeichelhaft, daß Sie so viel Zeit damit verbracht haben, darüber zu sprechen, und hoffe, die Zeit war nicht verschwendet.
Ich bin sehr dankbar für die kurze Beschreibung, die Sie mir von den anderen Mitgliedern Ihres intimen Kreises gegeben haben. Jetzt sind sie für mich mit Leben erfüllt. Ich habe den Eindruck, sie zu kennen. Zu verstehen, was sie antreibt (wir müssen wirklich einmal den Gedanken eines Pendels des Wandels diskutieren – aber das wird später kommen). Ich bin erstaunt von der Art, wie solche Individualisten ein so hohes Maß an Resonanz erreicht haben. Es scheint allen gemeinhin angenommenen Theorien ins Gesicht zu schlagen. Wir alle haben unsere Idiosynkrasien. Wir alle sind einzigartig. Einige mögen Gewohnheitstiere werden (ich bekenne mich zu dieser Sünde – wenngleich in einem relativ niedrigen Ausmaß), andere völlig unberechenbar. Einige sind Denker, andere sind Macher. Was für eine wunderbare bunte Sammlung von Menschen unsere Gesellschaft doch ist!
In meiner Forschung habe ich oft anderen sogenannten Kulturen erhebliche Beachtung geschenkt. Es ist wunderbar bequem, in so groben Strichen zu malen. Anzunehmen, daß einzelne Elemente wenig mehr sind als Bausteine in der großen Struktur, die wir eine „Kultur" nennen. Wäre es so, dann wäre alles so einfach. Denn Kulturen können in Subkulturen unterteilt werden, in Gruppen, und zuletzt in Individuen.
Es ist meine aufrichtige Überzeugung, daß wir, jeder einzelne von uns, eine Kultur für uns selbst sind.
Und deshalb kann man im Falle Ihrer wunderbar mannigfaltigen Gruppe sagen, daß Sie vorzeigen, wie Kulturen – in Ihrem Fall vier sehr unterschiedliche, sehr komplexe Kulturen – dazu gebracht werden können, gemeinsam zu schwingen, und dazu, wunderbare Dinge hervorzubringen.
Wenn Resonanz zwischen Kulturen so demonstrierbar möglich ist, warum konzentrieren wir uns dann immer auf den Zusammenprall der Kulturen, auf die Differenzen, auf die Brüche, die auftreten können, wenn mehr als eine Kultur – auf welchem Niveau auch immer – ins Spiel kommt?
Wenn wir doch nicht immer alles für bare Münze nehmen würden! Wir sollten Überzeugungen, Werte, Religionen, Glaubenssätze weder als unveränderlich noch als unkorrigierbar akzeptieren. Das wird niemals zu Resonanz führen. Und glauben Sie mir, wenn nicht Resonanz unser Ziel ist, dann zielen wir definitiv auf überhaupt nichts Positives.
Aber genug von diesen Abschweifungen eines alten Mannes, und zum eigentlichen Grund für mein nächtliches e-mail:
Sie werden sich erinnern, daß ich Ihnen von einer Idee in meinem Hinterkopf berichtet habe, über die ich Ihnen eines Tages mehr erzählen wollte. Nun, die Zeit ist gekommen – angespornt, sollte ich hinzufügen, durch die Liste von Fragen, die mir gezeigt hat, daß Sie wirklich vom Geschäft sprechen.
Denn meine ganze Idee dreht sich um ein Geschäft.

Auf meinen Reisen traf ich einmal einen großartig gebildeten Mann, der im Ostblock lebte. Er war belesen und wohlerzogen, und er war überaus an Kulturen interessiert – sowohl an seiner eigenen als auch an der von jedermann, mit dem er in Kontakt kam. Diese Besessenheit für etwas, von dem er dachte, es würde bald für immer verboten werden, brachte ihn dazu, nach Künstlern zu suchen, die in ihren Arbeiten die ihn umgebende Kultur bargen und bewahrten. Er suchte nach Künstlern, die ehrlich und visionär waren, die vorwärts blickten, und nicht nach solchen, deren Werk nicht mehr als abgeleitete Mimikry war. Er wollte Künstler finden, die die Kultur in lebendige Erfahrung übersetzten, statt zu versuchen, Kultur in einem zweidimensionalen eingefrorenen Moment einzufangen. Denn, so beteuerte er, Kultur sei ständig in Bewegung, in Evolution. Anzunehmen, daß sie sich nicht verändert, daß sie sich nicht verändern solle, wäre ein Schlag ins Gesicht der Kultur. Das war natürlich ebenso eine Herausforderung wie ein gefährliches Unternehmen – denn als er damit begann, wurden sein Land und seine Landsleute noch nach den Vorstellungen des realen Sozialismus regiert. Kunst wurde zu dieser Zeit von den Launen der Regierung geregelt. Von den Regeln, die für respektabel und politisch korrekt gehalten wurden.
Also jedenfalls versammelte dieser Freund um sich eine Gruppe von Künstlern – und ich verwende das Wort im genauesten Sinn, den ich kenne: Künstler, die ehrlich zu sich selbst sind, und zu ihrer Umwelt, in der sie aufwuchsen, mit all den Werten, Traditionen, Bräuchen, Ebben und Fluten, die gemeinsam eher das ganze Gemälde ausmachen als isolierte Teile eines solchen Gemäldes.
Der Klimawechsel, der den Kommunismus weggefegt hat, bedeutet, daß die Gruppe zumindest aus ihren Verstecken kommen kann, aus der Untergrundarbeit, und mein Freund ist jetzt auf der Suche nach Kanälen, auf denen er die Arbeit dieser Künstler einem breiteren Publikum vorstellen kann. Anders gesagt, er sucht nach einem Joint-Venture, das speziell darauf ausgerichtet ist, die Arbeiten zu vermarkten, die von dieser ausgesuchten Gruppe von schöpferischen Talenten geschaffen werden.
Sind Sie interessiert? Es könnte ein faszinierendes Experiment in Sachen Evolution werden. Schließlich heißt das, ein Unternehmen zu gründen und es von Null an aufzubauen. Wenn meine Theorie der Resonanzspirale richtig ist, werden Sie mit dem unvermeidlichen Umschwung von Autonomie – durch die Konzentration auf das Ganze – zum Entstehen von Abhängigkeiten und mit der Verschiebung hin zum Entstehen von Individuen als Elementen rechnen müssen. Es wird auch faszinierend sein, den Zusammenstoß der Kulturen aus erster Hand zu erleben, den ein solches Joint-Venture unvermeidlich mit sich bringt.
Sagen Sie mir, lieber Mr. Sheldon, sind Sie und Ihre kleine Gruppe bereit, eine solche Herausforderung anzunehmen?
Ich erwarte Ihre Antwort,
Ihr abwesender Beobachter,
Donald J. Wiggins

Ich schüttelte meinen Kopf in völligem Unglauben. Wie war es möglich, daß ich gleichsam wie auf Bestellung solch ein e-mail erhalten konnte? Wäre das ein Roman, dann könnte ich diese überwältigenden Zufälligkeiten akzeptieren. Aber sicher nicht im wirklichen Leben.

Ich las einige Teile des e-mails nochmals. Ich hatte niemals die Möglichkeit in Erwägung gezogen, daß eine einzelne Person für sich eine kulturelle Einheit sein könnte. Aber jetzt, da Wiggins mir diese Idee eingepflanzt hatte, begann ich zu erkennen, wie überraschend richtig das Konzept sein mußte.

☆

„Da ist was dran, Geoffrey", sagte Claire und legte ihre Gabel hin, um das e-mail in die Hand zu nehmen, das neben ihrem Teller lag.

Es war am nächsten Tag – ich werde niemals wissen, wie ich mit all den Gedanken, die mir durch den Kopf gegangen waren, Schlaf gefunden hatte, aber irgendwie war es gelungen –, und ich aß mit Claire zu Mittag. Wir hatten einige Tage zuvor diese Verabredung getroffen, und wir waren froh, daß wir es getan hatten.

„Ich weiß, daß da etwas dran ist – sogar sehr viel", sagte ich und zuckte zurück, als ich die Ungeduld in meiner Stimme hörte. „Tut mir leid, Claire, ich wollte Sie nicht anbellen. Es ist nur so, daß ich von dem allen immer mehr frustriert werde. Wir scheinen am Rande von etwas sehr Wichtigem entlangzugleiten, aber niemals wirklich in der Lage zu sein, Halt daran zu finden. Es erinnert mich an ein Schaustück, das es im Wissenschaftsmuseum gab, als ich noch zur Schule ging. Da war ein runder Tisch mit einer Kugel in der Mitte. Man sollte nun versuchen, die Kugel zu greifen. Aber immer, wenn man näherkam, verschwand die Kugel im Tisch. Genauso fühle ich mich jetzt. Ich kann die Kugel sehen, aber ich kann sie nicht zu fassen bekommen. Egal, wie sehr ich es versuche."

„Aber wir dürfen nicht aufgeben, Geoffrey, das ist das allerletzte, was wir uns erlauben dürfen. Ich teile Ihre Unzufriedenheit. Ich würde auch gerne vorwärtseilen, das Geschäft in den höchsten Gang bringen und jeden Exportpreis gewinnen, den es gibt. Aber wir dürfen nicht erwarten, daß sich die Dinge über Nacht ändern. Vergessen Sie nicht, wir sprechen über Evolution. Das ist nicht über Nacht geschehen – wie jetzt auch. Das braucht Zeit. Im allgemeinen mehr Zeit als irgend jemand von uns hat. Aber es passiert. Dessen sind wir sicher. Nichts, das irgend jemand sagen könnte, würde meinen Glauben an die Evolution erschüttern. Aber Evolution hat auch ihre eigenen Regeln und ihre eigene Zeitskala. Ich weiß, wenn wir im Zusammenhang mit unserem Geschäft darüber sprechen, hätten wir gerne das Gefühl, daß wir alles irgendwie beschleunigen könnten. Aber wir können nicht. Alles was wir tun können, ist sicherzustellen, daß wir die Umstände geschaffen haben, in denen Evolution stattfinden kann. Das ist alles."

„Ich weiß, Claire, ich weiß. Aber wissen und akzeptieren und begrüßen – das sind völlig verschiedene Dinge. Ich bin ein Manager, Claire, ein Manager einer Firma, die vor einem Desaster steht. Nicht irgendwann in der Zukunft. Sie steht vor einem unmittelbar drohenden Desaster. Ich kann mich nicht zurücklehnen und darauf warten, daß die Evolution ihren Lauf nimmt. Ich muß irgend etwas tun. Ich muß beginnen, die Bedingungen neu zu schaffen. Verstehen Sie? Geht es Ihnen genauso?"

Ich sah sie an, aber sie senkte ihre Augen und starrte auf den leeren Teller vor sich. Ich wartete auf eine Antwort, mehr mit dem Gefühl als mit dem Wissen, daß ich ihr Zeit geben mußte, ihre Antwort selbst auszuarbeiten. Sie zu drängen, wäre nicht hilfreicher als zu versuchen, die Evolution zu drängen. Alles braucht seine Zeit. Ich würde lernen müssen, zu erkennen, wie viel Zeit jemand brauchte – wieviel die Evolution brauchte.

„Ja, Geoffrey, ich kenne das. Ich kenne das nur zu gut. Ich wünschte, es wäre nicht so – aber ich kenne es. Ich kann es nicht bestreiten. Ich könnte gar nicht, auch wenn ich wollte. Aber ich sehe auch, daß wir mit unseren neuen Entdeckungen nicht plötzlich Amok laufen dürfen. Das ist auch falsch. Wir müssen alles durchdenken. Stückwerk war noch nie eine vernünftige Option. Wir müssen warten und sehen. Warten und sehen. Glauben Sie mir – das ist im Augenblick die beste Strategie."

„Auch wenn die Firma vor dem Abgrund steht?"

„Aber tut sie das denn? Steht sie wirklich vor dem Abgrund? Oder hat sie nur noch nicht begonnen, ihr Schicksal zu leben?"

Jetzt war ich dran, eine Pause zum Nachdenken einzulegen. Ihr Schicksal leben? Was meinte Claire? Hieß das, daß der Erfolg kommen würde – aber in seinem eigenen Tempo? Oder sagte sie, daß das Schicksal schon entschieden war, und ich wenig mehr zu tun hatte als einen Schritt zurückzutreten, damit dieses Schicksal sich ereignen konnte? Sicher nicht. Sicher nicht!

„Ich begrüße alles, was Sie sagen – aber ich kann nicht glauben, daß Sie denken, wir hätten in unserem eigenen Schicksal nichts zu reden. Sicher nicht, Claire, sicher nicht."

„Das versuche ich gar nicht. Was ich sage, ist, daß wir zu sehr auf einen Aspekt der Angelegenheit fixiert werden könnten, auf eine Seite der Münze."

Sie schob den Teller weg und nahm das Glas.

„Sehen wir uns die Dinge doch einmal etwas genauer an, wollen wir?"

Ich nickte, und sie verstand es als Zeichen fortzufahren.

„Sie haben mir bei unserem ersten Treffen erzählt, daß viele Ihrer Probleme wegen des Kulturschocks entstanden sind, der aus einer früheren Fusion resultierte. Richtig?" Sie wartete auf mein zustimmendes Nicken. „Trotzdem gab es offensichtlich wichtige strategische Gründe dafür, daß diese Fusion durchgeführt wurde. Ich fand, daß es große Voraussicht bewies und habe deshalb auch das Treffen zwischen Ihrer Firma und der meinen vereinbart, um zu sehen, ob eine weitere Bündelung von Stärke vielleicht noch bessere Resultate bringen könnte. Wir beide wissen, was bei dem Treffen herausgekommen ist ..."

„Eine wertvolle Freundschaft mit Ihnen", fügte ich hinzu, verstummte aber sofort wieder, denn ich sah den ungeduldigen Blick in Claires Gesicht. Das war nicht die Zeit für eitles Geschwätz, sagte er mir, auch wenn es offenkundig ein Kompliment in ihre Richtung war.

„Wir beide wissen, daß das Treffen zu der Entscheidung führte, die Sache nicht weiter zu verfolgen. Aber das bedeutet nicht, daß ich den Eindruck hatte, Ihre Firma sei abgeschrieben. Bei weitem nicht. Aber ich habe die Konflikte innerhalb der Firma registriert – die im wesentlichen auf dem Kulturschock beruhen, den Sie erwähnt haben und den unser Freund Wiggins so deutlich beschreibt."

Ich versuchte mich einzumischen, wurde aber wieder von einem einzigen Blick zum Schweigen gebracht.

Claire seufzte und vertiefte sich wieder in ihre Argumentation. Es war eine aufregende Erfahrung, diese höchst attraktive Frau plötzlich so außergewöhnlich in einen Gedankengang versetzt zu sehen, den sie verfolgte. Ich beobachtete sie und lauschte in Stille und Neid.

„Sie sprechen über einen Kulturschock. Darüber, daß die Traditionen, die Regeln, die Organisation der beiden an der Verschmelzung beteiligten Firmen so unterschiedlich waren, daß es einen unvermeidbaren Zusammenstoß geben mußte. Ich frage mich, ob an der Sache wirklich so viel Unabwendbares war? Sagen wir nicht immer, daß sich Gegensätze anziehen? In der Tat, ist das nicht ein sehr reales physikalisches Gesetz? Positiv zieht negativ an; negativ bewegt sich auf positiv zu. Das ist das Gesetz der Natur. Unveränderlich. Aber Sie sitzen an diesem Tisch und beklagen sich über *entgegengesetzte* Managementphilosophien. Über einen Kulturschock.

Lassen Sie mich etwas fragen, Geoffrey. Glauben Sie immer noch an den kumulativen Nutzen, der aus diesem Zusammenschluß erwachsen wird? Glauben Sie immer noch, daß die beiden Firmen gemeinsam stärker sein können als sie einzeln waren? Oder war das alles ein großer Fehler?"

Es dauerte einen Augenblick, bis ich realisierte, daß sie eine Antwort von mir erwartete.

„Nein, Claire, ich glaube nicht, daß es ein Fehler war. Ich war damals von dem Zusammenschluß überzeugt, und ich bin es auch heute. Aber das heißt nicht unbedingt, daß es auch funktioniert ..."

Claire hielt ihre Hand hoch, um Ruhe herzustellen und fuhr, nachdem sie mich sanft angelächelt hatte, in ihrer Argumentation fort.

„Also bewähren sich die grundsätzlichen Prinzipien noch, die Sie zu dieser Fusion veranlaßt haben. Und das bedeutet, daß sich die Fusion auch bewähren muß. Vielleicht ist das nicht die beste Weise, es zu sagen. Was ich meine, ist, daß Sie irgendwie einen Schlüssel finden müssen, der Ihnen hilft, diesen mysteriösen Zusammenstoß der Kulturen sozusagen aufzusperren. Denn nur dann können Sie hoffen, die Firma wieder auf die Überholspur zu bekommen."

„Was heißt das also?", fuhr sie fort und warf mir einen Schweigen gebietenden Blick zu, den nur ein Narr ignoriert haben würde. „Ich denke, unser guter Professor Wiggins hat uns einen sehr wichtigen Hinweis gegeben: Er spricht davon, daß Kulturen evolvieren, sich verändern, ebenso wie alles andere in der Welt, die uns umgibt. Aber ich glaube, sie müssen sich selbst verändern. Wir können eine Kultur nicht verändern. Soziologen haben es versucht und sind gescheitert. Sehen Sie doch, auf welche Weise die Kommunisten versucht haben, die Kultur im Großteil Osteuropas zu verändern. Sie sind gescheitert – sie haben nichts geändert, sie haben nur die wahre Kultur in den Untergrund gedrängt und glauben gemacht, daß die Illusion, die sie geschaffen und der Gesellschaft aufgezwungen haben, die wahre Kultur sei. Aber das war sie niemals. Das konnte sie auch nicht, denn sie war von außen aufgezwungen und nicht natürlich von innen entstanden. Experten für Management haben das auch getan, als sie sich nach Wegen umgesehen haben, ein Unternehmen zu verändern. Sie haben ebenso zuverlässig versagt wie der Kommunismus. Geschah das, weil sie unrecht hatten? Vielleicht hatten sie das, im Rückblick gesehen, aber zu dem Zeitpunkt hatten sie nur das Wohl des Landes oder des Unternehmens im Sinn. Es ist eine einfache Tatsache, daß sie versagt haben, weil es für jeden ein undurchführbares Unterfangen ist, eine Kultur zu verändern. Ich glaube, das ist die schlichte Wahrheit. Das ist die Wurzel aller Probleme. Wir können eine Kultur nicht schnell genug verändern. Zumindest können wir nicht das verändern, was wir als Kultur definiert haben."

„Lassen sie mich versuchen zu erklären. Wenn Sie jemanden bitten, eine Kultur zu definieren, dann wird er am wahrscheinlichsten über die Gebräuche der Kultur sprechen, über die Riten, die Rituale, die Werte, die Glaubensinhalte. So definieren wir *Kultur.* Und das sind genau die Dinge – diese Vorstellungen, die wir als Kultur definieren –, die am wenigsten einer Veränderung zugänglich sind. Wenn sie sich verändern, dann geschieht das, weil sie im Laufe der Zeit evolvieren. Im allgemeinen im Laufe einer sehr langen Zeit. Was geschah, als Galileo die Häresie verkündete, die Erde drehe sich um die Sonne? Es wurde nicht über Nacht die herrschende Ansicht. Auch nicht in einer Dekade oder in einem Jahrhundert. Die Wahrheit hatte nicht die Kraft, jahrhundertealte Vorurteile in einem Augenblick umzustoßen.

Natürlich, hätte Galileo seine Entdeckung heutzutage gemacht, so hätte sie weit weniger lang gebraucht, um allgemeine Akzeptanz zu finden. Wir haben eine bessere Kommunikationskette. Galileo und seine frevlerische Theorie wären die Spitzenmeldung der Nachrichten.

Auf die gleiche Weise verändern wir ständig unsere Glaubensinhalte, definieren sie neu, passen sie an neue Bedingungen an. Und doch können wir unsere Glaubenssätze, Rituale oder was auch immer nur verändern, indem wir die Regeln drastisch verändern.

Lassen Sie mich ein Beispiel dafür geben, was ich meine. In vielen Ländern ist es gesetzwidrig, jemanden im Nachhinein zu attackieren, wenn er z. B. vorher Ihre Frau oder Ihre Kinder angegriffen hat. Das Recht und der Respekt vor dem Recht müssen über alles andere gestellt werden. Wir gestatten Menschen nicht, das Recht in die eigenen Hände zu nehmen. Aber dann verändern sich die Regeln, und ein Land wird in einen Krieg gezogen. Über Nacht ist es nicht mehr verboten, jemanden zu töten, der Ihrer Frau und Ihren Kindern Böses tun will – es gilt sogar als Akt des Patriotismus. Die Kriegserklärung hat drastisch die existierenden Ideen, Kulturen und so fort verändert. Und so können wir sehen, wie Gesellschaft, Wirtschaft usw. sich schnell verändern können, um sich einer neuen Phase der Evolution anzupassen. Aber es muß sich selbst verändern. Und es könnte sich selbst verändern, wenn sich *die Bedingungen* ändern. Die Bedingungen sind der Schlüssel.

Wandel in der Kultur hat nichts mit dem Verändern von Ritualen oder Glaubensinhalten zu tun, denn diese sind eher Abbilder der Kultur als die Kultur selbst.

Wissen Sie, was unser Professor Wiggins sagen würde? Er würde sagen, wenn Kultur das soziale System ist, dann muß kultureller Wandel von den gleichen Parametern abhängig sein, die soziale Systeme verändern. Mit anderen Worten, sie werden auch Autonomie zeigen, interne Abhängigkeiten, Selbstbezug und Überfülle. Oder um es noch einmal anders zu sagen: Kultur ist ebenso sehr ein selbstorganisierendes System wie jeder andere Teil der Gesellschaft, und deshalb können wir die Evolution der Kultur auf dieselbe Weise beeinflussen, wie wir den Wandel sonst beeinflussen: durch das Festlegen von Bedingungen, die Autonomie und interne Abhängigkeiten bestimmen."

Die Stille an unserem Tisch wurde plötzlich vom Piepsen meines Handys unterbrochen. Verstört meldete ich mich. Es war das Büro. Wieder einmal war Panik ausgebrochen. Meine sofortige Anwesenheit war unumgänglich.

„Wissen Sie, Claire, ich muß jetzt gehen. Sie wissen, wie es ist ... Aber ich möchte nicht gehen, weil ich glaube, Sie haben einen faszinierenden Gedankengang begonnen. Ich möchte unsere Unterhaltung fortsetzen, aber gleich gemeinsam mit Dory und David. Haben Sie heute Abend Zeit? Ich weiß, das ist ein bißchen kurzfristig, aber ich möchte diesen Moment nicht vorüberziehen lassen. Werden Sie kommen?"

„Natürlich. Sagen wir um acht bei Ihnen? Soll ich Dory und David anrufen, damit sie alles liegen- und stehenlassen und auch kommen?"

„Wären Sie so nett, Claire? Bitte. Ja, um acht bei mir. Ich muß laufen. Bis später."

☆

„So weit war ich, als ich durch Geoffreys Telefon rüde unterbrochen wurde."

„Oh, Geoffrey“, sagte Dory mit einem Glänzen in den Augen, „Sie wollen doch nicht etwa sagen, daß Sie ein Telefon mit in ein Restaurant nehmen?“

„Natürlich. Ich muß erreichbar sein.“

„Dann haben sie in dem Restaurant wohl kein Telefon“, fuhr sie fort und wußte um ihren Vorteil.

„Doch, ja, natürlich haben sie Telefon. Aber es ist für jeden einfacher, wenn ich mein Handy bei mir habe. Dazu sind sie schließlich da, oder?“

Alle waren kurz still. Dory schenkte ihren Fingernägeln mehr Aufmerksamkeit als mir. Und plötzlich brachen alle in Gelächter aus.

„Ich glaube, Sie haben meine Worte für ernst genommen, Geoffrey. Na ja, für einen erfolgreichen Geschäftsmann ...“

„Davon wäre ich nicht so überzeugt, Dory“, warf ich ein.

„Für einen erfolgreichen Geschäftsmann“, sagte sie und betonte sorgfältig das *erfolgreich*, „sind Sie wirklich sehr leichtgläubig. Ehrlich, Geoffrey, das sind Sie. Nicht daß ich Mobiltelefone in Restaurants gutheiße. Ich hasse sie, wenn Sie mich fragen. Aber ich nehme zur Kenntnis, daß wir die Uhr nicht mehr zurückdrehen können. Mobiltelefone werden nicht mehr verschwinden. Ein Punkt für die Technologie.“

Ich sah mich um und hoffte, in den Augen der beiden anderen etwas Sympathie zu finden. Aber ich suchte vergeblich. David schien sich sogar an meinem Unbehagen zu erfreuen und hatte in Claire offenbar eine Verbündete gefunden.

„Sollen wir unsere Zeit nicht sinnvoller nutzen?“ fragte ich, ohne den Hauch von Ärger in meiner Stimme zu verbergen.

„Na, na“, lächelte David, „sind wir aber sensibel. Schwerer Tag im Büro?“

„Verdammt richtig“, bemerkte ich ziemlich frustriert. „Niemand ist daran interessiert, daß etwas funktioniert. Nur daran zu erklären, warum es nicht möglich ist, etwas zu tun.“ Ich äffte den nörgelnden Tonfall nach. *„Können wir so nicht machen, Chef, haben wir vor Jahren schon probiert. Funktioniert hier nicht, Chef. Kriegen wir nie durch den Vorstand.* Um ehrlich zu sein – sie haben einen sehr guten Grund, nichts von dem zu tun, was ich vorschlage. Nämlich Faulheit in ihrer destruktivsten Form.“

„Kulturen, Geoffrey, Kulturen.“

„Nein, David. Wissen Sie, Sie liegen schon wieder daneben. Das hat nichts mit Kulturen zu tun. Es hat zu tun mit der Religion des Laissez faire. Das ist so schlimm wie ein Strauß, der den Kopf in den Sand steckt. Wir verbringen im Augenblick tatsächlich mehr Zeit damit, Ideen abzuschießen, als damit, eine Idee hochkommen zu lassen. Es ist, als wäre das größte Hindernis für Evolution unser Wissen. Wir wollen wachsen – aber wir wollen uns nicht verändern. Wir brauchen neue Ideen – aber nur solche, an die wir schon einmal gedacht haben. Wir sind blind und halsstarrig und störrisch geworden. Das sind die Formen, die unsere Kultur zeigt. Und das ist kein schöner Anblick. Dennoch müssen sie ein äußerlicher Ausdruck des inneren Wesens unserer Kultur sein. Also muß auch diese negativ, unbeweglich, unbeugsam sein. Das sagt nicht sehr viel Gutes über den derzeitigen Zustand meiner Firma."

Mein Ausbruch überraschte sie irgendwie. Vielleicht erkannten sie, daß sie mich zu sehr gehänselt hatten – vielleicht erkannten sie das Dilemma, in dem ich lebte.

„Haben Sie sich's jetzt von der Seele geredet?" fragte Dory mit unverstellter Ironie in der Stimme. „Hoffentlich geht's Ihnen jetzt besser. Mein Armer, Sie tun sich ja wirklich selber leid. Aber erwarten Sie nicht, daß wir unsere Zeit damit verschwenden, Ihre betrübten Klagen anzuhören. Obwohl ich zugeben muß, daß wir etwas davon lernen können. Und sei es auch nur, wie man sich angesichts des Wandels nicht benimmt."

„Wie man sich nicht benimmt?" fragte ich mit erstaunt hochgezogenen Augenbrauen und gar nicht überrascht von dem Mangel an Mitgefühl, den Dory gezeigt hatte.

„Ja, Geoffrey. Wir alle verstehen, was Sie durchmachen. Wir alle fühlen die Enttäuschungen, die Sie fühlen. Aber wir können nicht zulassen, daß Sie die ganze Schuld auf etwas schieben, das Sie gerne den Zusammenstoß der Kulturen nennen. Sie sehen darin einen Grund für Ihr Versagen. Und gleichzeitig hoffen Sie darin den Schlüssel zu neuem Erfolg zu finden. Sie sehen alles als Hindernis. Sehen Sie es doch als Herausforderung."

David stöhnte auf.

„Bitte, Dory. Sparen Sie sich dieses *Es-gibt-keine-Schwierigkeiten-es-gibt-nur-neue-Gelegenheiten*-Zeug für jemand anderen. Lassen sie mich damit im Ruhe – oder Geoffrey. Dieser unausgegorene Unsinn von wegen *psychologische Einsichten* hat mich niemals überzeugt. Also erwarten Sie nicht von mir, daß ich Sie damit wegkommen lasse. Schwierigkeiten sind Schwierigkeiten. Egal, welchen Namen Sie ihnen geben wollen. Also versuchen Sie nicht, mir einzureden, daß sie eine Herausforderung sind oder eine Gelegenheit oder ein kleiner Umschwung des Glücks. Die Dinge beim Namen nennen – das ist mein Motto. Und ich erwarte von andern Menschen, daß sie das auch so halten."

„Zusammenprall der Kulturen, die Xte", sagte Claire, aber mit einem breiten Lächeln auf ihrem Gesicht, das ihrer Bemerkung jegliches Gift nahm. Keiner von uns konnte einen Einwand dagegen anbringen, weil wir alle sahen, wie zutreffend sie gewesen war.

David schaute etwas blöde drein und drehte sich mit verlegenem Lächeln zu Dory. „Verzeihen Sie, Dory. Ich sollte meine Frustration nicht an Ihnen auslassen. Verzeihen Sie mir bitte."

„Halten Sie den Mund, Sie Idiot", sagte Dory, die offensichtlich entschlossen war, das Ganze zu vergessen. „Wenn Sie denken, ich halte eine kleinen unbewaffneten Kampf nicht aus, kriegen Sie gleich noch eine. Tatsächlich bin ich eher erfreut, daß wir da hineingeraten sind, weil es, wie Claire herausgestrichen hat, nur zeigt, wie leicht ein Zusammenstoß der Kulturen geschehen kann. Ich denke, wir vergessen das oft. Und als wir begonnen haben zu streiten, David, kam mir dieser Gedanke. Erinnern Sie sich, daß wir sagten, jeder von uns sei in sich selbst ein ganzes soziales System? Nun, wenn das so ist, dann könnte der Zusammenstoß zwischen David und mir nicht nur einfach als Zusammenstoß von Kulturen gesehen werden, sondern sogar als ein Zusammenstoß von sozialen Systemen. Anders gesagt, Kultur ist das soziale System. Und wenn wir das akzeptieren, folgt daraus, daß kultureller Wandel denselben Regeln folgen muß wie sozialer Wandel. Er verläuft durch Autonomie, interne Abhängigkeiten und Selbstreferenz zu Überfülle."

Dory hielt für einen Moment inne und sah sich nach uns anderen um. „Macht das überhaupt Sinn", fragte sie, plötzlich unsicher über die Richtigkeit ihrer Gedanken.

„Es macht eine Menge Sinn", sagte David, der offensichtlich entschlossen war, noch die letzte Spur einer Wolke zu tilgen, die über unserer Versammlung schweben könnte. „In der Tat, Dory, ich glaube, Sie haben uns in unserem Denken einen großen Schritt weiter gebracht. Denn es bedeutet, daß wir jetzt etwas Praktisches tun können. Meinen Sie nicht, Geoffrey?"

Alle Augen wandten sich mir zu und schienen darauf zu warten, daß ich dieser neuen Idee meine Zustimmung gab.

„Sehen Sie mich nicht alle an." Zum ersten Mal fühlte ich mich unsicher in der Führungsrolle, in die sie mich zu drängen schienen. „Ich kenne nicht alle Antworten."

„Hör sich einer das an", sagte Claire mit einem amüsierten Glitzern in den Augen, „er gibt tatsächlich zu, fehlbar zu sein. Wie großmütig."

Alle lachten – sogar ich, und das brach die Spannung, die sich während der letzten Minuten aufgebaut hatte. Es war eine Spannung, stellte ich fest, die in unseren Debatten unvermeidlich war. Wir alle waren so bemüht. Entschlossen, neue Ideen zu entdecken, entschlossen, zu Schlußfolgerungen zu kommen. Das führte automatisch zu Spannungen. Und ich wußte, daß es nichts gab, was wir dagegen tun konnten – oder sollten.

„Sehen Sie, jetzt, da wir in unserer eigenen Debatte eine Unterbrechung haben", bemerkte ich, weil ich dachte, daß dies der geeignete Moment sei, „glaube ich, daß wir besser die Idee unseres Professors diskutieren sollten. Was halten Sie davon, eine Firma zu gründen und unsere Ideen einem Test auszusetzen?"

„Das ist so ziemlich die beste Idee, die ich seit einiger Zeit gehört habe", freute sich David und grinste uns an, als wüßte er, daß wir diese Reaktion erwarten würden. „Geben wir uns die Chance, etwas Praktisches zu tun. Und es ist höchste Zeit, genau das zu tun. Wir machen nichts anderes als herumzusitzen und über alles mögliche zu diskutieren. Wir sind schlimmer als ein Haufen Weiber – Anwesende selbstverständlich ausgenommen", ergänzte er hastig, als sowohl Dory als auch Claire nahe daran schienen, ihn, wenn nicht physisch, so doch verbal zu attackieren. Doch jetzt grinste er wieder, und beide Frauen wußten, daß er sie geneckt hatte.

„Ihr Glück, daß Sie das gesagt haben", sagte Claire, die entschlossen war, Einigkeit mit Dory zu zeigen. „Lassen Sie mich Ihnen sagen, daß diese Diskussion für mich zunehmend sehr große Bedeutung gewinnt – und für den Rest der Gruppe ebenso. Denke ich zumindest. Aber ich verstehe, daß Sie die Dinge vorwärts treiben wollen. Das sollten wir wohl auch. Lassen Sie uns mit diesem Freund des Professors eine Firma gründen. Alles, was wir entscheiden müssen, ist, wie wir sie betreiben wollen. In der Praxis. Ich denke, wir können alles Ihnen überlassen, David, oder? Schließlich sind Sie der Praktiker."

David starrte sie an und war nicht ganz sicher, wie er reagieren sollte.

„Aber Claire, ich habe gar nicht die Zeit, eine neue Firma zu gründen. Ich bin mit der jetzigen bei weitem genug beschäftigt. Ich habe nichts dagegen, bei einem Experiment mitzuwirken, aber Sie können nicht von mir erwarten, daß ich das ganze Projekt auf mich nehme. Wir müssen eine andere Lösung finden. Einer von Ihnen wird es tun müssen."

„Einer von uns?" fragte ich. „Aber wer? Ich bin mitten in einer der größten Krisen in der Geschichte meiner Firma. Dory und Claire sind bis über den Kopf mit Arbeit eingedeckt. Wir können von keinem in unserer kleinen Gruppe erwarten, daß er tatsächlich diese Firma führt. Und ich glaube auch nicht, daß der Professor das im Sinn hatte. Ich glaube, er schlägt vor, daß wir die Firma gründen und im Auge behalten sollen. Vergessen Sie nicht, wir wollen, daß es eine selbstorganisierende Gesellschaft wird – und wir wollten sehen, ob sie wirklich die Stadien durchläuft, über die wir gesprochen haben: Autonomie, interne Abhängigkeiten, Selbstbezug und Überfülle. Was wir brauchen, ist jemand, der das tatsächliche Tagesgeschäft der Firma erledigt. Haben wir jemanden?"

Ich sah von Claire zu Dory und dann zu David. Da traf es mich wie ein Blitz.

„David", sagte ich und versuchte, die Ungeduld in meiner Stimme zu bändigen, „wäre das nicht etwas für Ihre Tochter? Für die, über die Sie mir einmal erzählt haben? Haben Sie nicht gesagt, daß sie irgendwo Kunst studiert hat? Was ist, wenn wir sie fragen? Sie sollte für den Job sehr gut geeignet sein."

„Vielleicht", antwortete David. „Sie ist ein gutes Kind, auch wenn ich es bin, der das jetzt sagt. Und sie ist auf der Suche nach etwas, das sie beschäftigt. Was meinen Sie – sie müßte nicht alles alleine machen, oder? Wir wären da, um ihr zu helfen, nicht wahr?"

„Na, na, David. Das ist eine neue Seite an Ihnen, die wir noch niemals zuvor gesehen haben", sagte Dory. „Der besorgte Vater. Die Rolle steht Ihnen. Natürlich werden wir ihr helfen. Aber nicht zu viel. Das würde das Experiment ruinieren. Nein, wir sollten da sein, wenn sie unsere Hilfe oder Ratschläge braucht. Aber prinzipiell sollte es ihre Sache sein, und sie sollte darauf vorbereitet werden, die volle Verantwortung zu tragen. Meinen Sie nicht?"

Sie sah uns fragend an, und wir alle nickten – sogar David.

„Also, dann ist es entschieden. Ich werde Wiggins über unsere Vorschläge berichten. Und dann gehen wir es an. Übrigens, David, wie heißt Ihre Tochter? Ich denke, wir sollten das wissen."

„Paula – Paula Whyse."

„Gut, Paula Whyse." Ich erhob mein Glas. „Auf Paula Whyse und unser erstes Experiment im Evolutionären Management."

„Auf Paula Whyse und das Evolutionäre Management", stimmten die anderen drei ein.

☆

„Denken Sie, daß es funktionieren wird?" David fragte mich, als wir gemeinsam einen letzten kleinen Brandy genossen.

Claire und Dory waren schon früher gegangen. Beide hatten die Arbeit dafür als Grund angegeben, aber ich hatte das Gefühl, daß sie wußten, daß David mich unter vier Augen sprechen wollte. Und um ehrlich zu sein, ich freute mich eher über die Möglichkeit, Zeit mit einer Person verbringen zu können, von der ich begann als von einem engen Freund zu denken.

„Warum sollte es das nicht?" fragte ich zurück. „Bemerke ich da einen Hinweis auf Besorgnis bezüglich der Fähigkeiten Ihrer Tochter?"

„Natürlich nicht", sagte David, aber der schmerzliche Blick, den er mir zuwarf, zeigt mir, daß ich den Nagel auf den Kopf getroffen hatte. Dann zuckte er mit den Achseln und nickte. „Natürlich bin ich besorgt. Das ist normal. Alle Eltern wären besorgt, ihren Nachwuchs auf ein Experiment loszulassen, das eine Gruppe von vier Workaholics mit einem aus der Luft gegriffenen Professor durchführt, der zufällig einen Liebhaber von Ostblock-Kunst kennt. Ich meine, Geoffrey, ist das etwa der Raster für Erfolg? Würden Sie etwa all Ihr Geld in eine Firma stecken und Anteile einer Firma mit einem solchen Hintergrund kaufen? Natürlich würden Sie das nicht. Aber das ist genau die Art von Geschäft, die meine Tochter aufziehen wird. Und von dem wir erwarten, daß sie es zu einem Erfolg macht. Also ja, ich bin besorgt. Und ja, ich mache mir Sorgen um sie. Aber nein, ich steige nicht aus. Und ich bin überzeugt, wenn ich ihr davon erzähle, wird sie das genauso wenig tun. Ich erwarte, daß sie die Chance ergreift."

Wir beide fielen in Schweigen und überdachten noch einmal die Reise, die wir bisher gemacht hatten – und die, die noch vor uns lag. Sicherlich war ich von dem Ausblick fasziniert, der sich uns bot. Und ich wollte dieses Experiment in Sachen wirtschaftlicher Evolution beobachten. Denn heimlich hoffte ich immer noch, daß es mir die Antworten auf die Fragen liefern würde, die ich seit so langer Zeit hatte. Und ich hoffte, es würde die Antworten liefern, die meine Firma vor einem Desaster retteten, das ich inzwischen für fast unabwendbar hielt.

„Wissen Sie, wir sind auf der richtigen Spur", sagte ich mehr zu mir selbst als zu David. „Ich kann es fühlen. Und Sie müssen es auch fühlen. Ich weiß, Sie drängen uns immer dazu, etwas Praktisches zu tun. Aber sogar Sie müssen erkennen, daß wir unsere praktischen Handlungen auf etwas gründen müssen, das seinerseits in solider Theorie fundiert ist. Das ist die Art und Weise, wie ich immer gearbeitet habe. Und so habe ich es für die Zukunft vor. Und ich vermute, trotz allem, was Sie dagegen sagen, glauben Sie das auch."

Ich wartete auf den unvermeidlichen Einwand Davids, aber es kam keiner. Ich blickte ihn überrascht an und sah, daß er mich angrinste.

„Sie haben mich also durchschaut, nicht? Ich muß zugeben, Sie haben nicht so lange gebraucht wie die meisten Menschen. Aber natürlich haben Sie recht. Obwohl ich von Natur aus ein praktisch veranlagter Mensch bin, anerkenne ich, daß wir Regeln und Regulative brauchen, in denen wir arbeiten können. Sonst wäre nichts als Anarchie. Aber ich bin sehr davon überzeugt, daß man keine Regeln für Erfolg aufstellen kann. Man kann nur die Umstände für Veränderung schaffen. Wissen Sie – über die Jahre habe ich eine Menge Bücher über Management gelesen. War auf einer Menge Managementseminaren. Sie kennen das natürlich. Schließlich waren wir uns einig und unsere gemeinsame Ernüchterung über solche Veranstaltungen war das erste Fundament für den Prozeß, den wir seither durchmachen. Wir alle wissen jetzt, daß wir keine Regeln für Erfolg aufstellen können. Und das ist es, was mich bei der ganzen Angelegenheit zögern läßt. Sehen Sie, wir sagen – d.h. unser Professor Wiggins und unsere gemütliche kleine Plauderrunde ..." – er hob seine Hand, um meinen Protest zu stoppen, und ich blieb still, weil ich merkte, daß er seine Idee für sich selbst entwickelte und daß ich ihm deshalb den Platz lassen sollte, das zu tun – „wir sagen, daß wir selbstorganisierenden Systemen die Chance geben müssen, zu entstehen – und doch bringen wir in Wirklichkeit auf künstliche Weise etwas ins Leben. Brechen wir damit nicht unsere eigenen Regeln? Und wenn ja, heißt das, daß unser Experiment gleich vom Anfang an verdorben ist?"

Ich sah ihn an und war erneut überrascht über die Tiefe der Anteilnahme an unserer Idee, die er zeigte – und an seiner Tochter. Ich fühlte dennoch, daß sein Argument zwar an der Oberfläche gültig zu sein schien, einer näheren Untersuchung aber nicht standhielt.

„Ich glaube nicht“, stellte ich fest, während ich versuchte, die Gedanken zu ordnen, die mir durch den Kopf gingen. „Ich denke, wir haben nicht eine Idee geschaffen, sondern die Bedingungen, in denen eine Idee sich entwickeln kann. Das ist alles. Wir haben keinerlei Regeln festgelegt. Wir haben keinen kulturellen Schutt geschaffen, den diese Firma mit sich tragen müssen wird. Wir haben ihr keine Religion oder soziale Unterschiede vorgegeben. Nein – wir haben einfach die Bedingungen geschaffen, unter denen all dieses sich entwickeln kann. Oder auch nicht. Wir werden einfach geduldig sein und abwarten müssen, ob das Geschäft, das Ihre Tochter betreiben wird, tatsächlich dem Kurs folgen wird, über den wir theoretisiert haben. Das ist alles. Wir haben kein Vorurteil aufgestellt. Wir haben keine geheimen Formeln oder sonst etwas eingebaut. Alles, was wir getan haben, war, eine Situation zu nehmen und sie in eine mögliche Geschäftschance zu verwandeln. Eine auf völlig jungfräulichem Gebiet. Eine, die unbeeinträchtigt ist von Jahren des Wachstums, der Evolution, der kämpfenden Konkurrenten, der bevorstehenden Übernahmen. Sie ist frisch und unbefleckt. Und deswegen bedeutet es, daß wir ihrem Fortschritt durch all die Stufen folgen können, über die wir theoretisiert haben – die wir aber niemals in einem solch klaren Zusammenhang beobachten konnten.“

Ich verstummte kurz, meine Augen fest auf meinen Freund gerichtet, der in meiner Bibliothek saß. Dann lächelte ich und fuhr fort: „Also, David, nein, das Experiment ist nicht gescheitert. Es hat gerade erst begonnen. Jetzt muß es weitermachen und sein eigenes Schicksal finden.“

5. Schwung holen

Eines der ersten Dinge, die ich am folgenden Morgen erledigte, war, ein e-mail an Professor Wiggins zu schicken.

@ An: wiggins@private.co.uk
Von: gsheld@compuserve

Lieber Professor!
Das Komplott verdichtet sich. Letzte Nacht trafen wir uns alle und beschlossen, wir würden sehr gern Ihre Anregung aufgreifen. Wir glauben, daß sie ein großes Potential birgt, um zu sehen, ob die Ideen, die wir in der Theorie entwickeln, auch in der Praxis bestehen können. Ich bin überzeugt, daß sie es werden – und David ist überraschenderweise derselben Ansicht. Wir hatten gestern abend eine interessante kleine Diskussion, nur wir beide. Er war besorgt, das Experiment, das wir planen, könnte verdorben werden, da es nicht natürlich entstanden ist, sondern sozusagen von uns formuliert wurde. Er argumentierte, das ginge gegen den zentralen Punkt unserer ganzen Theorie: Er hatte das Gefühl, wir würden so etwas wie einen Deus ex machina spielen. Ich widersprach und behauptete, daß wir tatsächlich einfach jene Bedingungen schaffen würden, unter denen Evolution stattfinden kann. Und schließlich stimmte David mir zu. Sie können also noch einen Punkt für Resonanz notieren!
Wie auch immer – zurück zu Ihrem Vorschlag. Wir würden gerne Davids Tochter bitten, die Geschäftsführung für uns zu übernehmen – sie hat einen Abschluß in Kunstgeschichte. Stimmen Sie zu? David stand anfangs diesem Gedanken etwas zögerlich gegenüber, aber er hat akzeptiert. Später enthüllte er mir, daß er ein wenig besorgt darüber ist, seine Tochter irgendeiner Wahnsinnsidee auszuliefern, ausgekocht, wie er sagte, von vier Arbeitstieren und einem Cyber-Professor! Ich muß zugeben, wenn man es in diesem Licht betrachtet, könnte man es für ein eher beängstigendes Unterfangen halten. Und die Frage ist, ob Paula überhaupt Lust hat, und ob Sie sie akzeptabel finden.
Also – was machen wir jetzt? Ich erinnere mich, daß Sie sagten, Sie würden im Hintergrund bleiben wollen. Aber es ist wesentlich, daß wir irgendwie ein Treffen zustandebringen, um das ganze Geschäft ins Laufen zu bekommen. Wollen Sie Paula treffen? Oder sollen wir ein Treffen zwischen Paula und Ihrem Freund vereinbaren, bei dem David und ich anwesend sein können oder auch nicht? Ich überlasse das alles Ihnen. Bitte geben Sie

mir so bald als möglich Nachricht. Wir alle spüren, daß sich Schwung bildet und wir wollen ihn bewahren.
In Erwartung Ihrer Antwort,
mit freundlichen Grüßen
Geoffrey Sheldon

Sobald das abgeschickt war, schrieb ich ein zweites e-mail – diesmal für meine Partner.

@ An: Meine Partner in Sachen Evolution
Von: gsheld@compuserve

Liebe Freunde ...
Zunächst meinen Dank für den energischen Input bei der Diskussion letzte Nacht. Ich bin immer wieder erstaunt über die Weise, wie wir uns gegenseitig auf unserer Reise in dieses aufregende neue Wagnis vorantreiben. Ich bin meinerseits inzwischen völlig unseren Bemühungen ergeben und fühle zuversichtlich, daß es Ihnen ebenso geht.
Besonders nachdrücklich ist mir von unserer jüngsten Diskussion die Einsicht im Gedächtnis geblieben, daß kultureller Wandel denselben Mustern folgt wie sozialer Wandel und denselben Mustern von Autonomie, internen Abhängigkeiten, Selbstbezug und Überfülle. Und daß wir dementsprechend jeden von uns selbst als einzelne komplexe soziale Einheit sehen können, die Resonanz oder Dissonanz mit jedem anderen erreichen kann.
Jedenfalls habe ich einmal mehr mein Bestes getan, um eine Liste von Fragen aufzustellen. Ich halte es für wichtig, daß wir damit weitermachen, unsere Fortschritte aufzuzeichnen, auch wenn wir in eine praktischere Phase eintreten. Jedenfalls werde ich meine Pflicht fortführen, bis irgend jemand von Ihnen befindet, daß meine Bemühungen überflüssig geworden sind.
Also – hier sind meine Fragen:

- Wie können wir dem Würgegriff der Kulturen entkommen?
- Braucht man dazu mehr als einfach die Entwicklung der richtigen Regeln und Bedingungen?
- Welche geschriebenen oder ungeschriebenen Regeln bestimmen tatsächlich das Verhalten der Menschen um uns herum?
- Unterscheiden sich diese Regeln von denen, die wir für angemessen halten?
- Und sind wir sicher, daß wir die richtigen Regeln für die Evolutionsstufe anwenden, auf der wir uns gerade befinden?

Ich denke, diese Fragen decken so ziemlich den gesamten Bereich unserer Diskussion ab. Irgendwelche Zusätze – lassen Sie es mich wissen.
Ich habe Wiggins kontaktiert und werde Sie über jede Entwicklung auf diesem Gebiet auf dem laufenden halten. Wir bleiben in Verbindung. Wir sollten ein Datum für unser nächstes Treffen ansetzen ...
Ihr Geoffrey

Ich sah nach, ob nicht schon eine Mitteilung von Wiggins eingetroffen war und schickte die Nachricht dann an alle – auch an den Professor. Ich wußte, er würde über unseren Fortschritt informiert sein wollen. Und wer weiß, dachte ich, er könnte etwas Interessantes hinzuzufügen haben.

Der Tag verstrich bis zur Mitte des Nachmittags eher ereignislos. Dann erhielt ich einen Anruf. Es war Paula Whyse. Sie wollte mich treffen. Ich schlug vor, sie solle in mein Büro kommen, aber sie sagte, sie würde etwas auf neutralem Gelände vorziehen und schlug vor, wir sollten uns in der Teestube in *Fortnam and Masons* treffen. Ich war lange nicht mehr dort gewesen, und so stimmte ich zu und legte den Termin so, daß ich noch ein kleines bißchen mehr Arbeit erledigen konnte, ehe ich das Büro verließ.

☆

Das „kleine bißchen mehr Arbeit" erforderte meine gesamte Aufmerksamkeit, und so mußte ich, als ich auf die Uhr blickte, feststellen, daß ich mich beeilen würde müssen, wenn ich rechtzeitig zu meiner Verabredung kommen wollte. Aber ehe ich das Büro für den Tag verließ, konnte ich nicht widerstehen, meine e-mail-Meldungen zu überprüfen, in der Hoffnung, Wiggins würde geantwortet haben. Ich sagte mir, es wäre brauchbar, wenn ich etwas Greifbares hätte, um es Paula bei unserem Treffen zu geben. Zu meinem Entzücken sah ich, daß tatsächlich eine Nachricht von Wiggins in meiner Box wartete, die ich unverzüglich auf den Bildschirm holte.

@ An: gsheld@compuserve
Von: wiggins@private.co.uk

Mein lieber Mr. Sheldon,
Sie können sich kaum vorstellen, wie willkommen Ihre Nachricht war. Und wie viel Befriedigung sie mir gab. Nicht nur wegen der ermutigenden Neuigkeit, daß Sie sich entschieden

haben, an meinem kleinen praktischen Experiment teilzunehmen, sondern auch, weil Sie in Ihrem Denken über Evolution, Management, Kulturen, selbstorganisierende Gesellschaften und eine Menge damit verwandter Gegenstände so gute Fortschritte zu erzielen scheinen. Ich darf Ihnen allen zu der Schärfe Ihres Denkens und zur Klarheit Ihrer Konzepte gratulieren.

Besonders war ich an Ihren Entdeckungen über soziale Systeme und Kulturen interessiert. Ich stimme zweifellos mit der Schlußfolgerung überein, die Sie in Ihrem kurzen e-mail umrissen haben. Und nach den Fragen zu schließen, die Sie stellen, haben Sie offensichtlich eine ganze Menge über die Notwendigkeit nachgedacht, bei der Analyse, wo ein soziales System – eine Firma, wenn Sie wollen – zu einem bestimmten Augenblick in der Resonanzspirale ist, das richtige Timing zu bestimmen. Vergessen Sie nicht, daß sowohl der Resonanzzyklus als auch die damit zusammenhängende Entwicklung des natürlichen Wachstums uns helfen können, das Bedürfnis nach Autonomie und nach internen Abhängigkeiten zu etablieren. Verlieren Sie diese Tatsache niemals aus den Augen, egal wie verführerisch andere Möglichkeiten oberflächlich auch aussehen mögen. Denken Sie davon im Sinne eines Schaffens von Resonanz: Erinnern Sie sich, daß dies nur durch die Legitimierung und Förderung der Entwicklung von Autonomie und internen Abhängigkeiten auf den verschiedenen Stufen erreicht werden kann, die wir in dem Prozeß der Evolution identifiziert haben.

Etwas, das ich in Ihrer sonst sehr interessanten Zusammenfassung der abendlichen Diskussion vermißt habe, war, ob Sie meinen, daß der traditionelle Weg, Kulturen zu definieren, immer noch eine gangbare Alternative ist. Ich glaube, sie kann immer noch verwendet werden. Tatsächlich meine ich, daß diese traditionelle Weise, Kulturen zu sehen, sie zu definieren, beim Verstehen und Erklären, warum sich Kulturen auf bestimmte Weise verhalten, von erheblicher Hilfe sein kann. Unnötige Dissonanzen – wie die, mit denen viele Firmen nach einer Fusion zu kämpfen haben – können durch das Studieren der kulturellen Unterschiede und durch das Interpretieren der zwischen den Werten, Ritualen und Artefakten der untersuchten Kulturen bestehenden Unterschiede verhindert werden. Ich denke also, daß die traditionelle Weise, Kulturen zu definieren, etwas ist, das wir sorgfältig in unserem Denken bewahren sollten.

Unterstützung für solch einen doppelten Blick auf Kultur erhalten wir in den Arbeiten des bekannten Physikers Werner Heisenberg. Er lehrte uns, daß Materie auf zwei Weisen gemessen werden kann, in Abhängigkeit von dem Zweck, für den diese Messungen vorgenommen werden. Er sagt, daß Elementarteilchen entweder als kleine Planeten mit ihren spezifischen Bahnen gesehen werden können oder als Bündel von Energiewellen, die im Raum verstreut sind und einander verstärken. Der Wellenansatz wird benutzt, um die Evolution der Materie zu erklären – denn er bezieht sich direkt darauf, wie jedes der individuellen Elementarteilchen mit jedem anderen wechselwirkt.

Jetzt nehmen Sie diese Idee und übertragen Sie sie in unsere Diskussionen über Kultur und kulturellen Wandel. Dann sehen wir – und das haben Sie in Ihren Gesprächen ebenfalls herausgefunden – folgendes: Da die Kultur das soziale System selbst ist, wird sie von Wellen der Wechselwirkungen zwischen etablierter Autonomie und Abhängigkeiten angetrieben. Und das spiegelt sehr genau die sogenannte „Prozeß-Sicht" wider, die Heisenberg eingeführt hat. Verzeihen Sie mir, wenn ich Heisenberg zitiere. Er schreibt, „daß man die Welt jetzt nicht in verschiedene Gruppen von Objekten eingeteilt hat, sondern in verschiedene Gruppen von Verknüpfungen. [...] Die Welt erscheint in dieser Weise als ein kompliziertes Gewebe von Vorgängen, in dem sehr verschiedenartige Verknüpfungen sich abwechseln, sich überschneiden und zusammenwirken und in dieser Weise die Struktur des ganzen Gewebes bestimmen". Ich glaube, daß wir dasselbe Gewebe von Vorgängen sehen, in dem verschiedenartige Verknüpfungen in der Gesellschaft im Ganzen und in jeder ihrer Untereinheiten einander abwechseln, sich überschneiden und zusammenwirken.

Wenn man das alles zusammennimmt, haben wir wirklich etwas, das ich das „Dualitätsprinzip der Kultur" nennen würde.

Mein lieber Mr. Sheldon, ich hoffe, Sie und Ihre kleine Gruppe von Entdeckern werden diese eher akademischen Beobachtungen von jemandem verzeihen, der den Großteil seines Lebens in den Tempeln der Wissenschaft verbracht hat. Ich entschuldige mich, falls ich diesem Umstand erlaubt habe, meinen Zugang zu vielen Problemen und Herausforderungen des Lebens zu beeinträchtigen. Aber ich glaube wirklich, daß es oft möglich ist – und in der Tat in höchstem Maße bildend –, diese Theorien von einer Disziplin auf ein anderes Gebiet zu verlagern. Warum sollten wir versuchen, die Dinge in kleine enge Schubladen zu stopfen, anstatt zuzulassen, daß die gelernten Lektionen zwischen verschiedenen Disziplinen ausgetauscht werden? Und das heißt letztlich, den Resonanzen zu erlauben, ihren Weg zu nehmen.

Wenn Sie mir eine letzte Beobachtung gestatten: Ich glaube, daß wir nach mitschwingenden „Regeln" suchen müssen, die eine Verstärkung von Wellen der Autonomie und der internen Abhängigkeiten in Gang setzen. Aber um das erfolgreich zu tun, müssen wir eine Reihe von grundlegenden Aspekten der Evolution bedenken:

Evolution ist vielfältige, spontane oder bewußte Wechselwirkung;

Evolution muß als Folge von Zyklen im natürlichen Wachstum gesehen werden;

und Evolution beeinflußt soziale Systeme mit Resonanzspiralen.

Nun, wenn Sie mir erlauben, möchte ich der Liste, die Sie mir geschickt haben, drei Fragen anfügen.

Können wir das Chaos erklären, das entsteht, wenn die Regeln geändert werden? Ich denke, wir müssen anerkennen, daß Chaos das automatische Resultat ist, wenn Regeln und Bedingungen geändert werden. Und wir sollten es berücksichtigen, wenn das geschieht.

Sind wir auf die Anzeichen des Chaos gefaßt, die automatisch zum Vorschein kommen, wenn wir die Regeln ändern?

Sind wir bereit, diese Veränderungen zu akzeptieren?
Nun, mein Freund, das bringt mich zum Ende der Lektion! Ich hoffe, Sie werden mir nicht übelnehmen, daß ich auf so gelehrte Weise abschweife.
Aber jetzt zu dringenderen Angelegenheiten – zumindest nehme ich an, daß David das sagen würde!
Als ich las, daß Sie bereit sind, mit meinem kleinen Experiment fortzufahren, rief ich meinen Freund in Rußland an. Sein Name ist übrigens Leonid Khobotov. Jedenfalls teilt Leonid unseren Enthusiasmus – obwohl ich, wenn ich ehrlich bin, den leisen Verdacht hege, daß es ihm weniger um das Experiment geht als um die Möglichkeit, Profit zu machen. Ich bin kein Mensch, der glaubt, Motive müßten immer rein sein, und daher hege ich keinerlei Mißgunst gegen Leonid. So lange er die Hilfsmittel für unser kleines Experiment bereitstellt, habe ich nichts dagegen, wenn er etwas Geld verdient.
Leonid möchte folgenden Vorschlag machen: Ihre Paula wird in London ihr eigenes Geschäft eröffnen, in dem sie völlige Unabhängigkeit haben wird, obwohl Leonid hofft, daß sie sich hauptsächlich darauf konzentrieren wird, die Werke der von ihm vertretenen Künstler zu importieren. Anfänglich wird Leonid die Arbeiten auswählen, die in der Galerie ausgestellt werden sollen, und sie wird am Verkauf mit 25% beteiligt sein. Leonid möchte betonen, daß Paula in keiner Weise bei ihm angestellt sein wird, noch wird er über Angelegenheiten der Galerie irgend etwas zu bestimmen haben, abgesehen von dem, was die Ausstellungsstücke und den Verkauf derjenigen Werke betrifft, die er selbst an Paula liefern wird. Er hofft sehr, daß Paula im Laufe der Zeit in der Lage sein wird, ihm etwas über die Geschmäcker des Klientels mitzuteilen, das sie zweifellos für seine Werke gewinnen wird. Er wird mehr als bereit sein zu versuchen, nachweisbare Bedürfnisse für bestimmte Arten von Kunstwerken zu befriedigen. Jedenfalls möchte er betonen, daß der Hauptzweck bei der Suche nach einem Markt außerhalb Rußlands darin besteht, den Künstlern zu helfen, die seiner Ansicht nach Werke schaffen, die ihre Kultur wiederspiegeln. Er hofft, daß Paula Respekt vor diesen Kulturen haben wird.
Lieber Mr. Sheldon, all das klingt sehr formal – aber das ist einer der Wege, wie Menschen in Rußland Geschäfte machen möchten. Es ist wichtig, das zu verstehen. Wenn wir das tun, dann, so bin ich sicher, können wir mit unserem kleinen Experiment Wunder bewirken.
Und der nächste Schritt? Nun – Leonid hält es nicht für notwendig, daß Paula nach Rußland oder daß er hierher kommt, ehe die grundlegenden Vorbereitungen – Galerie, Publikum usw. – nicht getroffen worden sind. Wenn all das einmal geklärt ist, wird er die Anfangssammlung für die Ausstellung liefern.
Ich vermute, Sie werden sich mit Paula treffen, um das Kleingedruckte zu besprechen, sozusagen. Lassen Sie mich wissen, wenn ich helfen kann. Dennoch würde ich es bevorzugen, ein Beobachter zu bleiben und jede persönliche Beteiligung auf das absolute Minimum zu reduzieren. Das ist nicht Gleichgültigkeit; nur glaube ich, es wird für unser Experiment von Vor-

teil sein, wenn ich einen gewissen Abstand zu den Alltagsgeschäften halte. Ich hoffe, Sie verstehen.
Informieren Sie mich bitte zum ehestmöglichen Zeitpunkt über jeglichen Fortschritt, den Sie machen.
Ihr Freund in einem Experiment in Evolution
Donald J. Wiggins

Ich versuchte, alles in mich aufzunehmen, beschloß aber, mich für den Augenblick auf die praktischen Angelegenheiten zu konzentrieren, die unser kleines geschäftliches Unternehmen umgaben. Also überging ich die erste Hälfte der Nachricht und sagte mir, daß ich später darauf zurückkommen würde. Statt dessen richtete ich meine Aufmerksamkeit auf die Einzelheiten jenes kleinen Unternehmens, die der Professor im Detail angegeben hatte. Ich klickte auf „Drucken" und schnappte mir im Gehen die Kopie, da ich wußte, daß ich eine meiner Kardinalregeln brechen würde müssen, wenn ich nicht praktisch sofort ein Taxi bekäme: niemals zu einer Verabredung zu spät zu kommen – schon gar nicht zu einer Verabredung mit einer jungen Frau!

Wie sich herausstellte, gelang es mir dieses eine Mal, fast sofort, nachdem ich das Gebäude verlassen hatte, ein Taxi zu ordern, und ich kam sogar einige Minuten zu früh bei Fortnum and Masons an. Nachdem ich den Fahrer bezahlt hatte – und ihm als Ausdruck meiner Dankbarkeit ein exzessives Trinkgeld gegeben hatte –, betrat ich das exklusivste Lebensmittelgeschäft der Welt und ging zu der berühmten Teestube, als mir einfiel, daß ich keine Ahnung hatte, wie Paula aussah. Ich war froh, daß ich (wie ich hoffte) das Problem dadurch gelöst hatte, daß ich meine Sekretärin einen Tisch hatte reservieren lassen.

Ich nannte der Kellnerin meinen Namen und wurde zu einem Tisch geführt, der noch unbesetzt war. Ich stieß einen stillen Seufzer der Erleichterung aus, daß ich nicht zu spät gekommen war, aber fast umgehend kehrte die Kellnerin wieder an den Tisch zurück, diesmal mit einer Frau im Schlepptau.

Als Paula sich setzte, streckte sie mir ihre Hand entgegen.

„Ich freue mich, Sie kennenzulernen, Mr. Sheldon. Mein Vater hat mir von Ihnen erzählt."

Ich ließ diese junge Versuchsperson unseres Experiments auf mich wirken und ertappte mich dabei, daß ich sie in der Tat mit demselben

Grad von Gleichgültigkeit anblickte, den ein Chirurg einem zukünftigen Patienten gegenüber zeigt.

Paula Whyse war unverkennbar die Tochter ihres Vaters. Sie teilte mit ihm die scharf geschnittenen Gesichtszüge, den patrizischen Nasenrücken, und diese hohen Backenknochen, die allgemein das Kennzeichen von Top-Models sind. Ihr blondes Haar war kurz geschnitten und bot einen perfekten Rahmen für ihr Gesicht, ihre Figur war makellos geformt und wohlproportioniert. Alles in allem war Paula eine extrem attraktive junge Frau, die durch den hochintelligenten Ausdruck in ihren Augen noch anziehender war. Es war offensichtlich – hier saß eine Frau, die um ihren Wert wußte – sowohl physisch als auch mental.

„Also erzählen Sie mir, Mr. Sheldon, erfülle ich Ihre Erwartungen?"

Ich riß mich aus meinen Träumen und hatte den Anstand zu erröten. „Verzeihen Sie, Paula – darf ich Sie Paula nennen? Nennen Sie mich bitte Geoffrey – verzeihen Sie, wenn ich Sie so anstarre. Es geschieht mir nicht oft, daß ich in der Öffentlichkeit mit jemandem gesehen werde, der so attraktiv ist wie Sie."

„Das hat mein Vater nicht erwähnt – daß Sie so galant sind. Das ist etwas, daß man bei vielen jüngeren Männern heutzutage leider vermißt."

Das gefiel mir. Vor allem das „jünger". Oder hörte ich nur eine Betonung, die nicht wirklich da war?

Da ich diesem Gedanken nicht weiter nachgehen wollte, nahm ich die Speisekarte und zog beim Bestellen des Tees eine große Show ab. Das rief Erinnerungen an die Kindheit in mir wach – eine Kindheit, wie ich erkannte, die weiter hinter mir lag, als ich mir eingestehen wollte. Das Zusammensein mit einer Frau wie Paula betonte nur den Unterschied zwischen Jugend und meinem gegenwärtigen Alter.

„Also, Paula", begann ich, nachdem ich die Bestellung gemacht hatte. „Was genau hat Ihr Vater Ihnen über all das erzählt?"

„Sehr wenig, Geoffrey – Sie sagten, ich sollte Sie deswegen anrufen, nicht wahr?"

Ich nickte, sie solle fortfahren.

„Alles, was er erwähnte, war, daß sich seine kleine Gruppe von Verschwörern eine Art Abenteuer ausgedacht hat, und daß es darin auch für mich eine Rolle geben könnte. Er sagte, es würde ganz und gar zu mir passen. Und das, gebe ich zu, ist der besorgniserregende Teil."

„Besorgniserregend?" fragte ich, überrascht wegen der Wortwahl.

„Sicher. Nichts ist besorgniserregender, als etwas, daß die Eltern für passend halten. Ich glaube nicht, daß Sie jemals dieses Problem hatten, oder? Eltern sind viel besorgter um ihren weiblichen Nachwuchs als um den männlichen. Das ist ein Teil unserer Kultur, vermute ich. Aber um es offen heraus zu sagen: Alles, was mein Vater passend finden könnte, ist für mich automatisch suspekt."

„Dann lassen Sie mich versuchen, Sie zu beruhigen. Zunächst, es war nicht die Idee Ihres Vaters – es war meine." Ich ignorierte den fragenden Blick, den sie mir zuwarf, und fuhr mit der Erklärung fort. „Sehen Sie, eines der Mitglieder unserer Gruppe – ein gewisser Professor Wiggins – hatte eine Idee, die bedeuten könnte, alle Theorien, die wir diskutiert haben, in die Praxis umzusetzen. Ihr Vater hatte Sie mir gegenüber kurz erwähnt, und als das Thema zur Diskussion stand, dachte ich, Sie wären ideal für den Job. Beantwortet das Ihre Frage?"

„Zum Teil. Aber es sagt mir noch immer nichts über den Job, und auch nicht, warum Sie dachten, ich sei dafür besonders geeignet."

Ich unterbrach kurz, während die Kellnerin unsere Auswahl von hauchdünnen Sandwiches, Teegebäck, frischen Erdbeeren, eine Schüssel mit sehr steif geschlagener Sahne und eine Kanne First Flush Darjeeling brachte.

Während wir uns an dieser höchst englischen Kost bedienten, überlegte ich, wieviel genau ich ihr über unsere kleine Gruppe und die Schlüsse, zu denen wir gekommen waren, erzählen sollte. Es war nicht so sehr, daß ich nicht wünschte, unsere Geheimnisse mit ihr zu teilen – schließlich wäre es eigenartig gewesen, unsere eher begrenzten Lösungen „Geheimnisse" zu nennen – sondern eher, daß ich nicht wollte, daß sie in ihrer Entscheidungsfindung durch irgendwelches Vorwissen über unsere Ideen beeinflußt würde. Ich beschloß dennoch, ganz ehrlich zu ihr zu sein. Denn auch wenn unser Gedanke der war, zu prüfen, ob unsere Ideen tatsächlich in der Praxis funktionieren würden, beeinträchtigte das nicht im geringsten das Geschäftspotential, das uns auf Vorschlag des Professors zur Verfügung stand.

„Na, Geoffrey?" fragte sie, als ich Zeit zu gewinnen versuchte, indem ich zwei Tassen Tee eingoß.

„Verzeihen Sie mir, Paula. Ich habe mit mir selbst darüber debattiert, was ich Ihnen erzählen soll."

„Alles, wie ich hoffe."

„Das war meine Absicht. Das Problem ist, wo beginnen?"

„Ich stelle regelmäßig fest, daß der Anfang dafür am besten geeignet ist“, sagte sie, wobei ihr Lächeln jeden Sarkasmus entwaffnete, der in ihrer Bemerkung gewesen sein hätte können.

„Natürlich. Dann muß ich Sie in eine Bar in einem Hotel entführen. Ich besuchte eine Managementkonferenz und fühlte mich sehr enttäuscht zuzuhören, wie bloß ein weiterer Guru immer schwammigere Statements über den garantierten Weg zum Erfolg in jedem Geschäft abgab. Als ich in die Bar kam, hörte ich, wie Ihr Vater und eine andere Teilnehmerin – Dory, wie sich herausstellte – dieselben Ansichten aussprachen. Irgendwie fanden wir eine gewisse Resonanz, und das brachte uns dazu, über eine Reihe von wichtigen Themen zu diskutieren, denen wir uns im Geschäftsleben gegenübersehen. Wir geben ein sehr seltsames Trio ab – Dory ist die Gedankenvolle, die an einem Problem nagt wie ein Hund am Knochen, bis es sein allerletztes Geheimnis preisgibt; Ihr Vater ist der Praktische, der uns oft sanft wieder auf die Erde zurückholt, wenn unsere Diskussionen für seinen Geschmack und seine Bedürfnisse zu hypothetisch werden, und der uns immer wieder auffordert, unsere Worte in Taten umzusetzen; und ich bin der Geschäftsmann, der seine Firma in Gefahr sieht, aber den Schlüssel zur Lösung des Probleme nicht finden kann. Jedenfalls, während der Konferenz verbrachten wir eine Menge Zeit damit zu diskutieren, wie unwirksam die meisten Managementideen sind. Einfach wegen der Art, wie sie entstehen. Gurus sehen sich gern nach einer erfolgreichen Aktion um, leiten aus dieser Geschichte eine Reihe von Gründen für den Erfolg ab und versuchen dann, diese Regeln auf andere Firmen zu projizieren. Das größte Problem, das wir entdeckten, war, daß jede Firma in ihrer eigenen Entwicklungsstufe ist, ihrer Evolutionsstufe, um den Begriff auszusprechen, den wir jetzt dafür verwenden. Man kann nicht einfach Regeln und Umstände von einer Firma nehmen und auf eine andere Firma übertragen. Das widerspricht allem, was wir während unserer Diskussionen herausgefunden haben.

Also jedenfalls – eine unserer ersten Entscheidungen war, daß es falsch wäre, Managern Antworten zu geben. Denn das werden unvermeidlich Antworten auf falsche Fragen sein. Nein – was wir tun müssen, ist, den Managern die richtigen Fragen zu geben. Wenn sie wissen, welche Fragen sie zu einem gegebenen Zeitpunkt stellen müssen, dann werden sie in der Lage sein, die Antworten selbst zu finden. Und diese Antworten werden auf ihre eigene Situation anwendbar sein, und nicht irgendwelche allgemeinen Antworten, die nur für eine Firma wirklich brauchbar waren, aber querfeldein anderen Firmen aufgezwungen werden."

„Darf ich Sie für eine Frage unterbrechen?" fragte Paula, als ich kurz innehielt, um einen Bissen von meinem Gurkensandwich zu nehmen, „oder wäre es Ihnen lieber, ich hebe mir die Fragen für später auf?"

„Bitte, fragen Sie, wann immer Sie wollen."

„Danke. Wenn ich Sie richtig verstehe, sagen Sie, daß die anerkannten Managementtheorien nicht funktionieren, richtig?"

Ich nickte.

„Und doch bieten Sie in Wirklichkeit selbst eine an."

Ich nickte wieder.

„Also planen Sie nach Ihren eigenen Angaben etwas, von dem Sie wissen, daß es nicht funktioniert?"

Ich lächelte, als ich sofort den Vater in der Tochter wiedererkannte.

„Oberflächlich gesehen, haben Sie recht, natürlich. Aber auf der anderen Seite glaube ich wirklich, daß das, was wir entwickeln, über die *Lernen aus Beispielen*-Regeln hinaus geht, die von Experten aufgestellt werden. Nein – lassen Sie mich ausreden. In unseren Diskussionen wurden wir überzeugt, daß es einen natürlichen Zyklus gibt, den jede Firma durchlaufen muß. Man kann einer Firma nicht Regeln diktieren, so lange man nicht weiß, in welchem Teil des Zyklus – wir nennen es eigentlich eine Spirale – diese Firma gerade ist. Lassen Sie mich ein kurzes Beispiel geben: Nahezu jede Managementtheorie zielt auf gesteigertes Wachstum ab. Das ist auch die erste Priorität fast jeden einzelnen Managers, der heute wirtschaftlich tätig ist. Doch unter Ausschluß von allem anderen nach Wachstum zu streben, kann durchaus im Widerspruch zu dem Punkt der Spirale stehen, auf dem die Firma sich gerade befindet. Wenn man aber danach strebt, ist es so, als spiele man Fußball nach Kricketregeln. Das Ergebnis ist ein großes Durcheinander. Wir sagen nicht, strebt ausschließlich nach Wachstum. Nein – wir sagen: Schaut, an welchem Punkt der Spirale die Firma ist, und handelt diesem Wissen entsprechend."

Sie nickte, als würde sie meine Erklärung akzeptieren.

„Eine andere Frage, wenn ich darf. Sie sagen, Sie nennen Ihre Theorie ..."

„Ich glaube, es ist mehr als das, Paula."

„Was auch immer. Sie nennen dieses ... Wasauchimmer Evolutionäres Management. Wo kommt Evolution in all das? Schließlich impliziert Evolution etwas Spontanes. Management ist weit davon entfernt, so weit ich weiß."

Wieder sah ich sie mit steigender Bewunderung an. Ich begann, Davids sehr scharfsinnige Tochter zu mögen.

„Deshalb", antwortete ich, „müßte so viel Management eigentlich Miß-Management genannt werden. Denken Sie nur an Wachstum. Wir alle wissen, daß es einen natürlichen Wachstumszyklus gibt. Es beginnt langsam, baut sich dann zur Reife auf und geht dann in Niedergang über. Jetzt versuchen die meisten Manager, die Aufwärtskurve so lange wie möglich auszudehnen. Das ist die Art, wie sie den Begriff Wachstum übersetzt haben: einen weiteren Jahresumsatz aus einem bewährten Produkt oder einer Dienstleistung herausquetschen. Aber das ist nur künstliches Wachstum. Eine Menge Leute denken, das sei das Kennzeichen großer Manager. Doch während unserer Diskussionen bin ich dazu gekommen, dem zu widersprechen. Große Manager sind nicht diejenigen, die auf den Erfolg der Vergangenheit schauen und versuchen, ihn in die Zukunft zu verlängern; sondern es sind diejenigen, die in die Zukunft schauen und die Bedingungen für das Entstehen neuer Produkte und Dienstleistungen schaffen, die beschleunigte Gelegenheiten für Wachstum geben. Anders gesagt, ein Manager muß die Möglichkeit für die Entstehung einer neuen Idee genau zu der Zeit schaffen, in der viele Gurus ihm erzählen, er solle sich jetzt völlig darauf konzentrieren, das letzte bißchen Wachstum aus den existierenden Produkten zu quetschen. Diese beiden Ideen könnten gar nicht entgegengesetzter sein."

„Aber wenn ein Manager nicht mehr Wachstum anstreben soll, was ist dann sein Job?"

„Paula, bitte. Ich habe nicht gesagt, Management müsse Wachstum ignorieren. Ich sagte nur, daß zu viele es an der falschen Stelle zu finden versuchen. Manager müssen eine Umwelt schaffen, in der neue Ideen, neue Produkte, neue Konzepte auf natürliche Weise entstehen können. Und darum nennen wir es Evolutionäres Management. Denn es spiegelt genau die Weise wider, wie Evolution funktioniert: Sie schafft eine Umwelt, in der neue Lebensformen entstehen können, und erlaubt ihnen dann, untereinander auszukämpfen, wer von ihnen das Recht hat, die nächste Stufe zu erreichen. Es ist das alte Recht vom Überleben des Tüchtigsten. Die Teilnehmer für die nächste Stufe der Schlacht zu schaffen, und dann zu sehen, welcher davon am geeignetsten ist, den Kampf ums Überleben fortzusetzen. Manager müssen das auch tun. Aber sie müssen es nicht dann tun, wenn der Abstieg schon eingesetzt hat, denn dann ist es schon viel zu spät. Nein – sie müssen sicherstellen, daß Evolution als fortlaufender Prozeß stattfinden kann. Das bedeutet, daß viele Ideen entstehen werden, nur um fast sofort wieder zu sterben. Das ist unvermeidlich. Aber ohne solche Ideen wird die wahrhaft erfolgreiche Idee niemals eine Chance haben. Und vergessen Sie nicht, es ist diese wahrhaft erfolgreiche Idee, die die nächste Wachstumskurve einleiten und so den Fortbestand der Firma sichern wird."

„Gut, das alles verstehe ich. Und Sie mögen mich sogar mit Ihren Argumenten überzeugt haben. Aber ehe ich zustimme, erzählen Sie mir ein wenig mehr über die Spirale, die Sie erwähnt haben."

„Die Resonanzspirale." Tief im Innersten war ich zufrieden, daß ich imstande gewesen war, sie von unseren Theorien zu überzeugen.

„Bevor ich Ihnen darüber erzähle, muß ich noch einige Informationen über unsere Gruppe ergänzen, sonst ist das Bild nicht vollständig. Unser anfängliches Trio wurde bald zu einem Quartett, als Claire sich uns anschloß. Claire arbeitet für eine Firma aus meiner Branche. Wir lernten einander bei einem Treffen über eine mögliche Fusion kennen. Sie hat mich glatt durchschaut. Beim Essen sagte sie doch tatsächlich zu mir, daß sie dachte, ich würde nur auf den richtigen Moment warten, um ihnen zu sagen, daß die ganze Sache abgeblasen war."

„Und, haben Sie?"

„Oh ja. Es war der falsche Zug. Wir waren in allem fast identisch. Wir teilten nicht nur dieselben Stärken, sondern auch dieselben Schwächen. Eine Verbindung mit dieser Firma hätte nichts gebracht als eine Verlängerung des Status quo. Claire hatte völlig recht, als sie das mir gegenüber betonte – nachdem ich meine Entscheidung getroffen hatte."

„Natürlich, Geoffrey, natürlich", beruhigte Paula und erlaubte sich wieder einmal einen Hauch von Mißbilligung. Es machte sie nur noch attraktiver, stellte ich fest.

„Sei dem, wie dem auch sei", fuhr ich fort und versuchte mit aller Macht, meine verletzte Würde wiederherzustellen, „Claire hat sich unserer Gruppe angeschlossen und sich als enormer Gewinn für uns herausgestellt. Sie paßt bemerkenswert gut zu uns – nicht voreingenommen, immer bereit, ihren eigenen Standpunkt einzubringen, und immer gut für einige höchst originelle Gedanken. Wie Sie sich denken können, mag ich sie, wie auch die anderen Mitglieder unserer kleinen Gruppe – sogar Ihren störrischen Vater."

„Ja, das kann er wirklich sein, nicht wahr? Ich war mein ganzes Leben damit konfrontiert, ich weiß also genau, was Sie meinen. Obwohl ich seine Tochter bin und sein einziges Kind, schaffte ich es, ihn zu überreden, mir auch die andere Seite seiner Natur zu zeigen. Er hat eine, müssen Sie wissen. Er ist störrisch, aber fürchterlich loyal. Er steht zu seinen Ansichten, ist aber nichtsdestoweniger bereit, sie zu ändern, wenn die Argumente ihn überzeugen. Andererseits, wenn er eine Entscheidung trifft, bleibt er dabei durch Dick und Dünn. Wie Sie erraten haben werden, habe ich eine große Schwäche für ihn. Obwohl ich mich davon niemals über seine wahre Natur blenden lassen werde."

„Sie klingen, als hätten Sie eine gute Beziehung zu ihm?"

„Wenn ich diesen Eindruck mache, warum soll ich mit Ihnen darüber streiten?"

Darauf schien es keine passende Antwort zu geben, also beschloß ich, den Mund zu halten und etwas Tee nachzugießen.

„Sie haben zuvor einen Professor erwähnt. Wie gehört der dazu?"

„Der Professor ist der Jolly Joker in unserer Gruppe. Er hinterließ während der Konferenz, von der ich Ihnen erzählte, eine Nachricht für mich. Offensichtlich hatte er einen Teil unserer Diskussion mitangehört und mir geschrieben, wir sollten fortfahren, die Vorstellung der Evolution zu untersuchen. Ich erinnere mich bis heute an die Worte in dieser Nachricht an mich: Diskutieren Sie über Evolution, schrieb er. Es könnte das Vernünftigste sein, das Sie seit langer Zeit getan haben. Das waren genau seine Worte. Und wissen Sie, ich glaube, er hatte recht. Jedenfalls dachten wir nicht mehr an ihn, bis er mir plötzlich ein e-mail schickte. Er wollte wissen, ob wir zu irgendwelchen Schlüssen gekommen wären. Und seit damals nimmt er an unserer Gruppe teil, wenn auch niemals physisch anwesend, aber immer sehr stark als Teil der Auseinandersetzung. Er agiert als unser Mentor und zeigt uns neue Richtungen. Gibt uns Hinweise, was uns erwartet."

„Das klingt eher, als würde er Sie manipulieren, als zu erlauben, daß Evolution stattfindet."

„Vielleicht tut er das. Aber ich denke lieber an ihn als an unseren Trainer, der schaut, was wir tun, einige eigene Gedanken hinzufügt und uns dann hinausschickt, damit wir die nächste Etappe zurücklegen. Es funktioniert. Denn es bedeutet, daß wir neuen Schwung bekommen, um mit unseren Treffen fortzufahren."

„Und wie ich vermute, werde ich auch ein neuer Schwung sein?"

„Ich hoffe, Sie werden weit mehr als das sein."

„Also glauben Sie nicht, daß es an der Zeit ist, mir zu erzählen, wie Ihr Vorschlag genau aussieht?"

Ich holte tief Atem, weil ich wußte, daß es an mir liegen würde, diese junge Frau zu überzeugen, mit uns gemeinsame Sache zu machen.

„Wir wollen, daß Sie für uns ein Geschäft betreiben. Nein – bitte warten Sie einen Augenblick, ehe Sie etwas sagen. Als Ihr Vater zum ersten Mal in meine Wohnung kam, war er sehr interessiert an meiner Sammlung moderner Kunst. Ich fand, er hat ein gutes Auge, aber er erzählte mir, daß Sie die Kunstliebhaberin in der Familie seien. Und daß Sie an der Hochschule Kunst studiert haben. Jedenfalls lernte unser Professor vor einigen Jahren einen Mann namens Leonid Khobotov kennen. Er ist sowohl Künstler als auch Kunstliebhaber und lebt in Rußland. Über die Jahre hat er Kontakte zu einer Anzahl lokaler Künstler aufgebaut, deren Arbeiten die Kultur seines Landes reflektieren, wie er sagt. Nicht die Kultur für die Touristen, sondern echte Kunst von ausgesuchten Künstlern. Jedenfalls sucht er jetzt eine Verkaufsstelle für Arbeiten, die von dieser Gruppe von Künstlern produziert werden, am liebsten in London. Und da kommen Sie ins Spiel, Paula. Wir würden gerne wissen, ob Sie bereit wären, eine Kunstgalerie zu führen, die sich auf Arbeiten dieser Künstler spezialisiert."

Erstmals schienen Paula die Worte zu fehlen. Ich blieb still und respektierte ihr Bedürfnis, die Informationen zu verarbeiten, die ich ihr gerade gegeben hatte, und zu entscheiden, ob sie die Idee weiter verfolgen wollte oder nicht.

„Das ist wirklich ein Vorschlag, Geoffrey. Und im Augenblick bin ich zu überrascht, um zu wissen, was ich sagen soll. Es ist ein Angebot für's Leben, wenn Sie mich fragen. Ich frage mich nur, wo die Fäden angebracht sind."

„Keine Fäden, soweit es uns betrifft. Nur die Gelegenheit, den Weg zu beobachten, den Ihr Unternehmen zurücklegt und zu sehen, ob einige unserer Ideen in der Praxis tatsächlich funktionieren."

„Sie werden mir also sagen, was ich zu tun habe?"

„Natürlich nicht – außer Sie fragen uns um Rat. Aber andererseits werden Sie auch voll verantwortlich sein. Zu einhundert Prozent. Alles, worum wir Sie bitten, ist, informiert zu werden."

„Werde ich etwas zu den Arbeiten zu sagen haben, die ausgestellt werden?"

„Ich denke, Leonid wird wollen, daß Sie die Arbeiten ausstellen, die er aussucht. Aber ich glaube nicht, daß er nur einen Strohmann will. Ich habe das Gefühl, er möchte, daß Sie herausfinden, ob es für diese Art Kunst hier in England einen Markt gibt, und ihm dann sagen, welche Werke er schicken soll. Ich glaube, er sucht nach jemandem, der das A und O des Geschäftslebens kennt und ihm hilft, ein gutes Geschäft aufzubauen."

„Ich bin nicht sicher, ob ich all das glauben kann. Meinen Sie nicht, daß es hier einen Markt für Ostblockkunst gibt?"

„Ich sehe nicht, warum nicht. Solange die Preise korrekt sind und die Qualität stimmt. Das ist immer ein wichtiger Teil des Handels. Aber ich nehme nicht an, daß ich Ihnen das erzählen muß. Und es würde helfen, wenn einige der Künstler in Mode kämen. Das ist der einzige Weg, um eine Schlange potentieller Käufer zu garantieren."

„Sind Sie nicht besorgt über den Zusammenprall der Kulturen, den das mit sich bringen könnte?"

Ich lächelte innerlich, amüsiert, daß sie ihren Finger auf einen zentralen Punkt unseres Experiments gelegt hatte. Ich fragte mich, ob ich diesen Punkt vor ihr ausbreiten sollte. Schließlich entschied ich mich, es kurz zu halten.

„Ehrlich gesagt, Paula, das ist eines der Dinge, die wir herausfinden wollen. Ich kann Ihnen jetzt wirklich keine endgültige Antwort geben. Ich glaube, wie ich gerade sagte, daß es für diese Art Kunst unter dem kaufenden Publikum einen Markt gibt. Ob das Klientel groß oder klein sein wird, ist etwas, das wir abwarten müssen. Und ich hoffe, Sie werden diese Antwort akzeptieren, denn ich möchte im Augenblick eher nicht mehr sagen. Ich hoffe, Sie verstehen."

Der Blick, den sie mir zuwarf, sagte mir, daß sie verstanden hatte – aber nicht ganz glücklich damit war. Sie schien dran zu sein, die Sache weiter zu verfolgen, aber dann zuckte sie in Gedanken mit den Achseln und kam zu ihrem letzten Punkt.

„Was ist mit den finanziellen Aspekten des Geschäftes?"

„Ich habe dieses e-mail von Professor Wiggins bekommen, bevor ich das Büro verließ. Ich habe für Sie eine Kopie davon gemacht. Ich denke, es erklärt alle Seiten des Geschäftes sehr deutlich. Aber sagen Sie – wie gefällt Ihnen die Idee? Sind Sie interessiert?"

„Ich wäre verrückt, wenn ich es nicht wäre. Meine eigene Galerie – das war immer mein Traum. Ich kann an diese Zufälligkeiten nicht glauben."

„Glauben Sie dran", sagte ich. „Sie passieren ständig."

☆

„Sie hat also zugestimmt, nicht wahr?" fragte Claire.

Wir alle waren in ihrer Wohnung versammelt – es war das erste Mal, daß wir uns dort trafen, aber sie mußte am nächsten Morgen sehr früh aufstehen, und so war es für uns angemessener, zu Claire zu kommen als es für sie gewesen wäre, zu einem von uns zu kommen –, und ich hatte gerade einen kurzen Bericht von meinem Treffen mit Paula gegeben.

„Ja. Sie ist sehr aufgeregt wegen des ganzen, aber sie möchte noch etwas Zeit, um alles in den Blick zu bekommen. Sie hatte eine Menge sehr scharfsinniger Kommentare über die geschäftliche Seite der Sache. Wollte alles wissen über Startkapital, Räumlichkeiten und dergleichen. Ich sagte, wir würden ihr jede nötige Unterstützung anbieten, würden aber erwarten, daß sie ein brauchbares wirtschaftliches Konzept vorlegt. Sie sagte, sie würde bis zum Ende der Woche ein Papier für uns zusammenstellen. Ich war sehr beeindruckt von der Art, wie sie geradewegs in Aktion übergegangen ist. Offensichtlich möchte sie die Idee in einen gangbaren Vorschlag umsetzen."

„Klingt ziemlich nach Ihnen, David", meinte Dory.

„Im Laufe der Jahre hat sie ein paar gute Sachen von mir angenommen." David verzog das Gesicht, als wir alle aufstöhnten.

„Wie sind Sie verblieben?"

„Im wesentlichen wird sie jetzt eine Konzept erstellen und nach geeigneten Lokalen suchen. Außerdem möchte sie einige der Arbeiten sehen, die sie in der Galerie ausstellen soll. Ich denke, ich werde mit Wiggins sprechen und diesen Leonid dazu bringen, einige Beispiele herüberzuschicken – einige Photos würden uns helfen, eine Vorstellung zu bekommen, welche Art Kunst wir erwarten dürfen."

„Ich vermute, Sie werden sich die Arbeiten auch ansehen wollen, Geoffrey", sagte David.

„Ich werde, aber nur aus Interesse."

„Aber Sie kennen sich mit Kunst aus."

„Ich sammle sie. Paula ist die Expertin. Und ich denke, wir sollten alles ihr überlassen, meinen Sie nicht? Sonst werden wir das Geschäft für sie führen, und das würde das Ziel der Übung zerstören."

„Ich stimme Geoffrey zu", sagte Dory. „Wir müssen Paula unsere Unterstützung geben. Aber wir dürfen uns nicht einmischen. Das wäre ihr gegenüber nicht fair. Sie hat die Verantwortung. Und so soll es auch sein."

6. Zur Veränderung bereit?

Drei Wochen später erhielt ich einen Anruf von Paula: Sie hatte geeignete Räumlichkeiten für die Galerie gefunden. Aber ehe sie die letzte Entscheidung traf, wollte sie, daß ich es mir ansah und meine Meinung dazu sagen. Eilig sagte ich zu.

Die Galerie – oder das, was sie hoffte, bald zu einer machen zu können – lag in einer dieser typischen Londoner Straßen, die sich zwischen Baker Street und Marylebone High Street versteckten. Es war, darauf bestand sie, eine gute Nachbarschaft für eine Galerie, da die Geschäfte in dieser Straße zum Exklusiven neigten. Es gab nicht nur zwei oder drei andere Galerien, sondern auch eine Auswahl von Boutiquen, in denen die neueste Mode verkauft wurde, und Geschäfte für hochspezialisierte Waren wie barocke Holzinstrumente, tropische Fische oder Schachzubehör. Sie würde sich in dieser Umgebung sehr wohl fühlen – sofern ich ihr meinen Segen gab.

Wir trafen uns vor dem Lokal, wo ein Vertreter des Maklers eifrig darauf wartete, jede Frage zu beantworten, die wir stellen könnten. Wie ich wußte, war das Geschäft in dieser Branche alles andere als lebhaft.

Die Hauptgalerie war groß und luftig, mit einer Menge Tageslicht und gut abgegrenzten Wänden, die so wichtig sind, um Gemälde aufzuhängen. Die breite Auslage garantierte einen deutlichen Anblick der ausgestellten Arbeiten; andererseits bot ein schmalerer Bereich im hinteren Teil des Lokals eine gewisse Privatheit, um Geschäfte abzuschließen, was für viele Klienten von besonderer Wichtigkeit sein konnte. Ein dritter kleiner Raum würde, wie Paula mir gegenüber betonte, das ideale Büro für sie selbst abgeben. Aber was für sie alles entschied, war der sehr große Lagerbereich im hinteren Teil der Räumlichkeiten. „Ich brauche einen Platz, um die Werke zu lagern, die nicht sofort gezeigt werden. Schließlich kann man nicht von mir erwarten, daß ich monatelang dieselben Werke in der Galerie behalte. So lockt man keine Kunden an. Ich werde die Möglichkeit brauchen, Veränderungen an der Ausstellung vorzunehmen."

All das machte eminent viel Sinn, obwohl die Lage und die Größe der Räumlichkeiten mich fragen ließ, ob Paula nicht etwas zu hoch hinauswollte mit diesem, ihrem ersten geschäftlichen Unternehmen.

Ich drehte mich zu dem jungen Mann um, der den Makler vertrat, und fragte ihn, was das alles kosten würde. Er öffnete hastig eine zerfledderte Mappe und begann, nach einem Stück Papier zu suchen.

Währenddessen sah mich Paula an und bedeutete, daß sie mich unter vier Augen sprechen wollte.

„Würden Sie uns für einen Augenblick entschuldigen?" fragte sie und führte mich in den kleinen Raum, den sie für ihr Büro vorgesehen hatte.

Als wir eintraten, drehte sie sich um und sah mir in die Augen.

„Geoffrey – danke, daß Sie gekommen sind, um sich das mit mir anzuschauen. Ist es für eine Galerie geeignet?"

„Ganz bestimmt", sagte ich. „Nette Gegend. Gute Nachbarn. Die richtige Art Gefühl zu den anderen Geschäften hier. Gut erreichbar. Ja – es scheint ideal zu sein."

„Gut. Das ist es, was ich hören wollte. Also kann ich jetzt in die Verhandlungen eintreten."

Die Betonung, die sie auf das Wort „ich" gelegt hatte, war mir nicht entgangen. Sie versuchte mir auf die nettestmögliche Art mitzuteilen, daß ich mich um meine eigenen Angelegenheiten kümmern und das ihr überlassen sollte. Ich fühlte mich verletzt – aber dann erkannte ich, daß das eine dümmlich unprofessionelle Reaktion war. Wir hatten zuvor vereinbart, daß sie die Firma leiten würde. Und jetzt stellte sie mich auf die Probe: Würde ich Wort halten?

„Sie haben völlig recht", sagte ich und beugte mein Haupt in Anerkennung ihrer Position. „Wenn Sie irgendwelche Hilfe brauchen, lassen Sie es mich wissen. Nur eines im voraus: Er will einen Mieter für das Lokal finden. Nutzen Sie dieses Wissen für Ihre Verhandlungen – aber sorgen Sie dafür, daß er nicht das Gefühl hat, daß Sie ihn über den Tisch ziehen wollen."

„Sie meinen, ich soll ihn fühlen lassen, daß er ein gutes Geschäft macht?"

Das Zwinkern in ihren Augen verriet mir, daß es an Davids Tochter viel mehr gab als nur Kenntnisse der Kunst und ein prächtiges Äußeres.

Als wir gingen, hatte Paula wirklich ungewöhnliche Konditionen mit dem jungen Mann ausverhandelt, der von der jungen Frau ebenso beeindruckt war wie ich. Ob ihr Charme irgend etwas mit dem Mietvertrag zu tun hatte, dem er schließlich zustimmte, ist etwas, das ich niemals sicher wissen werde.

Da es fast ein Uhr war, schlug ich vor, wir sollten gemeinsam essen. Zu meiner Freude stimmte sie zu.

Das war erst das zweite Mal, daß ich Paula getroffen hatte, aber ich begann schon Bewunderung für diese junge Frau zu fühlen. Sie hatte die ihr angebotene Gelegenheit ergriffen und den Anfang von etwas Realem daraus gemacht. Ich bewundere solche Entschlossenheit bei jedem – und ganz bestimmt bei jemandem, der so jung an Jahren ist. Vielleicht bin ich altmodisch, aber ich erwarte immer, daß die Jungen so unerfahren und unbeholfen sind wie ich in ihrem Alter.

„Also – wie geht es Ihnen?" fragte ich, nachdem wir uns gesetzt und etwas Mineralwasser bestellt hatten.

„Ich habe immer noch einige Schwierigkeiten zu glauben, daß das wirklich passiert. Das ist das, wovon ich immer geträumt habe – und da ist es, und es geschieht aus heiterem Himmel. Ich finde es sowohl aufregend als auch erschreckend. Ich muß zugeben, ich habe manchmal kalte Füße bekommen. Es ist fast, als ob ich wünschte, daß es passiert, aber zugleich fürchte ich mich, wenn es losgeht."

„Ist das nicht natürlich? Schließlich wird das eine enorme Veränderung in Ihrem Leben bedeuten. Plötzlich sind Sie nicht mehr jemand, der irgendwann in der Zukunft eine Galerie eröffnen will, sondern wirkliche Besitzerin eines – hoffentlich – respektablen Unternehmens, das sich einen Ruf erwerben wird. Das ist eine große Chance. Und ich denke, es wird einige Zeit dauern, bis Sie damit zurechtkommen werden."

„Ich denke, Sie haben recht. Ich frage mich gerade, ob ich die richtige Person für den Job bin. Schließlich habe ich keine wie auch immer geartete Erfahrung. Und Sie haben keine wirkliche Vorstellung davon, ob ich der Herausforderung gewachsen bin."

„Verkaufen Sie sich nicht unter Ihrem Wert, Paula. Ich habe gesehen, wie Sie vorhin mit dem armen jungen Mann verhandelt haben. Sie sind dem schon gewachsen. Daran besteht kein Zweifel."

„Das war nichts besonderes. Ich habe einfach so getan, als würde ich versuchen, die Miete für meine Wohnung herunterzuhandeln. Damit habe ich eine Menge Erfahrung, und da habe ich auch überhaupt keinen Unterschied bemerkt. Alles, was ich wollte, war, das bestmögliche Geschäft zu machen. Und er wollte auch das bestmögliche Geschäft machen. Wir beide wußten, daß wir noch etwas zulegen würden müssen. Und das haben wir getan. So einfach ist das."

„Natürlich ist es das. Aber nur wenige Menschen erkennen, daß es einen natürlichen Widerstand gegen Veränderung gibt. Ob der Wandel in einer Firma stattfindet, in einem sozialen System oder in unserem persönlichen Leben. Wir alle haben einen wirklichen Argwohn gegen Veränderung. Und deshalb tun wir genau das, was Sie vor einer Minute getan haben: Einwände gegen die Veränderung aufwerfen. Entschuldigungen suchen, warum Veränderungen verhindert werden sollten, sogar diejenigen, die wir am liebsten geschehen lassen würden. Ich tue das. Sie tun das. Jeder tut das. Aber das Traurige ist – wir geben sehr selten zu, daß wir es tun. Und das Ergebnis ist allzu oft, daß wir die Veränderungen nicht stattfinden lassen. Wir finden Wege, um auf dieselbe alte Weise weiterzumachen."

Ich hielt für einen Augenblick inne und fragte mich, wie weit ich gehen sollte. Aber ich stellte fest, daß dies ein wichtiger Augenblick in Paulas Karriere war, und daß ich verpflichtet war, ihr dabei zu helfen, das zu verstehen, was geschah.

„Paula, Sie sind an der Schwelle zu der größten Chance Ihres Lebens. Sie werden von einer Träumerin zu einer Macherin werden. Von der Ex-Studentin zur Unternehmerin. Das sind höchst bedeutende Veränderungen. Und es ist kaum überraschend, daß Sie auf eine Weise reagieren, wie unter diesen Umständen jeder reagieren würde: Sie schaffen Gründe, um den Status quo aufrecht zu erhalten. Aber jetzt müssen Sie ehrlich zu sich selbst sein. Ist es das, was Sie tun möchten? Was Sie wirklich tun möchten? Oder tun Sie es nur, weil sich die Gelegenheit dazu von selbst ergeben hat? Einfach mit dem Strom schwimmen? Denn wenn das der Fall ist, dann sollten Sie jetzt vielleicht aufhören. Aber wenn das wirklich die Veränderung ist, die Sie in Ihrem Leben vornehmen wollen, dann tun Sie es. Mit ganzer Hingabe. Denn nur dann können Sie hoffen, einen Erfolg daraus zu machen."

Ich blickte sie an und hob das Glas Mineralwasser.

„Also, Paula, was tun wir? Trinken wir auf den Wandel – oder auf den Status quo?"

Sie sah mich an und hob ihr Glas. Mit einem plötzlichen Lächeln, das das ganze Restaurant zu erhellen schien, sagte sie: „Auf den Wandel."

☆

„Sind Sie in Ihren Kommentaren immer so direkt, wie Sie es mir gegenüber waren?"

Wir hatten das Essen beendet und waren zu Kaffee und Tee übergegangen. Es war ein sehr erfreuliches Intermezzo gewesen. Paula hatte sich als unterhaltsame und höchst intelligente Tischgesellschaft erwiesen, und ich hatte ihre Gesellschaft enorm genossen.

Unser Gespräch hatte sich um viele verschiedene Dinge gedreht. Natürlich war Kunst ein immer wiederkehrendes Thema gewesen, aber auch unsere kleine Gruppe von Partnern in Sachen Evolution. Ich erkannte, wie wichtig beide Themen für mich in dieser Lebensphase waren.

Etwas, das ausführliche Diskussion nach sich zog, war ein Paket von Photographien, die Leonid an Paula geschickt hatte. Jetzt gab es zumindest einen Eindruck der Kunst, die sie repräsentieren würde.

Ich nahm die Photographien und betrachtete sie mit Interesse. Es war ganz und gar nicht, was ich erwartet hatte, sondern etwas von der aufsehenerregendsten Kunst, die ich seit vielen Jahren gesehen hatte. Es war aggressiv und doch sinnlich; aufdringlich und doch maßvoll. Es war, schien es, eine Kunst voller Konflikte, die nebeneinander existierten. Und ich erkannte sofort, daß es Kunst war, die eine sofortige Reaktion in etablierten Kritikerkreisen verursachen könnte. In Kreisen, die Veränderungen noch weniger zugetan waren als jeder andere.

„Ich denke, wir haben etwas ziemlich Einmaliges vor uns", sagte ich und gab Paula die Photos zurück. „Was ist Ihr Eindruck?"

„Oh, ich sehe das genauso. Ich war erstaunt, als ich sie zum ersten Mal sah. Ich hatte irgendwie kleine Gemälde erwartet, von Winterpalais und schneebedeckten Landschaften. Ich hätte niemals irgend etwas von so intensiver Wirkung wie das da erwartet. Ich hoffe nur, der Rest wird von derselben Qualität sein."

„Ja, die Qualität ist außergewöhnlich. Und so augenscheinlich. Das ist wirklich erstaunlich. Daß Leonid imstande gewesen sein soll, eine so bemerkenswerte Sammlung von Werken lokaler Künstler zusammenzutragen. Ich bin überzeugt, daß dies erst die Spitze des Eisberges ist. Es muß da draußen eine reiche Ader geben, die bisher unentdeckt geblieben ist. Ich finde das ungeheuer aufregend. Und das ist einer der Gründe, warum ich will, daß dieses Unternehmen Erfolg hat. Mehr als irgend etwas, mit dem ich mich bisher beschäftigt habe."

„Sie lieben Kunst wirklich, nicht wahr, Geoffrey?"

„Ich denke, jeder hat eine Leidenschaft in seinem Leben. Bei mir ist es eben Kunst. Offensichtlich ist mir mein Geschäft ungeheuer wichtig. Aber Kunst ist etwas, das mir tiefe Befriedigung verschafft. Ich könnte ohne sie nicht leben? Und Sie?"

„Nein, das könnte ich nicht. Früher dachte ich, daß sie meine wahre Natur sei. Und obwohl sie wichtig ist – äußerst wichtig –, glaube ich, daß ich es geschafft habe, sie in die richtige Perspektive zu bringen."

„Sie klingen, als hätten Sie Ihr Leben perfekt unter Kontrolle."

„Das dachte ich auch. Bis das hier geschah. Jetzt scheint mein ganzes Leben ins Chaos gestürzt worden zu sein. Es war immer so stabil. So vorhersagbar. Jetzt scheint alles auf dem Kopf zu stehen. Instabilität ist sicher Tagesbefehl."

„Ich bin so froh", sagte ich und fühlte das Glühen in meinen Augen.

„Sie sind was?"

„Ich sagte, ich bin froh."

„Sie sind froh, daß mein Leben in Instabilität gestürzt wurde?"

„Ganz bestimmt. Das ist das Beste, das Ihnen passieren hatte können."

„Geoffrey, ich wünschte, Sie wären ernst."

„Aber Paula, das bin ich. Todernst. Denn Instabilität ist ein ernstes Geschäft. Sie ist das, was aus dem Leben das macht, was es ist. Ohne Instabilitäten gibt es kein Leben. Und ich meine das sehr buchstäblich. Instabilität und Chaos sind die wahre Natur des Lebens."

Paula saß nur da, und ihr Blick zeigte, daß sie sich fragte, ob ich gerade meinen Verstand verloren hatte. Ich wußte, ich würde schnell etwas sagen müssen, ehe meine ganze Glaubwürdigkeit verloren ging.

„Paula – schauen Sie mich nicht an, als wäre ich verrückt. Ich bin nicht verrückt. Tatsächlich bin ich ernster, als ich es seit langer Zeit gewesen bin. Lassen Sie mich versuchen zu erklären. Wir haben doch immer diese Schwierigkeiten mit Brüchen. Wir wollen uns nicht verändern. Wir wollen, daß alles so bleibt, wie es immer gewesen ist. Veränderung bedeutet Bedrohung. Wir wollen sicherstellen, daß alles streng unter Kontrolle gehalten wird. Sorgfältig einschränkt auf seine zugewiesene Stelle.

Aber in solch einem Vakuum kann Leben nicht existieren. Das Leben braucht Veränderung. Das Leben braucht Unordnung. Das Leben braucht Chaos."

„Warten Sie eine Minute, Geoffrey. Ich muß Sie unterbrechen. Sie können nicht Chaos mit Leben gleichsetzen: Es ist das gerade Gegenteil davon. Es ist die Schattenseite. Es ist die Leere. Es ist die Antithese zu allem, das vital und lebendig ist."

„Das ist die allgemeine Ansicht. Aber es gibt überall genügend Beweise für das genaue Gegenteil. Nehmen Sie nur die Medizin. Dort hat man gezeigt, daß chaotisches Verhalten ein sehr grundlegendes Merkmal des Lebens ist. Wir sprechen vom Herzschlag als von etwas Rhythmischen, Melodischen, immer Gleichem. Aber das ist nicht wahr. Unser Herzschlag variiert. Er verändert sich. Er wird schneller und langsamer. Er verändert seine Geschwindigkeit, genauso wie das Leben seine Geschwindigkeit ändert. Der Gedanke an einen monoton regelmäßigen Herzschlag schlägt den medizinischen Wissenschaften ins Gesicht. Denn der einzige Zeitpunkt, zu dem der Herzschlag wirklich absolut regelmäßig ist, ist, wenn jemand im Koma liegt. Oder wenn der Tod sehr nah ist. Und keiner dieser Zustände hat irgend etwas mit Leben zu tun.

Das Herz ist ein Symbol des Lebens. Nicht wegen seiner Stabilität, sondern wegen seiner Fähigkeit, sich wechselnden Umständen anzupassen. Es verändert sich sofort. Fein. Aber immer genau. Immer mit der richtigen Geschwindigkeit für den gegebenen Moment, die gegebene Zeit. Es ist dieses chaotische Verhalten, das aus dem Herzen ein Symbol für das Leben gemacht hat."

Paula blieb für einen Augenblick still, und ihr Gesichtsausdruck sagte mir, daß sie über die Implikationen all dessen nachdachte. An einem Punkt schien sie schon drauf und dran, eine Frage zu stellen, aber dann überlegte sie es sich offensichtlich und verharrte in gedankenvoller Stille. Ich hielt es für angebracht, sie selbst darüber entscheiden zu lassen, wann sie die Stille wieder unterbrechen wollte, denn sie war ganz klar diejenige, die das Recht zu antworten hatte.

Zuletzt nahm sie ihre Tasse, trank die letzten Tropfen Tee und stellte die Tasse wieder auf die Untertasse. Dann wischte sie sorgfältig die Spuren des Tees aus ihren Mundwinkeln und, anscheinend zufrieden, legte die gebrauchte Serviette auf den Teller.

„Geoffrey", sagte sie schließlich, „offensichtlich erwarten Sie irgendeine Reaktion meinerseits auf all das. Und ganz ehrlich, ich weiß nicht so recht, ob ich Ihnen im Augenblick eine geben kann. Was Sie sagen, scheint allem ins Gesicht zu schlagen, das wir für wahr halten. Und zur selben Zeit ist es so eminent vernünftig und so gut argumentiert, daß ich es nicht von der Hand weisen kann. Ich mag nur einfach nicht denken, daß mein Leben von chaotischen Bedingungen abhängt. Das scheint alles so unkontrollierbar zu machen."

„Aber darum geht es ja", unterbrach ich sie, obwohl ich mir geschworen hatte, es nicht zu tun. „Unsere kleine Gruppe hat, wie Sie wissen, über die Evolution diskutiert. Es war eine Idee, die von uns kam, und Professor Wiggins ermutigte uns, sie zu verfolgen. Evolution basiert auf Chaos. Ganz klar. Sie ist nicht vorhersagbar. Sie folgt keinen klaren vorbestimmten Mustern. Sie hängt vom Chaos ab. Sie lebt vom Chaos. Und jeder Versuch, sie zu organisieren, wird unzweifelhaft zu einem Versagen führen."

Paula schien etwas sagen zu wollen, aber ich hob meine Hand.

„Bevor Sie etwas sagen: Das alles erinnert mich an etwas, das auf mich beachtlichen Eindruck gemacht hat, als ich das erste Mal davon hörte. Es ist ein Beispiel dafür, wie es möglich ist, Chaos und Evolution aus der Welt zu organisieren. Bei einem der vielen Managementseminare, die ich in meinem Leben besucht habe, hörte ich der Präsentation von jemandem von Texas Instruments zu. Einige Jahre zuvor, lange bevor elektronische Datenübertragung Allgemeingut wurde, entschloß sich Texas Instruments, ein höchst elegantes System für Datenübertragung und Kontrolle über ihr gesamtes weltweites Netzwerk zu installieren. Das System wurde ausschließlich zu dem Zweck entworfen, sicherzustellen, daß Innovationen ordentlich organisiert und gemanagt wurden, egal, ob sie bottom-up oder top-down auftauchen. Das System, wie der Sprecher es uns erklärte, schien absolut superb.

Das Berichtssystem war darauf zugeschnitten, jedes einzelne Investmentprojekt zu beurteilen und zu kontrollieren, das zur Unterstützung der Strategie und der Ziele der Firma geplant wurde. Alles war in Betracht gezogen worden. Und das schließliche Ergebnis war, daß es das genaue Gegenteil von dem bewirkte, wofür es entworfen worden war. Denn es lähmte Texas Instruments völlig. Sie waren nicht mehr länger imstande, schnell genug auf den Markt zu reagieren. Nicht mehr imstande, interne Veränderungen schnell genug zu schaffen.

Sehen Sie, das zeigt meinen Standpunkt. Texas Instruments wollte das Chaos beseitigen. Sie wollten auf Stabilität hin regulieren. Und sie entschlossen sich, genau dort anzusetzen, wo das Chaos am besten gedeihen kann. Denn Innovation ist wie Evolution: Sie kann nicht organisiert werden. Sie muß spontan entstehen. Wenn wir versuchen, sie zu organisieren, wird sie einfach nicht stattfinden."

Als sie sah, daß ich in meinen Ausführungen eine natürliche Pause erreicht hatte, ergriff Paula wieder das Wort. „Dann behaupten Sie also, daß eine Firma ihr Schicksal dem Zufall überlassen muß? Sagen Sie, beispielsweise, daß jeder Erfolg, den ich mit der Galerie haben werde, einfach passieren wird, und daß ich nicht das Geringste tun kann, um das zu beeinflussen? Sagen Sie, daß Manager keine Kontrolle oder was auch immer über das Schicksal ihrer Firmen haben?"

Paula sah mein Lächeln und fragte sofort: „Was ist so lustig?"

„Entschuldigen Sie", sagte ich, „aber für einen Augenblick glaubte ich, Ihren Vater sprechen zu hören. Es tut mir leid, wenn ich unhöflich erscheine. Verzeihen Sie mir bitte. Und lassen Sie mich Ihre Fragen beantworten.

Nein, natürlich meine ich nicht, daß alles, was mit einer erfolgreichen Firma passiert, aus Zufall passiert. Das ist nicht der Lauf der Dinge. Aber eine erfolgreiche Firma ist eine, die dem Chaos so zu existieren erlaubt, daß es eine fruchtbare Grundlage für Evolution bietet. Manchmal schafft es Bedingungen, die Produkte oder Dienstleistungen entstehen lassen, um schließlich dem Markt die Entscheidung zu überlassen, welche davon die Tüchtigsten sind und die Richtigen, um sich des Überlebens erfreuen zu dürfen.

Wenn ich das alles in den Kontext Ihrer Galerie stelle – und ich frage mich, ob ich das soll, denn das könnte Ihre Handlungen beeinflussen und deshalb unser kleines Experiment verderben –, dann denke ich, daß Sie wegen des neuen Konzeptes und wegen der Qualität der Arbeiten zunächst Erfolg haben werden. Qualität und Preis und Originalität werden die Hauptfaktoren sein, die über den Erfolg entscheiden. An diesem Punkt können Sie sich entscheiden, den Status quo abzusichern und sicherzustellen, daß alles auf dieselbe Weise weitergeht. Ich wäre enttäuscht, wenn Sie das täten, aber es wäre eine Möglichkeit. Andererseits könnten Sie entscheiden, daß Sie Ihr Geschäft ausweiten wollen. Neue Künstler suchen. Neue Kunststile. Oder daß Sie die Anzahl der Verkaufsstellen für Ihre Künstler erhöhen. Wenn Sie in Ihren Gedanken so rigide geworden sind, daß es keinen Platz für Spontaneität des Denkens gibt, dann werden Sie niemals den Weg einschlagen, der zu einem sogar noch größeren Erfolg führen könnte. Sie werden sich niemals verändern. Sie werden sich der Stabilität in die Arme werfen. Sie werden einen regelmäßigen Herzschlag geschaffen haben. Regelmäßige Gehirnaktivität. Und als Ergebnis wird Ihre Firma ins Koma fallen. Ohne echtes Leben in sich."

Paula zögerte und nickte dann.

„Sie können sehr überzeugend sein, wenn Sie wollen, Geoffrey. Und die Szenarien, die Sie entworfen haben, beweisen Ihren Standpunkt sehr eloquent. Also wird es Chaos sein."

Sie blickte auf ihre Uhr und winkte dann nach der Rechnung. Ich kam ihr zuvor.

„Nein, Paula, das geht auf mich. Sie haben genügend finanzielle Angelegenheiten, über die Sie sich sorgen können, auch ohne mich zum Essen einzuladen. Übrigens, wann werden Sie imstande sein, dieses Geschäftskonzept fertig zu haben? Ich bin sicher, daß alle schon ganz begierig darauf sind, Ihre Pläne kennenzulernen."

„Ich sollte bis zum Ende der Woche fertig sein. Jetzt, wo weiß ich, daß ich einen Platz habe, um eine Galerie zu eröffnen, und was das kosten wird, sollte ich in der Lage sein, Ihnen eine ziemlich genaue Prognose zu geben. Ich werde sie Ihnen am Freitag ins Büro schicken lassen. Gut?"

„Fein. Dann berufe ich für Freitag Abend ein Treffen ein."

☆

„Ich denke, das deckt wirklich alles sehr gut ab", sagte Claire und legte ihre Kopie des Plans wieder hin, der an diesem Morgen in meinem Büro eingetroffen war.

„Ich auch", stimmte Dory zu. „Ihre Tochter gereicht Ihnen sicherlich zur Ehre, David. Ich hoffe nur, Sie ist nicht so halsstarrig und dogmatisch wie Sie."

„Dogmatisch? Halsstarrig? Ich? Kommen Sie, Dory, seien Sie fair. Ich verteidige einfach meine Position, das ist alles. Vielleicht sind Sie das nicht gewohnt. Das oder den Umstand, daß andere Leute sogar eine eigene Meinung haben. Ich weiß, daß das heutzutage als Seltenheit gilt."

„Na, na, wir sind aber ziemlich von uns selbst überzeugt, nicht?" mischte sich Claire ein, die offensichtlich wieder die Gelegenheit zu einem verbalen Schlagabtausch mit David genoß. „Ich hoffe, Ihre Tochter hat das nicht auch von Ihnen. Das würde sie völlig widerlich machen."

„Gut, gut", ging ich dazwischen und versuchte heftig, die Heiterkeit zu unterdrücken, von der jeder wußte, daß sie direkt unter der Oberfläche dieser ständigen Neckereien lag. „Machen wir weiter. Sie alle haben das Konzept. Ich für meinen Teil halte es für ein exzellentes Stück Arbeit. Die Räumlichkeiten sind sehr geeignet, und die Kunstwerke sind erstaunlich. Ich glaube wirklich, daß wir da in der Tat an etwas potentiell sehr Gutem dran sind. Tatsächlich habe ich das Gefühl, daß Paula in ihrer Prognose eher konservativ gewesen ist. Das Gewinnpotential könnte weit höher sein als sie in diesem Konzept vorsieht."

„Es ist nichts Falsches daran, konservativ zu sein", sagte David mit kaum verborgener Verteidigungsbereitschaft.

„Natürlich nicht. Sicher nicht am Beginn eines Unternehmens. Und es war nicht als Kritik an Ihrer Tochter gemeint."

„Ach, kommen Sie", sagte Dory mit einem Blick der Verärgerung. „Ich hoffe, wir werden jetzt nicht die ganze Zeit auf rohen Eiern laufen müssen, nur weil Paula Davids Tochter ist. Hier geht es darum, ein Geschäft zu führen – und nicht darum, Pluspunkte zu sammeln. Sie werden aufhören müssen, sie zu verteidigen, David. Das ist ganz wesentlich. Geoffrey hat sie getroffen und uns einen günstigen Bericht gegeben. Wir haben die Dinge in Bewegung gesetzt. Jetzt müssen sie laufen. Aber wir können uns nicht jedes einzelne Mal entschuldigen, wenn wir eine andere Bemerkung machen als dümmliche Lobeshymnen."

Für einen Augenblick waren alle still, dann sagte David.

„Akzeptieren Sie bitte meine Entschuldigung. Sie alle. Ich benehme mich immer noch wie eine Mutter, die ihren Nachwuchs begluckt. Ich vermute, es ist nur natürlich für einen Vater, daß er seine Tochter beschützen möchte. Aber das ist keine Entschuldigung für die Art, wie ich sie auf Schritt und Tritt verteidige. Ich werde versuchen, mich zu bessern."

„Und wenn Sie das nicht tun", sagte Claire, die wieder einmal diejenige war, die zu wissen schien, wie die Spannung abzubauen war, „werden wir hier sein, um Sie unter Kontrolle zu halten. Jetzt, da wir das offen ausgesprochen haben, machen wir weiter mit unserem Treffen. Ich stimme Geoffrey zu. Die Profiterwartungen sind konservativ, aber auch ich bevorzuge das am Beginn eines jeden neuen Geschäftes. Eine Überschätzung des Erfolges ist genau der eine Fehler, an dem zu viele junge Geschäftsleute leiden. Paula ist vernünftig, wenn sie weniger ansetzt als sie zu machen erwartet. Auf diese Weise kann sie sicher sein, daß sie in die Gewinnzone kommt, sogar wenn sie nicht mit vollem Potential tätig wird. Sie hat ihren Kopf recht fest auf. Nicht schlecht für eine Anfängerin."

„Stört es jemanden, wenn ich zustimme?“ fragt David mit ernstem Gesicht und grinsenden Augen. „Ich möchte Sie fragen, Geoffrey, ob die Kunst wirklich von solcher Qualität ist wie Paula hier behauptet? Schließlich ist das der entscheidende Faktor in der Erfolgsgleichung.“

„Leonid hat uns einige Photographien geschickt, und ich fand sie überwältigend. Auch Paula. Offensichtlich gibt es in der Gleichung immer noch eine Menge Unbekannte. Zum Beispiel müssen wir uns fragen, ob die Photographien, die Leonid uns geschickt hat, repräsentativ für die anderen Arbeiten in seiner Sammlung sind. Oder sind das diejenigen, die aus einer mittelmäßigen Umgebung herausstechen? Ich kann es nicht sagen. Ebensowenig kann Paula das, ehe sie die Möglichkeit hat, die Werke selbst anzusehen. Und ich finde, das sollte ihr nächster Schritt sein: einen Besuch mit Leonid zu verabreden, damit sie sich treffen und eine Menge Details für die Zukunft ausarbeiten können. Und auch, daß Paula eine Gelegenheit erhält, den Rest der Arbeiten zu sehen und einige der Künstler zu treffen.“

„Glauben Sie, daß das wichtig ist?“ fragte Dory.

„Sehr wichtig. Die Kunstwelt kauft nicht einfach Kunst. Sie kauft Kunst eines bestimmten Künstlers. Der Künstler ist die Ware, und nicht die Arbeiten, die er produziert. Wenn Paula erfolgreich sein soll, wird sie also die Künstler ebenso aggressiv zu vermarkten haben, wie sie ihre Werke vermarktet. Ich bin sicher, mit ihrem Hintergrund in Kunst ist sie sich dessen völlig bewußt. Aber es wird bedeuten, daß sie in den richtigen Kreisen ein Bewußtsein für diese Künstler aufzubauen haben wird.“

„Und wie wird sie das machen?“ fragte Claire.

„Genau das ist die Frage, die letztlich über ihren Erfolg oder Mißerfolg entscheiden wird.“

Wir diskutierten eine Weile über das Konzept weiter und sahen uns einige der Vorschläge näher an. In den meisten Fällen akzeptierten wir Paulas Zahlen. Und als wir fertig waren, stimmten wir alle überein, daß es ein exzellentes Stück Arbeit war, und eines, auf das wir alle stolz gewesen wären.

Als wir das erledigt hatten, begannen wir erwartungsgemäß, automatisch den Gegenstand zu diskutieren, der uns ursprünglich zusammengebracht hatte.

„Also“, fragte David, „an welchem Punkt in der Resonanzspirale ist Paulas Firma im Augenblick?“

„David – sogar Sie sollten das sehen“, sagte Dory, und einmal mehr befreite das Lächeln in ihrem Gesicht ihre Worte von jeder Schärfe. „Wir sind ganz am Anfang. Am Autonomiepunkt. Das ist der Augenblick, in dem jemand eine Idee, eine Vision entwickelt. Entsprechend den Diskussionen, die wir gehalten haben, ist dieser Punkt ein Element oder Teil der Gesellschaft. Klarerweise wartet auf Paulas Firma jetzt Autonomie – aber es wird nicht lange dauern. Schließlich sagen wir alle schon jetzt, daß sie Leonid treffen muß und die Künstler, die er vertritt, und das wird sie in die nächste Phase der Spirale bringen – die Phase, in der ihre Vision andere Menschen anzieht und sie begeistert. Das wird hoffentlich dazu führen, daß sich die Gruppe entwickelt und einen Sinn dafür entwickelt, Teil eines Ganzen zu sein. Das ist die Phase der Integration. Ich glaube, daß diese beiden Phasen sehr schnell aufeinander folgen können – wie sie es hier tun. Vielleicht ist das unvermeidlich – schließlich haben nicht viele Menschen, die mit neuen Ideen ankommen, auch die Ressourcen, diese Ideen allein in die Praxis umzusetzen. So ist es eigentlich eine selbstverständliche Folgerung, daß sie sich nach einer Gruppe von ähnlich denkenden Menschen umsehen werden, die zusammenarbeiten werden, um aus dem Unternehmen einen Erfolg zu machen.“

„Dem stimme ich völlig zu“, sagte Claire. „In der Tat brauchen einige Ideen sogar den Input von anderen, um zu funktionieren. Paulas Unternehmen ist ein solches Beispiel. Es könnte gar nicht existieren, wenn sie autonom bliebe. Zumindest nicht so, wie sie es plant. Wenn sie autonom bliebe, dann müßte sie alles selbst machen: bis hin zum Malen der Bilder. Aber das würde bedeuten, daß sie sich tatsächlich in eine Gruppe aufspalten müßte. Sie würde in der Tat eine ganze Reihe von Disziplinen in einer Person kombinieren. Man könnte also sagen, daß sie dann selbst eine Gruppe wäre, und deshalb würde sie sich, auch wenn sie alles selbst machte, zur nächsten Phase der Spirale bewegen, nämlich zur Entwicklung einer Gruppe aus einer Ansammlung von Einzelpersonen.“

„Wissen Sie, Claire“, sagte ich, „so hätte ich das nie gesehen. Aber Sie haben natürlich recht. Um so mehr, als wir ja schon übereingekommen sind, daß eine einzelne Person in sich selbst ein soziales System sein kann. Wir alle sind soziale Systeme – und deshalb können wir alle Elemente der Spirale in uns selbst zeigen.“

„Nun, nicht alle davon“, antwortete Claire und runzelte die Brauen, als sie sich auf die Diskussion konzentrierte. „Wenn unser hypothetischer Künstler die nächste Phase der Resonanzspirale erreicht – wo sich

Wachstum entwickelt und die Gruppe ein Gefühl von Kultur erreicht, sobald Abhängigkeiten sich entwickeln – dann ist das nicht wirklich etwas, das sie von sich aus tun kann. An diesem Punkt bricht die Analogie zusammen. Eine einzelne soziale Einheit kann sich durch die beiden ersten Phasen der Spirale bewegen, aber sie wird nicht die Resonanz haben können, die für produktives Wachstum erforderlich ist. Mit anderen Worten, wir brauchen Wechselwirkungen mit anderen sozialen Systemen – oder anderen Menschen oder einzelnen Elementen – wenn wir uns des Wachstums und der weiteren Entwicklung erfreuen wollen. Das wird sehr deutlich in der nächsten Phase der Spirale – denn dort sehen wir, wie Gruppen wechselseitige Abhängigkeiten ausarbeiten, kulturelle Unterschiede überwinden, Regeln entwickeln und so weiter. Es ist der Prozeß der Bewegung von einer Versammlung von Individuen zur Schaffung einer einzigen Gruppe, mit all den komplexen wechselseitigen Beziehungen, die in jeder Gruppe zu sehen sind, die sich zusammenfindet, um ein bestimmtes Ziel zu erreichen."

„Und nichts bindet eine Gruppe besser als die Herausforderung des Wachstums", sagte David. „Zumindest ist das meine Erfahrung. Geben Sie einer Gruppe ein Wachstumsziel, und jeder in dieser Gruppe wird sein Bestes tun, um das Ziel zu erreichen. Angenommen natürlich, die Gruppe ist motiviert. Es ist mir in meiner Firma aufgefallen. Unlängst reorganisierten wir eine der Abteilungen in eine Anzahl von Geschäftsgruppen. Die Leute fühlten sich eingebunden in diese kleinen Einheiten, als wüßten sie, wo sie hineinpaßten. Und das war ein zusätzlicher Anreiz für sie, Wachstumsziele zu erreichen. Es war, als ob die individuellen Elemente in jeder Geschäftseinheit die organisatorische Struktur verstehen wollten, in der sie arbeiteten, und sehen wollten, wie sie zum Erfolg beitrugen."

„Ich hoffe, Sie behaupten nicht, daß eine Firma Wachstum stimulieren kann, indem sie sich einfach selbst in kleinere wirtschaftliche Einheiten umorganisiert." Ich war besorgt, die Diskussion könnte beginnen, sich eher um organisatorische Inhalte zu drehen als um das umfassendere Thema der Phasen der Resonanzspirale.

„Natürlich nicht. Ich unterstreiche nur etwas, was wir, wie ich glaube, alle instinktiv wissen: Es ist lebenswichtig, das Entstehen von Abhängigkeiten zu stimulieren, denn das hilft bei der Schaffung des Gefühls der Zugehörigkeit und Gemeinsamkeit, das oft einer der wesentlichen Faktoren für Wachstum ist."

„Das Problem ist", sagte Dory, „daß Individuen das Bedürfnis fühlen, während der Wachstumsperiode Teil einer Gruppe zu werden – mit all den kulturellen und organisatorischen Implikationen, die das hat. Aber wenn das Wachstum einmal langsamer wird oder sogar sinkt, dann fühlen die Menschen in einer Gruppe das Bedürfnis, ihre eigene Individualität zu betonen. Darum ist das die nächste Phase. Die Phase, auf der wir erkennen, daß organisatorische Strukturen nicht mehr funktionieren. Wir sehen wieder Individuen auftauchen, und die Schuld für das ausbleibende Wachstum schreiben wir anderen Individuen in der Gruppe zu. In Zeiten wie diesen lernen wir die wahre Natur der Menschen kennen: Dann müssen sie herausstreichen, daß sie individuelle Elemente sind. Und dann beginnt die Spirale wieder von vorne."

„Und genau in diesem Augenblick sollte dem Chaos freie Hand gelassen werden."

„Jetzt warten Sie mal eine Minute, Geoffrey", sagte David, der von meiner schlichten Bemerkung offensichtlich überrascht war. Ich habe kein Chaos in meiner Firma. Kommt gar nicht in Frage."

„Dann verurteilen Sie Ihre Firma zum Tod", antwortete ich im Tonfall eines Scharfrichters aus dem siebzehnten Jahrhundert.

„Nein, da bin ich anderer Ansicht. Chaos wird den Tod meiner Firma verursachen. Darum will ich alles tun, was in meiner Macht steht, um sicherzustellen, daß es nicht Besitz von meiner Organisation ergreift. Ich will nicht einmal darüber nachdenken: Chaos ist der größte Feind der Wirtschaft."

„Ich weiß, das ist das, was man uns beigebracht hat", sagte ich, und meine Gedanken richteten sich auf das Gespräch, das ich früher in der Woche mit Paula gehabt hatte. „Aber wir können nicht davon ausgehen, daß Standpunkte, die man uns beigebracht hat, notwendigerweise richtig sind. Auch hier können Veränderungen auftreten. Und ich glaube wirklich, daß wir chaotisches Verhalten akzeptieren müssen – sogar fördern –, wenn wir eine Umwelt schaffen wollen, die Veränderungen fördert. Wenn wir das nicht tun, dann gibt es eine große Chance, daß wir uns niemals von dieser Phase der Spirale zur nächsten fortbewegen.

Wissen Sie, ich habe dieses ganze Thema des Wandels mit Paula besprochen. Sie sollten wirklich stolz auf sie sein, David. Sie hat einen scharfen Verstand. Aber sie spiegelt auch in vielem ihrer Art ihren Vater wider. Ihre Reaktion auf den Begriff des Chaos war sehr ähnlich der Ihren. Und ich erzählte ihr, daß Chaos etwas ist, das Leben anzeigt.

Unser Herzschlag ist chaotisch. Unsere Gehirnaktivität ist chaotisch. Und tatsächlich ist der einzige Zustand, in dem sie stabil sind, das Koma oder der unmittelbar bevorstehende Tod. Chaos steht in der Tat an der Schwelle des Lebens. Buchstäblich. Und in einer Organisation muß es während einer Periode des Zerfalls Chaos geben. In einer Zeit, in der die etablierte Ordnung, die etablierte Organisation, in ihre individuellen Teile zerbricht. Wenn wir versuchen, zu einer Zeit Stabilität hervorzubringen, in der ein gewisses Maß an chaotischem Verhalten gefragt ist, dann organisieren wir die Fähigkeit einer Firma weg, evolutionäre Ideen zu produzieren, die zum nächsten Wachstumszyklus beitragen und ihn antreiben könnten."

„Aber Manager müssen ihre Firmen zusammenhalten."

„Natürlich. Aber nicht, indem sie Chaos unterdrücken. Wir müssen die Bedingungen schaffen, die den Ereignissen erlauben, uns in die nächste Resonanzspirale zu führen. Ich denke, wir vergessen oft, daß kleine Veränderungen große Konsequenzen haben können. Es wird uns nicht beigebracht, so zu denken. Zu verstehen, welch enorme Veränderungen aus den geringsten Abweichungen von einem bestehenden Weg resultieren. Ich habe einmal einen Artikel in einer meiner Golfzeitschriften gelesen, daß eine Abweichung von nur einem halben Grad beim Abschlag den Ball mehr als zwanzig Meter versetzt. Das hat mir zu denken gegeben. Es hat keinen besseren Golfer aus mir gemacht – aber es hat mich verstehen lassen, welch feine Veränderungen eine Rolle spielen. Wenn ich am Abschlag stehe, denke ich nicht in Begriffen wie ein halbes Grad. Aber ich kann die Ergebnisse sehen. Allzuoft, wenn ich ehrlich bin."

„Was mich beschäftigt", sagte Dory nach einem Augenblick der Stille, „ist, wie wir den Anfangspunkt bestimmen, von dem aus sich die Dinge ändern. In Paulas Fall sind, wenn einmal das Geschäft steht, natürlich die Anfangsbedingungen hergestellt, von denen aus Veränderungen stattfinden können. Und wenn das der Fall ist, dann ist grundsätzlich alles, was geschieht, von diesen Anfangsbedingungen festgelegt. Eine Reise von A nach B beginnt immer bei A. Daran gibt es nichts zu ändern. Also, nehme ich an, müssen wir davon ausgehen, daß Evolution von den Anfangsbedingungen festgelegt wird. Aber diese Annahme wird uns automatisch mitten in eine philosophische Diskussion darüber führen, wieviel Wahlmöglichkeit wir in unserem Leben wirklich haben. Einfach deshalb, weil Anfangsbedingungen das Verhalten eines Systems als Ganzes bestimmen. Also, um die Frage an Sie zu richten, David, unser liebster Zyniker: Wieviel Einfluß haben wir wirklich?"

„Eine ganze Menge, so wie ich das sehe. Ich kenne alle diese philosophischen Streitereien. Ich hatte sie daheim, als ich aufwuchs. Mein Vater war Laienprediger in einer lokalen Kirche. Und eines der Dinge, an die er glaubte, war Vorherbestimmung. Er glaubte, daß alles, was wir im Leben tun, vorherbestimmt ist. Ich konnte das nicht verstehen. Ich fragte ihn, ob einige Menschen dazu bestimmt seien, zur Hölle zur fahren, und andere, in den Himmel zu kommen. Wenn es so wäre, würde es sinnlos sein, den Menschen zu predigen, sie sollten ihr Leben ändern – denn dann war der Lebenswandel auch vorherbestimmt. Das machte die Kirche und das, was er tat, also überflüssig. Das hat ihm nicht gefallen, kann ich Ihnen versichern. Ich habe daraus gelernt, nie jemandem zu sagen, was er auch unternimmt, sei überflüssig. Aber ich habe auch gelernt, daß meine Position zur Vorbestimmung irgendwo zwischen völliger Ablehnung und völliger Akzeptanz liegt. Es gibt offensichtlich einiges in uns, das vorbestimmt ist. Wenn wir geboren werden, sind unsere Eltern vorgegeben. Unser Wohnort. Unser Land. Unsere soziale Situation. Da gibt es nichts, das wir dagegen tun können. Wir können nicht unsere Eltern verändern. Wir können ihre Geschichte nicht ändern. Ebensowenig die Geschichte deren Eltern. Und die der Eltern davor. Durch unsere Geburt werden wir der nächste Schritt in einer Linie, die viele Jahrhunderte zurückverfolgt werden kann. Wir tragen die Bürde dieses Erbes mit uns. Und wir können sie nicht ändern. Aber diese Vergangenheit bedeutet auch, daß wir das Leben mit einer Reihe von Anfangsbedingungen beginnen müssen, die nicht verändert werden können. Sie sind unser Ausgangspunkt. Von dort aus bewegen wir uns vorwärts. Das ist das A auf unserer Reise, um Dorys Gedanken zu verwenden. Wir können dieses A nicht ändern. Und das bedeutet, daß zumindest das vorherbestimmt ist.

Aber dann … Na ja, das ist der Punkt, an dem ich mich von der strengen Ideologie einer Vorherbestimmtheit distanziere, wie sie mein Vater gepredigt hat. Die Anfangsbedingungen mögen einen übermäßigen Einfluß auf unser Leben haben, aber sie berauben uns nicht – das können sie gar nicht – jeder Initiative, jeder Kontrolle, die wir über unser eigenes Schicksal haben mögen. Weswegen, haben wir schon einige Male besprochen: Evolution hängt vom Zufall ab. Natürlich werden die Bedingungen vorgegeben. Aber das bedeutet nicht, daß Evolution einem vorherbestimmten Kurs folgen muß. Nein. Ich glaube ganz fest und bin völlig davon überzeugt, daß uns die Freiheit gegeben ist, bewußt zu unserem eigenen Schicksal beizutragen. Und es ist das Wort *bewußt,* das ich für wichtig halte. Wir alle können Wirkungen erzielen. Große Denker können die Weise verändern, wie wir leben. Es gibt Beispiele von Menschen, die heroische Gesten vollführten, die die Vorstellungskraft einer ganzen Nation gefangen nahmen, eines ganzen Volkes. Mutter Theresa mag eine zerbrechliche Nonne gewesen sein, aber sie hat nichtsdestoweniger durch ihr Beispiel enorme Veränderungen bewirkt. Dasselbe kann von Gandhi gesagt werden. Von Martin Luther King. Von Nelson Mandela. Von einer ganzen Kompanie von Individuen, die ständig Beiträge zur Evolution des Menschen leisten."

„David", sagte Dory, „Sie hören niemals auf, mich zu überraschen."

„Sie dachten wohl, Sie hätten mich in der Ecke, nicht wahr?" Davids Grinsen unterstrich seine offensichtliche Freude an seiner Fähigkeit, jemanden wie Dory zu überraschen. „Wirklich, Dory, Sie müssen nicht alles in kleine Schubladen stecken. Ich mag ein Zyniker sein. Ich mag ein praktischer Manager sein. Aber deswegen sollten Sie nicht denken, daß ich eine Art intellektueller Trottel bin. Ich habe meine Zeiten des philosophischen Disputs. Ich hänge es nur nicht an die große Glocke."

„Vielleicht sollten Sie das", sagte Claire, die diesmal David zu Hilfe kam. „Was Sie gesagt haben, macht so viel Sinn. Ich habe das nie zuvor auf diese Weise bedacht. Danke, David. Wirklich, das meine ich ernst. Wir dürfen so etwas sagen, nicht wahr?"

„Natürlich dürfen wir, Claire", antwortete ich. „Was mich betrifft, können Freunde alles sagen. Darum geht es doch bei Freundschaften."

„Und wir sind wirklich dabei, Freunde zu werden, nicht wahr?" fragte Dory und sah uns der Reihe nach an. „Das ist vielleicht der größte Gewinn, der aus unseren Treffen entstanden ist. Wir sind nicht nur Partner in Sachen Evolution, um Davids eloquente Formulierung aufzugreifen, sondern auch Freunde. Und ich zum Beispiel schätze Ihre Freundschaft."

„Freundschaft folgt auf Resonanz", sagte ich und genoß die Wärme, die sich irgendwie im Raum bemerkbar gemacht hatte. „Wir haben Freundschaft erreicht, weil wir Resonanz entdeckt haben. Und das ist für mich etwas von unschätzbarem Wert."

Wir schwiegen wieder, und ich war sicher, daß jeder von uns über die Bedeutung der Freundschaft nachdachte, die wir während unserer Diskussionen über Wachstum, Evolution, Resonanz und Chaos gefunden hatten. Ich nutze die Gelegenheit, um im Zimmer herumzugehen und die Kaffeeschalen wieder zu füllen.

„Geoffrey", fragte Claire, als ich mich wieder gesetzt hatte. „Sie haben eine Menge über Chaos gesprochen. Wir stellen es uns immer als unvorhersagbar vor, als unordentlich. Und doch, wenn es von so eminentem Nutzen ist – und Sie haben uns eine Reihe von Beispielen für Chaos gegeben, die mir sehr nützlich erscheinen – dann müssen wir natürlich einen Weg finden, auf dem wir die Vorteile des Chaos für uns nutzen können. Aber um das zu tun, müßten wir das Chaos ordnen, scheint mir. Und das ist natürlich ein Widerspruch, wie wir ihn bisher nicht gesehen haben. Können wir das Chaos ordnen? Sollten wir das Chaos ordnen?"

„Ich weiß nicht, ob wir das Chaos ordnen sollen. Aber ich glaube, daß es Bedingungen gibt, unter denen das Chaos einen bemerkenswerten Grad von Ordnung zeigt. Ich habe von etwas gelesen, das man *Attraktoren* nennt, und das Ordnung im Chaos zeigt."

„Was sind Attraktoren?" fragte David und nahm einen Schluck Kaffee.

„Das hängt von den Anfangsbedingungen ab – von Position A, wenn Sie so wollen. Attraktoren sind höchst stabile Phänomene in chaotischen Situationen. Und sie können offensichtlich für jemanden in einer chaotischen Situation eine beachtliche Hilfe sein. Je mehr Stabilität wir haben können, um so besser können wir die Vorteile des Chaos nutzbar machen und es konstruktiv benutzen. Ich glaube aber, daß Attraktoren nur entstehen können, wenn die Anfangsbedingungen korrekt gesetzt sind. Und da kommen wir ins Spiel. Wir setzen in unserem Geschäft die Anfangsbedingungen. Wenn wir sie richtig setzen, dann werden wir etwas haben, an das wir uns halten können, während wir uns in der Resonanzspirale in eine Periode der Autonomie bewegen, nach außen sehen und das Chaos seinen Nutzen vollbringen lassen. Und wenn ich diesen Gedanken fortsetzen darf: Wenn wir die geeigneten Bedingungen schaffen können, dann könnten wir in der Lage sein, durch Verwendung der entstehenden Attraktoren die Zukunft vorherzusagen. Und das ist ein weiterer Schritt vorwärts. Denn wir wissen, daß wir chaotisches Verhalten nicht vorhersagen können, weil es, seiner eigensten Natur nach, vom Zufall regiert wird. Aber wir könnten sehr wohl in der Lage sein, die Attraktoren einer chaotischen Entwicklung vorherzusehen. Und wir könnten sogar in der Lage sein, sie vorherzubestimmen."

„Das klingt sehr logisch“, sagte Dory. „Aber geben Sie mir ein Beispiel für einen Attraktor.“

„Die S-Kurve?“ fragte David und sah uns alle fragend an. „Schließlich zeigt sie uns, wo wir sind, während wir uns entlang der Lebensspanne eines Produkts oder einer Dienstleistung bewegen. Und wenn wir unsere Gedanken darauf fixieren, die Bedingungen für das Entstehen von anderen S-Kurven zu schaffen, die den Aufwärtswachstumszyklus übernehmen können, sobald das erste Produkt oder die erste Dienstleistung in den Niedergang verfällt. Wenn wir uns an das als Attraktor halten, dann haben wir eine stabile Bedingung während der Zeitspanne, in der das Chaos dazu führt, daß Evolution stattfindet.“

„Ich stimme dem zu“, sagte Claire und sah auf ihre Uhr. „Es tut mir leid, das hier abbrechen zu müssen, aber ich habe versprochen, heute früher nach Hause zu kommen. Ich möchte wirklich nicht gehen, aber ich muß. Geoffrey, rufen sie bitte Paula an wegen unserer Idee, Leonid zu treffen und die Künstler kennenzulernen, die er um sich gesammelt hat. Und würden Sie auch die Fragen aufschreiben? Sie machen das so gut.“

„Danke, Claire. Es tut mir leid, daß wir aufhören müssen. Aber wir haben heute eine Menge Boden beackert. Die Dinge werden für mich wirklich klarer. Dank Ihrer Beiträge. Es hilft wirklich, eine Gruppe von Menschen um sich zu haben, die als Klangkörper für diese neuen Ideen fungieren, die wir entwickeln.

Übrigens, Sie haben die Fragen erwähnt. Wiggins hat mir einige zusätzliche Fragen zu unserer letzten Liste durchgegeben. Ich werde sie in die Hauptliste einarbeiten, die ich behalte. Einverstanden?“

Alle nickten und standen auf. Wir verabschiedeten uns, und sie alle gingen, jeder mit dem Versprechen, mich in den nächsten Tagen anzurufen. Allein in der Wohnung, fragte ich mich, wohin uns all das noch bringen würde.

Ich blickte auf die Uhr und sah, daß es noch relativ früh war – zumindest für mich. Und so beschloß ich, mit der Fragenliste zu beginnen, die ich meinen Partnern in Sachen Evolution versprochen hatte.

Ich nahm ein Blatt Papier und schrieb oben quer über die Seite:

Fragen, die wir über das Chaos stellen sollten

- Unterdrücken wir Chaos, akzeptieren wir es, oder steuern wir es?
- Wie können wir das Chaos daran hindern, den Zerfall von Organisationen und Gesellschaften zu bewirken?
- Nach welchen „Attraktoren" sollen wir in einer chaotischen gesellschaftlichen Entwicklung suchen?
- Wie können wir das Setzen der Anfangsbedingungen von Gesellschaften und Organisationen verbessern? (Anmerkung: Ich habe diese Frage aufgenommen, weil ich glaube, es ist eine, die wir beantworten müssen. Aber als ich sie niederschrieb, fiel mir auf, daß wir das unter uns nicht wirklich diskutiert haben. Also glaube ich, wir werden in einer unserer späteren Sitzungen auch darauf zurückkommen müssen. Ich habe sie hier als Erinnerung aufgenommen – GS)
- Wie können wir Chaos schaffen, um Wachstum zu erzielen und zu erhalten?
- Wie können wir sicherstellen, daß das Chaos, das wir erzeugen, nützlich ist, und nicht ein destruktives Chaos? Können wir kleine Szenarien und Pläne präsentieren, um dafür zu sorgen, daß sie Energie an benachbarte Gesellschaften abgeben können, wenn sie erfolgreich sind?

7. Auf der Suche nach Resonanz

Am nächsten Morgen wurde es nach zehn, ehe ich dazu kam, Paula anzurufen. Sie schien zufrieden, von mir zu hören und war neugierig darauf, von mir über das Treffen informiert zu werden, das wir am Vorabend gehabt hatten.

„Es ist Ihnen gegeben, weiterzumachen", sagte ich, weil ich sie so schnell wie möglich beruhigen wollte. „Alle waren extrem glücklich mit dem Konzept, das Sie ausgearbeitet haben. Sie baten mich, unsere Komplimente für eine gut gemachte Arbeit zu überbringen. Wir alle hoffen, daß dies Gutes für die Zukunft prophezeiht."

„Danke, Geoffrey", antwortete sie. „Ich bin glücklich, daß ich die Prüfung bestanden habe."

„Es war keine Prüfung. So dürfen Sie über uns nicht denken. Aber wir alle wissen aus persönlicher Erfahrung, wie schwierig es sein kann, ein Firmenkonzept zu entwerfen, das zugleich gut überlegt, ambitioniert und realisierbar ist. Ich wollte mit meiner Bemerkung nur die Gefühle der ganzen Gruppe zum Ausdruck bringen."

„Es tut mir leid, Geoffrey, ich wollte nicht, daß es wie eine Kritik klingt. Aber während Sie in der letzten Nacht darüber diskutiert haben, bin ich in meiner Wohnung hin- und hergerannt. Ich möchte so sehr, daß die Galerie ein Erfolg wird. Nicht nur Ihretwegen – auch meinetwegen. Sie haben mir ein Ziel gegeben. Und Sie haben Ihr Vertrauen in mich gesetzt. Ich möchte Sie alle nicht enttäuschen."

„Ich bin sicher, daß Sie das nicht tun werden", sagte ich und entschied mich, zu anderen Themen überzugehen. „Wir wollten Ihnen vorschlagen, Leonid zu treffen und Kontakt mit seinen Künstlern herzustellen. Ich denke, Sie werden auch zustimmen, daß dies ein wichtiger Schritt ist. Sie müssen mehr über die Künstler wissen, wenn Sie Interesse für sie hervorrufen wollen. Entschuldigen Sie, ich versuche nicht, Ihnen zu erklären, wie Sie Ihren Job machen sollen – aber ich hoffe, Sie stimmen zu, daß die Reise wichtig ist."

„Das tue ich, Geoffrey, und das war in der Tat etwas, worüber ich heute morgen mit Ihnen sprechen wollte. Soll ich einen Flug buchen?"

„Nein, das ist in Ordnung. Ich lasse das meine Sekretärin für Sie erledigen. Haben Sie irgendeine Vorstellung, wann Sie fliegen wollen?"

„So bald als möglich. Ich vermute, ich sollte mich zuerst mit Leonid in Verbindung setzen und mich dann nach seinen Plänen richten."

„Warum tun Sie das nicht, und lassen es dann meine Sekretärin wissen? Ich werde ihr sagen, daß sie mit einem Anruf von Ihnen rechnen soll."

„Danke."

Wir sprachen noch einige Minuten über allgemeine Angelegenheiten und kamen dann überein, daß wir miteinander reden würden, sobald sie von ihrer Auslandsreise zurück sein würde.

Als ich den Telephonhörer ablegte, wandten sich meine Gedanken, unvermeidlich wie es schien, meinem kleinen Kreis von Freunden zu, die durch das geschäftliche Experiment, das wir in Bewegung gesetzt hatten, alle so gefesselt waren.

Ich nahm an, wir mußten Professor Wiggins wirklich dankbar dafür sein, die Idee ins Laufen gebracht zu haben. Das ist, so war ich sicher, der allgemeine Lauf der Dinge. Ich glaube, jede neue Initiative wird durch einen einzelnen Kopf ausgelöst. Das war hier natürlich der Fall. Wiggins war mit einer Vision angekommen. Mit einer verschwommenen Idee von etwas, das in die Praxis umgesetzt werden könnte. Er war dieser einzelne Kopf mit seiner Idee, der auf seiner Suche nach Autonomie – ich begann zu dieser Zeit, nahezu alles auf die Resonanzspirale zu beziehen, weil ich mir dessen bewußt war, daß sie einen weitreichenden Einfluß auf mein Leben und meine Art des Denkens hatte – über eine Gruppe von anderen Köpfen stolperte, mit denen er Resonanz erzielte. Dann ging er weiter, überzeugte uns vom Wert seiner Idee und ermutigte uns, sie in die Praxis umzusetzen. Ich denke, all das hat die Idee verstärkt, hat sie greifbarer gemacht, weniger verschwommen. Vielleicht war das das Ergebnis der Resonanz, die unzweifelhaft zwischen all den Mitwirkenden an diesem Spiel aufgetreten war.

Etwas, das ich immer noch für eher bemerkenswert hielt, war, daß unsere Gruppe wirklich aus fünf Menschen bestand, von denen jeder mit den anderen Einklang fand. Aber einer dieser Menschen war abwesend geblieben. Hatte nicht an unseren Treffen teilgenommen. Hatte nur mit mir Diskussionen gehabt. Und doch eine Resonanz geschaffen, die jetzt verantwortlich dafür war, daß ein junges Mädchen nach Rußland geschickt wurde. Resonanz, das wurde klar, hing eher von der Fähigkeit ab, Vorstellungen zu teilen, als vom Bedürfnis nach der Nähe von Menschen.

Als ich über Professor Wiggins nachdachte, fiel mir ein, daß ich meine Mailbox seit meiner letzten Nachricht an ihn, in der ich ihm über mein Treffen mit Paula und über unseren Fortschritt berichtet hatte, nicht mehr durchgesehen hatte. Und plötzlich bemerkte ich, daß ich hoffte, auch von einem anderen Gruppenmitglied würde etwas da sein. Als ich mich einloggte, war ich erfreut, die Adresse des Professors neben einer der Nachrichten zu sehen.

@ An: gsheld@compuserve
Von: wiggins@private.co.uk

Mein lieber Mr. Sheldon,
meine Gedanken waren ständig bei Ihnen und Ihrer fröhlichen Schar von Evolutionspionieren. Ich sehe ein, daß Ihre Diskussionen über Evolution und Resonanz in Ihrem Leben nicht oberste Priorität haben mögen, aber ich weiß, daß sie mehr von Ihrer Zeit beanspruchen werden als Sie ursprünglich vorgesehen hatten. Das ist gut, zumindest nach meiner bescheidenen Meinung. Ihre Diskussionen werden Sie, davon bin ich überzeugt, auf Pfade führen, die sie sonst nicht betreten hätten. Und das wäre sehr, sehr schade gewesen.
Während dieser letzten Tage habe ich eine Menge darüber nachgedacht, wie unsere kleine Gruppe fortgeschritten ist. Die Entscheidung, die charmante Paula einzusetzen (nach allem, was Sie mir berichtet haben, klingt sie exzellent), wird, wie ich glaube, einen positiven Beitrag zum Erfolg unseres Unternehmens leisten.
Ihre Beschreibung Ihrer Gespräche – besonders der ganzen Diskussion über das Chaos – war besonders faszinierend und hat mich veranlaßt, in einigen der Angelegenheiten, die während der letzten Wochen aufgetaucht sind, weitere Forschungen anzustellen.
Einer dieser Punkte ist die wachsende Resonanz, die zwischen den Mitgliedern unserer kleinen Gruppe entstanden ist. Ich hielt „unsere" für angemessen, da mir die Resonanz, die ich zu Ihren Gedanken fühle, sehr bewußt geworden ist. Und ich glaube, ich darf annehmen, daß es umgekehrt genauso ist. Unsere Ideen haben einen gemeinsamen Akkord angeschlagen und Resonanz geschaffen statt der ohrenbetäubenden Dissonanzen, die so oft entstehen, wenn Manager Ideen austauschen (im allgemeinen Ideen, die sie von Firmen übernommen haben, die auf einem ganz anderen Punkt in der Resonanzspirale sind als sie selbst). Das ist natürlich die zweite Stufe der Resonanzspirale: Sobald eine Vision wahrgenommen worden ist, braucht sie Unterstützer, um sie geschehen zu lassen. Es ist fast, als ob diese Unterstützer den Hintergrundchor bilden, der die einzelne Vision um so eindrucksvoller macht.

Und Unterstützer sind lebenswichtig. Ich erinnere mich dabei an Colonel Sanders, den Gründer von Kentucky Fried Chicken. Er hatte die Vision, den Menschen die besten gebratenen Hühner zu bieten. Aber seine Vision war eine, die er alleine nicht hätte umsetzen können – er brauchte Unterstützer, den Hintergrundchor, wenn Sie so wollen. Und so ging er herum und klopfte an Türen – er behauptet, es waren viele Tausende –, um zu versuchen, Unterstützung für seine Vision zu finden.

Ich bin überzeugt, daß solche Beharrlichkeit eine andere Eigenschaft ist, die man braucht, um Resonanz zu erzielen. Es ist nicht gut genug, einfach eine Vision zu haben. Das wird dann nicht mehr sein als ein Licht, das unter einem Scheffel versteckt ist. Seine Akzeptanz erfordert das Schaffen von Resonanz, damit eine Vision vom Ganzen geteilt werden kann. Ohne das kann sich eine Idee in der Resonanzspirale nicht weiterbewegen.

Es gibt viele Beispiele für die Art, wie eine Vision durch die beharrliche Entschlossenheit, Resonanz zu schaffen, am Leben gehalten wurde. Denken Sie für einen Augenblick an den Traum Gandhis, der trotz Demütigungen, Schlägen und Gefängnishaft am Leben gehalten wurde. Tatsächlich könnte man all diese Versuche, die Vision zu unterdrücken, als Beitrag zu ihrer letztlichen Akzeptanz und Resonanz betrachten. Ich frage mich oft, ob Gandhi in der indischen Nation diese Resonanz auch ohne seine drastische Zurschaustellung des Widerstandes erreicht hätte, als er damals in seinen berühmten Hungerstreik trat.

Ein anderes Beispiel, das ich anführen möchte, ist Abraham Lincoln. Er hatte eine einzige Vision: die Ausbreitung der menschlichen Sklaverei zu verhindern. Das leitete sein ganzes Leben. Seine Ausdauer war bemerkenswert. Menschen mit einer geringeren Vision mögen sehr wohl die Hoffnung aufgegeben haben, das zu erreichen. Aber Entschlossenheit wurde zum Markenzeichen dieses bemerkeswerten Visionärs. Seine geschäftlichen Unternehmungen waren alles andere als erfolgreich. Ebensowenig war seine politische Karriere ein leuchtendes Vorbild des Erfolges. Er kam in den Kongreß und blieb dort für viele Jahre, nicht einmal in der Lage, eine Anstellung im Außenministerium zu bekommen. Seine Versuche, für den Senat gewählt zu werden, scheiterten zweimal. Und doch half ihm seine Ausdauer schließlich, das höchste Amt seines jungen Landes zu erreichen. Doch sogar dann führte seine Entschlossenheit, den Bürgerkrieg zu beenden, nicht ohne Kampf zum Erfolg: Erst als er seinen sechsten General ernannt hatte – Ulysses S. Grant –, schlug das Kriegsglück um. Denn erst Grant gewann seine Schlachten durchwegs und schuf so für Lincoln die Chance, den Konflikt zu beenden.

Eine Vision – zweifellos. Ausdauer – sicher. Und die beiden müssen Hand in Hand gehen.

Natürlich, es gibt einen anderen Aspekt in all dem: die einer Vision innewohnende Stärke. Alle Beispiele, die ich Ihnen gegeben habe – und ich könnte noch viele anführen – basieren auf einer Vision, die innerlich stark ist. Und eine starke Vision hilft, Stärke in denen zu erzeugen, die ihr anhängen. Ich glaube auch, daß die Umweltbedingungen, in denen diese Visionen entstanden, für ihren späteren Erfolg wichtig waren. Die Vision klinkt sich in etwas ein, das einen Akkord des Erkennes auf denen schlägt, die es hören. Und das veranlaßt Menschen, damit zu interagieren, damit diese Interaktionen einander verstärken. Eine einzelne Stimme, die eine Note singt, kann die Welt nicht verändern. Tausend Stimmen, die eine Note singen, sind wie ein Donner; und eine Million Stimmen, die eine Note singen, werden die Ohren der ganzen Welt betäuben.

Ich glaube, daß die Menschen an Schlüsselpunkten der Geschichte auf die richtige Noten gewartet haben. Solch entscheidenden Momenten geht oft eine Periode der Erwartungen voran, als warteten die Leute darauf, daß etwas passiert. Es ist fast, als ob genau der Umstand, daß Menschen nach Resonanz suchen, eine Vision erst entstehen läßt. Unternehmer und Visionäre mögen auf der Suche nach Resonanz sein, und dieses unbewußte Suchen könnte selbst solche Resonanz schaffen, einfach weil die Anfangsbedingungen gesetzt worden sind, unter denen Resonanz aufreten kann. Und die automatische Folge von Resonanz ist Wachstum – entweder Wachstum bei neuen Ideen, neuen Gewinnen, neuen Märkten oder was auch immer. Resonanz führt zu Wachstum. Das ist unvermeidlich.

Mein lieber Mr. Sheldon, verzeihen Sie die Abschweifungen eines alten Mannes. Ich hoffe dennoch, daß sie nicht ganz ohne Interesse für Sie sind. Ich würde mich freuen, wenn die Idee, die ich habe, anderorwärts Resonanz findet.

Ich hoffe nur, daß ich die Ausdauer habe, es geschehen zu lassen.

Ihr Freund in Resonanz –

Donald J. Wiggins

Ich las die Nachricht noch einmal und druckte sie dann aus, um später darauf zurückkommen zu können. Ich schickte sie auch weiter an die Mailboxen meiner Freunde. Ich meinte, daß sie auch über die Gedanken informiert werden sollten, die der Professor so eilfertig mit uns teilte.

Der Rest des Tages war wieder einmal mit Angelegenheiten meiner eigenen Firma ausgefüllt. Die Krise, die durch den Zusammenstoß der Kulturen verursacht worden war, war weit davon entfernt, gelöst zu sein. Und ich begann mich zu fragen, ob es jemals möglich sein würde, einen Konsens zwischen den verschiedenen Fraktionen herzustellen, von denen ich wußte, daß es sie in meiner Firma gab. Aber dann dachte ich an die Worte von Professor Wiggins: Ausdauer haben und eine Umwelt schaffen, in der Resonanz eintreten kann. Irgendwie würde ich eine Vision finden müssen, die von allen in der Firma geteilt werden konnte. Denn nur das konnte zu Resonanz führen, und das würde zweifellos – zumindest wenn der Professor recht hatte – zu Wachstum führen. Ich hoffte, daß es in diesem Fall bei allen zu einem

Wachstum des Gefühls führen würde, daß sie alle zu einer Firma gehörten.

Ich hatte einige Zeit mit der Idee gespielt, eine Art Botschaft an die Firma zu schreiben. Aber jedesmal hatte ich mich dagegen entschieden, einfach weil ich fühlte, daß solche Statements wenig dazu taten, die Herzen der beteiligten Menschen zu erreichen. Ich hatte nun seit vielen Monaten an ihren Verstand apelliert, und das hatte nicht zu dem Erfolg geführt, auf den ich gehofft hatte. Logik schien nicht in der Lage zu sein, die Barrieren niederzureißen, die zwischen den Mitgliedern der Firmen errichtet worden waren, die vor der Fusion unabhängig gewesen waren. Eine dieser traditionellen Botschaften, die oft wenig mehr sagten als das Offensichtliche auszusprechen (Erreichen von Wachstum durch das Bieten von Spitzenqualität, mit pflichtbewußten Arbeitern und dem Bekenntnis zu den Idealen von bla bla bla), würde meiner Meinung nach wenig dazu beitragen, die Barrieren niederzureißen, die solider schienen als jemals zuvor. Und solch ein Statement würde wenig dazu beitragen, Resonanz zu erzeugen. Und in der Zwischenzeit war ich überzeugt, daß Resonanz genau dasjenige war, was wir erzielen müßten.

Bevor ich das Büro verließ, loggte ich mich noch einmal ein und schrieb schnell eine Nachricht für Wiggins.

@ An: wiggins@private.co.uk
Von: gsheld@compuserve

Mein lieber Professor,
haben Sie jemals in Betracht gezogen, daß Führer zu beharrlich werden können? Gefährdet das nicht die Evolution? Leisten nicht manche Manager einfach deshalb Widerstand gegen Veränderungen, weil sie nicht davon ablassen, einer Vision zu folgen?
Ich frage mich, ob das bei mir der Fall ist. Ich muß innerhalb meiner Firma Resonanz schaffen, die, wie Sie wissen, unlängst mit einem unserer Hauptkonkurrenten fusioniert wurde. Es gibt eine Kluft, die ich nicht überbrücken kann. Ich muß Resonanz erzeugen. Aber wie?
Ich erwarte keine Antwort. Sie wissen, mir ist es lieber zu wissen, welche Fragen ich stellen soll. Vielleicht könnten Sie mich in die richtige Richtung drehen.
Ich hoffe, bald von Ihnen zu hören.
Ihr verzweifelter
Geoffrey Sheldon

Die Heimfahrt war an diesem Abend noch anstrengender als sonst. Ein Streik der U-Bahn-Bediensteten bedeutete, daß Taxis in Gold aufgewogen wurden – und sie waren auch so selten wie dieses edle Metall. Konsequenterweise brauchte ich fast doppelt so lange wie üblich für die Fahrt von meinem Büro zu meiner Wohnung, und als ich die Tür öffnete, schien die Vorstellung eines ruhigen Abends vor dem Fernseher verlockender denn je.

Aber wie es so oft der Fall ist, sagten mir die Programme an diesem Abend nicht im mindesten zu. Also nahm ich stattdessen ein Taschenbuch, das ich zu lesen versprochen hatte, und legte eine CD mit sanfter Musik als Hintergrund auf. Ich setzte mich in meinen Lieblingsstuhl, eine Kanne grünen japanischen Tees neben mir, öffnete das Buch und begann zu lesen. Aber als mir auffiel, daß ich die erste Seite zum fünften Mal las, wußte ich, daß ich nicht in der Lage war, den Gedanken zu entkommmen, die mir durch den Kopf gingen. Mit einem Seufzer erhob ich mich aus dem tiefen Armstuhl und ging in die Bibliothek, wo mein Computer stand. Ich drehte ihn auf und loggte mich in meine Mailbox ein. Zu meinem großen Entzücken sah ich die Kennung des Professors. Vielleicht würde er mir helfen, meinen Verstand wieder in die Gänge zu bekommen.

@ An: gsheld@compuserve
Von: wiggins@private.co.uk

Mein armer Mr. Sheldon,
Sie sind ja in einem schönen Zustand. Und ich wünschte, es gäbe etwas, das ich tun könnte, um Ihnen zu helfen. Aber ich fürchte, die einzige Hilfe, die ich Ihnen anbieten kann, sind einige weitere Gedanken, die Sie in eine günstige Richtung leiten könnten, wenn sie die Resonanz erzielen, die ich mir erhoffe.
Ich war besonders betroffen von Ihrer Idee, daß Ausdauer zu einer unerwünschten Inflexibilität führen kann, die in der Tat die Akzeptanz für Veränderungen hintanhält. Denn das ist wirklich eine der Gefahren, die von jedem wahrhaft visionären Manager ins Auge gefaßt werden müssen. Die Ausdauer, die während des Kampfes wesentlich war, um einer Vision Akzeptanz zu verschaffen, mag sehr wohl zur Halsstarrigkeit werden, die Veränderungen glatt verhindert.
Ich glaube, es gibt viele Beispiele für solche Situationen. Eine findet sich in der frühen Phase der Anonymen Alkoholiker. Bill, ein Mitbegründer der Anonymen Alkoholiker, hatte viele

Jahre lang versucht, seinen Alkoholkonsum aufzugeben, aber er hatte jedesmal Rückfälle. Sein Geschäft litt. Seine Ehe litt. Und er litt. Bis er Dr. Bob traf, der ebenso alkoholabhängig war wie Bill. Sie stellten fest, daß sie, wenn sie ihre Erfahrungen austauschten, einander tatsächlich helfen konnten, trocken zu bleiben. Es war der Anfang einer Selbsthilfegruppe, die so bemerkenswerten Erfolg auf vielen Gebieten gehabt hat. Die grundlegende Idee war (ich bringe es in Begriffe unserer gegenwärtigen Diskussion), daß Alkoholiker eine Resonanz miteinander erreichen und auf diese Weise zusätzliche Stärke schaffen konnten, um dem Alkohol zu widerstehen. Was kann schließlich zwischen einer Gruppe von Menschen, die allesamt unter denselben Problemen leiden, dieselben Versuchungen erleben, dieselbe Einsamkeit fühlen, Besseres geschaffen werden als Resonanz. Durch Identifikation und die Entschlossenheit, eine Abhängigkeit zu überwinden, wird hier eine enorm kraftvolle Resonanz erreicht.

Für viele Jahre widmete Bill sein Leben den Anonymen Alkoholikern. Neue Gruppen entstanden überall im Land, und als die Bewegung wuchs, ging sein direkter Einfluß darauf zurück. Er versuchte, die Kontrolle zu behalten und rückte oft seine eigenen Vorstellungen gegenüber denjenigen der anderen in der Gemeinschaft in den Vordergrund, und ab einem gewissen Punkt bedrohte er tatsächlich die Zukunft der Bewegung. Seine Ausdauer, eine Idee an die Alkoholleidenden zu bringen, umwölkte auch seinen Sinn für mögliche Veränderungen innerhalb der Bewegung, die sich später als höchst nutzbringend herausstellten.

Glücklicherweise erkannte Bill in hellen Augenblicken diese Gefahr und stellte seine Besonnenheit über die Entschlossenheit, Kontrolle über eine Bewegung zu behalten, die so gute Arbeit für Leidensgenossen leistete. Er gab sogar später in seinen Schriften zu, daß Oldtimer, wie er diese Menschen nennt, die seit vielen Jahre trocken und in der Bewegung waren, sehr vorsichtig sein müßten, Neuankömmlinge nicht dadurch abzuschrecken, daß man strikt an der Kultur festhielt, die sich im Laufe der Jahre bei den Anonymen Alkoholikern herausgebildet hatte, und nicht an der Vision, die ursprünglich deren Gründung zugrunde lag.

Ein anderes Beispiel von Ausdauer, die sich in Dogmatismus verwandelt, finden Sie bei Digital Equipment Corporation. Der Gründer und Präsident für mehr als dreißig Jahre war Kenneth Olsen. Seine anfängliche Vision war dafür verantwortlich, daß die Firma auf ihrem Gebiet einen so gefeierten Erfolg hatte. Aber die Vision von Olsen erwies sich auch als Zwangsjacke: Er war überzeugt, ungeachtet all der gegenteiligen Zeichen, die auf dem Markt heranwuchsen, daß der Mini-Computer das Hauptvehikel für Ertragswachstum und Profit sein würde. Als Konsequenz weigerte er sich, irgendwelche geschäftliche Allianzen mit Partnern einzugehen – ob Banken oder Technologiepartner – und verpaßte so die Möglichkeit, in der entstehenden PC-Gesellschaft eine Rolle zu spielen. Nachdem er die Firma verlassen hatte, erzählten die Manager, die mit ihm gearbeitet hatten, daß er ihnen aktiv verboten hatte, Kapital oder Kapazitäten an Land zu ziehen, die dabei geholfen hätten, die Firma auf die Weise zu entwickeln, die der Aufsichtsrat vorgeschlagen hatte. Im Endeffekt bewerkstelligte er, indem er an seiner Vision festhielt, fast den Zusammenbruch der Firma, die er einst als Ergebnis dieser Vision gegründet hatte.

Wir müssen also verstehen, daß eine Vision zu einer treibenden Kraft evolvieren muß, die von der ganzen Organisation getragen wird. Sie muß von einer Ansammlung von Köpfen übernommen werden und darf nicht das geistige Kind seines ursprünglichen Schöpfers bleiben. Solange das nicht geschieht, könnte sich die Beharrlichkeit, die wesentlich ist, wenn jemand um die Anerkennung seiner Vision kämpft, in einen Mühlstein verwandeln, der jedem in der Organisation am Hals hängt.

Wenn die Idee angenommen wird, verliert sie natürlich etwas von ihren visionären Eigenschaften. Als ein innerer Antrieb ist sie im allgemeinen weniger herausragend, weniger bewußt und mehr unterbewußt, als wenn sie das Eigentum ihres geistigen Vaters bliebe. Oder um es anders zu sagen: Sie wird das, was traditionelle Management-Bücher geistige Modelle nennen, die von Menschen auf allen Ebenen der Gesellschaft benutzt werden – mit anderen Worten, die Idee evolviert in die Kultur einer Firma hinein.

In dem anderen Szenario, dem charismatischen Führer, der oft für das letzte Aufgebot der Managementtheorien gehalten wird, kann sich die Vision von einem Segen zu einem Fluch verwandeln.

Die Herausforderung besteht nun natürlich darin, zu wissen, wann eine Vision unflexibel wird. Wann die Veränderung der Vision auf Null reduziert wird. Ich glaube, wir können bestimmen, ob diese Situation entstanden ist, indem wir die Empfänglichkeit einer Organisation messen – die Zeit, die eine Organisation benötigt, um sich eine Vision anzueignen. Mit anderen Worten, wenn sich die Vision nicht verändert, ist die Empfänglichkeit reduziert, weil es nichts zu assimilieren gibt. Und dieser Mangel an Empfänglichkeit wird sichtbar, wenn Menschen sich eingeschränkt fühlen. Psychologen verweisen oft auf ein Ansteigen der Verzögerung als Anzeichen für eine spürbare Reduktion der Empfänglichkeit.

Lassen Sie mich das alles in den Zusammenhang Ihres Hilferufs stellen. Zweifellos hat Ihre Vision im Erfolg Ihrer Firma resultiert. Sie haben es geschafft, Resonanz in ihr zu erzeugen, so daß eine Kultur entstand. Jetzt hat Ihre Vision zu dieser Fusion geführt – aber es ist eine Fusion, die bis jetzt nicht von allen Betroffenen akzeptiert ist. Das liegt zweifellos an dem Zusammenstoß der Kulturen – die eine entstand aus den Anfangsbedingungen, die durch Ihre Vision geschaffen wurden, und die andere aus den Anfangsbedingungen, die von der Vision des Gründers ihres Konkurrenten geschaffen wurden. Da gibt es einen Zusammenstoß – einen unvermeidlichen Zusammenstoß, einfach weil die Anfangsbedingungen nicht dieselben waren. Vielleicht sollten Sie jetzt daran denken, andere Anfangsbedingungen zu schaffen. Oder zumindest die Grundlagen zu bereiten, damit sie entstehen können.

Wie immer Sie sich entscheiden, bedenken Sie, daß Sie Ihre neue Firma auf der Spirale in Richtung Resonanz bewegen werden müssen. Die Fusion und die neue Firma, die daraus entstanden ist, müssen Resonanz erzeugen und zum gemeinsamen Eigentum einer Gruppe von Köpfen werden. Gleichzeitig wird die Vision schließlich durch einen gemeinsamen Antrieb ersetzt werden müssen, der von der gesamten Organisation gefühlt und anerkannt wird. Das wird oft als eine Kultur bezeichnet. Aber es muß eine gemeinsame Kultur sein, in der sich jeder in Ihrer Firma zuhause fühlen kann.

Etwas, worüber wir uns sicher sind, ist, daß man Menschen eine Kultur nicht aufzwingen kann. Und das ist zweifellos die Wurzel Ihrer gegenwärtigen Schwierigkeiten. Wenn eine Kultur entstehen soll, dann braucht es eine andere Art von Management. Das trifft zusammen mit der Erfordernis, gegenseitige Abhängigkeiten zu etablieren – da ist wieder unsere Spirale. Und es kann am besten durch die Etablierung von Verfahrensweisen, Prozeduren und Strategien erreicht werden. Um es ganz einfach zu sagen: Sie müssen die Spielregeln schreiben! Das ist ein absolut wesentlicher Prozeß, wenn das natürliche Wachstumspotential einer Organisation, einer Bewegung oder einer Firma ausgeschöpft werden soll. Sobald Abhängigkeiten etabliert sind, entwickelt sich Kultur, indem alles komplexer wird. Die Bewegung, Organisation oder Firma wird so viel effizienter, weil sie sich darauf konzentrieren kann, was sie als Ganzes zu tun hat. Ich möchte glauben, daß das eine soziale Maschine schafft, die in Gang gesetzt wird, um ihr eigenes Wachstum mit größerer Wahrscheinlichkeit und kleinerem Risiko zu erneuern.

Weil wir diese Diskussion mit einer Vision begonnen haben, können wir sehen, daß sowohl eine Vision als auch eine Kultur zu Resonanz führen kann – aber auf völlig verschiedene Weise. Eine Vision wird Resonanz schaffen, wenn sie einer Versammlung von Köpfen Autonomie bietet und zu Wachstum führt. Auf der anderen Seite bringt eine entstehende Kultur, im traditionellen wirtschaftlichen Sinn des Wortes, Resonanz dank der wechselseitigen Abhängigkeiten hervor, die sich entwickeln, wenn weiteres Wachstum methodischer verfolgt wird.

Mein lieber Mr. Sheldon, ich hoffe, Sie werden in diesem Schreiben irgend etwas Interessantes finden. Ich wurde durch Ihre Anfrage angeregt und habe mir den Luxus des Abschweifens erlaubt. Ich vertraue darauf, daß Sie in meinen Wanderungen einige Wegweiser finden werden, die Sie in die unter den gegenwärtigen Umständen richtige Richtung weisen. Ich habe nicht versucht, Ihnen fertige Lösungen anzubieten – ich weiß, daß Sie und Ihre kleine Gruppe es bevorzugen, die Fragen herauszufinden anstatt der Antworten – und ich hoffe, daß diese sowohl Ihnen als auch Ihren Gefährten Gedankenfutter liefern. Schließlich mögen zwar Sie die Fragen gestellt haben – aber ich bin sicher, Sie werden all das mit ihnen besprechen wollen.

Mit freundlichen Grüßen,

Donald J. Wiggins

Ich war entzückt über die Art und Weise, wie Wiggins so klug – und so schnell – die Antworten gefunden hatte, die mir entgangen waren.

Die Nachricht hatte mich wieder zum Denken gebracht, und das war etwas, von dem ich wußte, daß es mir auf lange Sicht eher gut tun würde, als mir vorgefertigte Antworten anzubieten. Tatsächlich hatte unsere Diskussion während der letzten paar Wochen mir sehr deutlich gemacht – und, wie ich mit sehr gut vorstellen konnte, auch dem Rest unserer kleinen Gruppe –, daß es heutzutage in der Wirtschaft keine vorgefertigten Antworten geben kann. Einfach weil keine zwei Firmen jemals an derselben Stelle auf der Resonanzspirale sein können. Und das zu verstehen – und zu lernen, die Position zu bestimmen, die eine Firma auf der Spirale erreicht hat – war höchstwahrscheinlich die wichtigste Lektion, die wir bisher gelernt hatten.

Die Nachricht auf meinem Bildschirm hatte offensichtlich enorme Auswirkungen für meine Partner in Sachen Evolution, und so beschloß ich, daß ich sie ihnen wieder einmal zuschicken würde. Dieses Mal aber dachte ich, ich sollte eine begleitende Notiz von mir selbst anfügen, um sie um irgendwelche Kommentare zu bitten. Ich setzte mich hin und begann zu schreiben.

@ An: Meine Partner in Sachen Evolution
Von: gsheld@compuserve

Liebe Freunde,
Ich schicke Ihnen eine sehr interessante Nachricht, die ich von Professor Wiggins erhalten habe. Ich bin sicher, Sie werden eine Menge Interessantes darin zu lesen finden.
Darf ich Sie bitten, etwaige Kommentare, die Sie zu der Nachricht haben mögen, oder irgendwelche Gedanken, die sie ergänzen wollen, per e-mail zu schicken. Ich bin sicher, es verdient einen Platz in unserem Denken.
Aus diesem Grund werde ich die Nachricht und etwaige Kommentare und Zusätze, die Sie machen, als Grundlage für eine weitere Reihe von Fragen verwenden, die unserem wachsenden Dossier anzufügen sind.
In Erwartung Ihrer Kommentare.
Mit freundlichen Grüßen
Geoffrey

Am folgenden Tag verbrachte ich den Großteil meiner Zeit in Treffen mit meinen verschiedenen Managern und in der Hoffnung, irgendeine Art von Strategie möge auftauchen, die jeder in meiner Firma billigen würde. Die ganze Zeit über dachte ich an Professor Wiggins' Idee: die Spielregeln schreiben. Ich war mir sicher, daß es ein bedeutender Schritt in die richtige Richtung wäre, diese Regeln aufzustellen.

Der Streik der U-Bahn-Bediensteten hielt immer noch an, also traf ich erneut nach einer längeren Fahrt als üblich daheim ein. Gleich nachdem ich mir einen Whisky eingegossen hatte – unüblich für mich an einem Wochentagsabend –, loggte ich mich in meine Mailbox ein. Wie ich gehofft hatte, waren zwei Nachrichten da, eine von Dory, die andere von Claire. Ich las zuerst Dorys Nachricht.

@ An: gsheld@compuserve
Von: dor@compuserve

Lieber Geoffrey!
Wie interessant unser Professor sein kann, wenn er gedrängt wird. Einfach faszinierend. Alles, was er sagt, scheint so logisch und macht so viel Sinn. Er hat mich zweifellos über eine Menge von Dingen zum Nachdenken gebracht, die bis jetzt so komplex zu sein schienen. Und doch haben seine klaren Argumente diese Komplexität schrumpfen lassen. Und sie haben mich ermutigt, einige eigene Gedanken zu entwickeln.
Ich kann vielen der Argumente des Professors folgen, aber ich denke, er hört eher zu früh auf. Denn er endet damit, daß er zwei Möglichkeiten anbietet, um Resonanz zu erreichen: durch eine gemeinsame Vision und durch das Etablieren von wechselseitigen Abhängigkeiten. Ich frage mich, ob die Dinge wirklich so klar sind, wie er behauptet.
Ich glaube, daß es Bedingungen gibt, unter denen eine Kultur unfähig ist, hinreichend zu reagieren, um Resonanz zu erzeugen. Das ist dann der Fall, wenn sich die Umweltbedingungen außerhalb der unmittelbaren Interessen der vorherrschenden Kultur ändern. Denn Veränderung in diesem Gebiet kann für jede Kultur hemmend sein.
Tatsächlich meine ich, daß die geistigen Modelle (was für eine gute Beschreibung für Kultur das doch ist!), die eine Gesellschaft, eine Organisation oder ein Geschäft ausmachen, genau dasjenige sind, was ihre Fähigkeit hemmt, sich irgendeiner fundamentalen Veränderung zu unterziehen.
Sie haben das selbst bei einer Reihe von Gelegenheiten erwähnt. Der Gedanke „Wir haben es in der Vergangenheit mit beträchtlichem Erfolg immer so gemacht" ist eine der Phrasen, die zu einem Desaster führen können, denn sie enthält eine Entschlossenheit, den Status quo um jeden Preis zu bewahren. Jeglicher Vorschlag für Veränderung wird beiläufig beiseite gewischt. Und es macht keinen wie auch immer gearteten Unterschied, ob diese Vorschläge intern entstanden sind oder von einem externen Berater gemacht werden. In beiden Fällen

treffen sie auf Gleichgültigkeit oder Ablehnung oder gänzliche Opposition. Die Frage ist, ob eine Kultur Ziele aufstellt, die zuletzt zu ihrer eigenen Zerstörung führen werden. Ich war besonders beeindruckt von der Phrase, die der Professor verwendet hat: Empfänglichkeit ist bestimmt durch die Zeit, die eine Vision benötigt, um eine Veränderung zu assimilieren.

Ich denke, ich kann hier auch einige Geheimnisse enthüllen. Denn wenn einmal von einer bestehenden Kultur eine Barriere errichtet ist, impliziert das, daß jede neue Vision daran gehindert werden wird, in die Organisation einzudringen, weil es lange Zeit braucht, um eine neue Vision zu assimilieren. Und das bedeutet, daß in der Folge die Empfänglichkeit einer Gesellschaft, Organisation oder Firma in großem Umfang reduziert wird. Jede Veränderung der Vision – ob das eine Anpassung der bestehenden Vision oder etwas völlig Neues ist – wird durch die Zeit, die es braucht, um sie zu assimilieren, verschlissen, ja sogar unwirksam gemacht. Und wieder einmal ist das Ergebnis ein drastischer Rückgang der Empfänglichkeit.

Ich hoffe, das macht Sinn. Versuchen Sie weiterhin, die Fragen kommen zu lassen. Sie beginnen, die Form einer Landkarte unserer Reise anzunehmen. Es wird lehrreich sein, wenn wir zu Ende gekommen sein werden (wird das je geschehen, was meinen Sie?), in der Lage zu sein, zurückschauen zu können, um zu sehen, welche Reise wir unternommen haben.

Wir sollten einander bald wiedersehen. Ich vermisse unsere Diskussionen.

Ihre Freundin

Dory

Typisch Dory, dachte ich und stellte sie mir hinter ihrem Computer vor, wie sie sorgfältig an dem Problem kaute und ihrem Verstand die Freiheit ließ, Gegenden zu durchstreifen, in die zu gehen wenige andere in Betracht ziehen würden. Ich fragte mich, ob auch Claire etwas hinzuzufügen haben würde, und lud ihre Nachricht auf den Bildschirm.

@ An: gsheld@compuserve
Von: claire@nethead.co

Geoffrey ...

Was für eine Nachricht! Ich wünschte, ich könnte die Dinge so klar machen wie Wiggins es tut. Woher kommen diese Ideen? Sie sind so anders als all diese öden Managementphilosophien, unter denen wir bei so vielen anderen Gelegenheiten gelitten haben. Dieser Wiggins ist wirklich etwas Besonderes, nicht wahr?

Wie auch immer, Sie wollten Kommentare – hier sind also einige von mir.

Viele Firmen, die vor einer neuen Vision stehen, mögen sehr wohl wegen der bestehenden Kultur eine Barriere errichten. Das kann dazu führen, daß sie nicht in der Lage sind, so gut zu funktionieren, wie sie sollten, was seinerseits zu Problemen führen kann, die mit dem Ertragswachstum zusammenhängen. Und wenn das geschieht, ist das Ergebnis unvermeidlich eine interne Krise.

Das wird oft zur Aufspaltung der Organisation führen. Abteilungen werden versuchen, die Schuld auf andere zu schieben. Es gibt einen wachsenden Mangel an Einheit. Es fehlt eine gemeinsame Vision, weil die Leute darum kämpfen, ihre eigene Haut zu retten.

Resonanz kann in Dissonanz umschlagen, sobald Visionen über grundlegende Veränderungen innerhalb einer Organisation mit einer bestehenden Kultur zusammenstoßen, die einen hartnäckigen Widerstand gegen Veränderung entwickelt hat.

Aber solche Dissonanzen müssen nicht unbedingt unerwünscht sein. Denn sie können einen Anstoß für die Entwicklung neuer Visionen schaffen.

Sobald die Zukunft zunehmend unvorhersagbar wird, zwingt Dissonanz die Menschen, eine neue Bereitschaft für diese Zukunft zu entwickeln.

Aber das hängt von der Lernfähigkeit einer Firma ab. Erinnern Sie sich an unsere frühe Diskussion über Lernen? Und an die Definition, die wir dafür gegeben haben: Die Fähigkeit, etwas Neues zu erfahren? In dieser Phase der Dissonanz steht das Lernen auf dem Spiel.

Jedenfalls müssen wir verstehen, daß solche Perioden der Dissonanz nicht ohne Gefahr sind. Einige Firmen werden nicht unversehrt durchkommen. Sie werden dann sogar aufgespalten, fusioniert oder verkauft.

Diese Aktionen schaffen in der Tat Anfangsbedingungen für einen weiteren Resonanzzyklus in einer neuen Umwelt.

Wir müssen versuchen, solche Perioden der Dissonanz positiver zu sehen als wir das jetzt tun. Es sind natürliche Phasen in der Resonanzspirale, und als solche absolut normal, sogar vorhersagbar.

Wir müssen Werkzeuge formen, die den Leuten Kontrolle über den Prozeß geben, aber nicht notwendigerweise Kontrolle des Ergebnisses, denn dieses wird – durch die eigentliche Natur der Evolution – ein zufälliges bleiben.

Geoffrey, ich weiß nicht, ob das für uns von irgendwelchem Nutzen ist. Ich hoffe es. Treffen wir uns bald wieder. Ich vermisse unseren Gedankenaustausch.

Grüße

Claire

Ich las Claires Nachricht noch einmal, und war wieder beeindruckt von der Art, wie sie an den Kern der Materie herangegangen war. Ihr konziser Stil spiegelte die tüchtige Frau wider, die ich während der Diskussionen über die potentielle Fusion kennengelernt hatte. Diese Nachricht ließ mich erkennen, wie sehr ich wünschte, daß sie Teil meiner Firma wäre. Vielleicht sollte ich daran denken, es ihr vorzuschlagen ...

Ich schob den Gedanken auf und setzte ich mich hin, um meinen Teil der Vereinbarung einzuhalten und eine Liste von Fragen zu produzieren.

@ An: Meine Partner in Sachen Evolution
Von: gsheld@compuserve

Wie versprochen, hier eine Liste von Fragen ...

- Haben wir andere gefunden, die auf die eine oder andere Weise unsere Vision teilen?
- Wer genau sind die Menschen, die wir brauchen, um unsere Vision zu realisieren? Welche Art von Kompetenzen sollten sie haben?
- Wie unterscheidet sich die neue Vision vom bestehenden/etablierten Denken?
- Verspricht die neue Vision, eine herausragende und überlebensfähige Versammlung von Köpfon horvorzubringen?
- Ist der gegenwärtige Zeitpunkt geeignet, um eine neue Vision zu entwickeln – oder ist es eher angebracht, der bestehenden Vision neues Leben einzuhauchen?
- Ist es an der Zeit, unsere Vision und/oder unsere Sicht der Wirklichkeit zu verändern?
- Was ist mit der Empfänglichkeit der Menschen, mit denen wir arbeiten? Ehrlich sein!!
- Schreiben wir als Gruppe vielleicht zu sehr vor, was die Menschen denken sollen?
- Erleben wir Resonanz oder versuchen wir, sie zu erzwingen?
- Begegnen wir einer Periode der Dissonanz auf die richtige Weise?
- Wie können wir lernen, den Prozeß der Entwicklung oder Evolution zu kontrollieren, und einen solchen Prozeß implementieren, obwohl wir nicht in der Lage sein könnten, das letztliche Ergebnis vorherzusehen?

Mit freundlichen Grüßen (in Resonanz)
Geoffrey

Ich las die Liste ein letztes Mal, dann klickte ich auf „Senden".

8. Die Richtung des Wandels begreifen

Als ich mich am folgenden Abend wieder einloggte, sah ich, daß eine Nachricht von David auf mich wartete. Ich war ein wenig überrascht gewesen, daß er nicht auf meine frühere Nachricht geantwortet hatte, hatte aber angenommen, daß er anderwertig mit dringenderen Angelegenheiten beschäftigt war. Aber daß ich jetzt seinen Namen auf meinem Monitor fand, freute mich ungeheuer. Die Gruppe sollte eine Gruppe bleiben, fühlte ich. Einfach, weil wir eine solche Resonanz erreicht hatten – eine Gruppe von Köpfen, die auf eine Vision reagierten –, daß es eine Schande gewesen wäre, sie aufzubrechen. Glücklicherweise schienen wir einander näher zu kommen. Ich war sicher, daß Davids Nachricht das alles bestätigen würde. Und das tat sie.

@ An: gsheld@compuserve
Von: why@knoware.uk

Liebe Partner in Sachen Evolution!

Nur für den Fall, daß Sie denken, ich hätte mich von unseren Diskussionen distanziert, sind hier einige Gedanken, von denen ich hoffe, daß sie das Gegenteil beweisen.

Die Nachrichten, die wir während der letzten paar Tage über das Internet herumgeschickt haben, haben mich zum Nachdenken gebracht, nicht so sehr über die Rolle der Organisationen in der Wirtschaft, aber um so mehr über die besondere Rolle der Manager. Ich weiß, daß wir um dieses Thema bei einigen Gelegenheiten herumgeschlichen sind, aber wir haben es niemals ins Zentrum unseres Denkens gerückt. Und ich glaube, wir sollten das tun. Das ist es also, was ich in letzter Zeit getan habe: über die Rolle der Manager innerhalb des Rahmens unserer Resonanzspirale nachzudenken.

Lassen Sie mich zuerst ein wenig ausholen. Wir alle stimmen überein, daß es lebensnotwendig für eine Organisation ist, zu wissen, an welcher Stelle in der Resonanzspirale sie ist, wenn geeignete Maßnahmen ergriffen werden müssen. Ein falsche Bewegung zur falschen Zeit kann einem Geschäft enormen Schaden zufügen. Wenn ihre Handlungen nicht synchron zur Resonanzspirale sind – wenn sie sich beispielsweise darauf konzentriert, Abhängigkeiten zu schaffen, während die Firma tatsächlich in einer Phase ist, in der sie Autonomie aufbauen muß –, dann werden solche Maßnahmen natürlich zum Scheitern verurteilt sein.

Ich glaube, dasselbe muß für das Management zutreffen. Wenn es sich auf bestimmte Ideen konzentriert – es gibt genügend davon, viele davon werden bei Management-Seminaren, die höchstbezahlte Gurus abhalten, heiß diskutiert (und wir alle haben das unsere dazu beigetragen, diese Seminare zu füllen, oder etwa nicht?) –, während die Organisation es tatsächlich erfordern würde, daß andere Angelegenheiten angegangen werden, dann kann eine ähnliche asynchrone Situation entstehen, diesmal als Ergebnis von Management.

Während einiger unserer Diskussionen wurde ich beschuldigt, Zwang auszuüben. Ich glaube, daß Zwang in hohem Maße ein Merkmal von Management ist. Und in wirtschaftlichen Angelegenheiten stellen wir oft fest, daß solche Zwänge die Manager, die Führungskräfte mit monotoner Regelmäßigkeit beherrschen. Da gibt es einige solcher Zwänge, die mir in den Sinn kommen: Identität, Verbindungen, Struktur und Beteiligung. Die Aufmerksamkeit der Führungsschicht verschiebt sich von einem zum anderen. Aber wir müssen jetzt, nach all unseren Diskussionen, erkennen, daß diese Verschiebungen nicht einfach aufgrund einer Laune des Managements geschehen. Das ist die Art, wie ich früher zu arbeiten pflegte. Ich hörte von etwas Neuem, besuchte eine Konferenz mit dem neuesten Guru und ging dann zurück ins Büro, um zu versuchen, was ich gelernt hatte, in die Praxis umzusetzen. Und – welch Überraschung – es hat niemals funktioniert. Nicht ein einziges Mal. Das war einer der hauptsächlichen Gründe für die Frustration, die ich gezeigt habe, als wir uns zum ersten Mal in der Bar getroffen haben.

Aber durch unsere Diskussionen wissen wir jetzt, daß eine Firma sich auf natürliche Weise durch die Resonanzspirale bewegt und auf jeder Stufe etwas anderes braucht. Ist es nicht logisch, daß dasselbe für Manager gilt? Es hat keinen Sinn, sich ganz auf einen dieser Zwänge zu konzentrieren – treibende Kraft wäre für einige Leute eine akzeptablere Formulierung, denke ich –, wenn er keine Verbindung zu der Stufe hat, auf der die Firma im Augenblick arbeitet.

Vielleicht mache ich mich verständlicher, wenn ich versuche, meine Ideen anhand einer Bewegung durch die Resonanzspirale zu erklären, Stufe für Stufe, und dabei erläutere, wie das Management nach meiner Meinung auf jeder Stufe reagieren muß.

Am Beginn der Spirale entsteht eine Vision, die dann nach Autonomie strebt. Jetzt natürlich, nach all unseren Debatten, bin ich überzeugt, daß es im allgemeinen eine Führungspersönlichkeit ist, die eine Vision hat, die sie dann in die Praxis umzusetzen versucht. Der unternehmerische Impuls, den das einem Geschäft geben kann, wird verstärkt durch einen Zwang zur Identität. Das ist die treibende Kraft, die sie installieren will. Die Führungspersönlichkeit möchte eine Leitfigur werden – eine Quelle der Inspiration für die um sie herum. Aber dieses Verlangen nach Identität ist nicht so eindeutig. In der Tat kann es einer Entscheidung der Führungspersönlichkeit bedürfen: entscheidet sie sich für ihre persönliche

Identität – in diesem Fall wird sie ihre persönliche Autonomie stärken – oder entscheidet sie sich für die Gruppenidentität – in diesem Fall betont sie den Bedarf für wechselseitige Abhängigkeiten mit anderen.

Ich halte beide Möglichkeiten für gangbar. Aber im großen und ganzen glaube ich, daß die meisten Führungspersönlichkeiten in dieser Situation sich für eine Stärkung ihrer eigenen Identität entscheiden werden. Das ist das Ergebnis der Zielstrebigkeit, die oft das Merkmal einer Persönlichkeit ist, die sich auf dieser Anfangsstufe verpflichtet fühlt, sich von anderen, allgemein akzeptierten Ansichten zu distanzieren, um die Aufmerksamkeit auf die entstehende Vision zu lenken.

Hoffentlich werden die Anstrengungen der unternehmerischen Führungspersönlichkeit eine positive Antwort hervorrufen, und das wird bedeuten, daß die Firma sich jetzt auf die nächste Stufe der Spirale zubewegt. Jetzt muß der Manager eine Gruppe um sich versammeln, eine Versammlung von Köpfen, die ihn dabei unterstützen werden, seine Vision in die Praxis umzusetzen. Aber an diesem Punkt wird es nicht erforderlich sein, daß er sich auf Identität konzentriert: Der vorherrschende Antrieb auf dieser Stufe der Spirale werden „Verbindungen“ sein. Ein logischer Schritt, da die Führungspersönlichkeit sich anfänglich eher darauf konzentrieren wird, externe Reaktionen auf ihre Vision zu erzielen, und nicht interne. Und aus demselben Grund, glaube ich, wird sie sich im allgemeinen eher für den Bedarf an externen Verbindungen entscheiden, als für den an internen. Das hilft, Offenheit zu schaffen, die ihrerseits neue Köpfe anzieht, die ihre Vision mit Ideen und praktischen Bemühungen unterstützen. Das wird hoffentlich zu neuem Wachstum führen, vielleicht sogar zu Ertragswachstum – und warum nicht, frage ich mich –, und das wird umgekehrt zu einer stärkeren Bindung zwischen den verschiedenen Teilnehmern des Unternehmens führen. Ich habe immer gedacht, daß nichts besser hilft, Menschen aneinander zu binden als greifbare – und sichtbare – Resultate. Wenn Wachstum einsetzt, sind die Menschen jedenfalls bereit, „Partner im Erfolg“ zu werden. Das Resultat ist, daß all die zerstreuten Teile sich in ein Puzzle einfügen. Wir schaffen ein Mosaik.

Das Wachstum hält – hoffentlich – an, und das führt im allgemeinen dazu, daß operationale Prozesse und Prozeduren etabliert werden. Diese können sowohl formal als auch informal sein – einige entstehen durch Anordnungen, andere aus Praktikabilität. Was immer der Grund ist, das Ergebnis ist jedenfalls ein Gewebe von wechselseitigen Abhängigkeiten. Und der Zwang, der die Manager antreibt, wechselt von „Verbindungen“ auf der vorhergehenden Stufe zum Erfordernis von „Struktur“. Die Reizworte sind Verantwortlichkeit. Macht. Berichte. Alles zielt darauf ab, die Führerschaft über die eingeschlagene Richtung und über die erzielten Resultate informiert zu halten. Es ist enorm verlockend, Struktur als Mittel zur Erhaltung der Kontrolle zu verwenden. Und ich spreche hier aus Erfahrung! Die Subkulturen, die in der vorhergehenden Stufe dominiert haben, schmelzen jetzt in eine große wachstumschaffende Organisation zusammen. Es ist komplexer als auf jeder anderen Stufe, und ich habe festgestellt, daß die Reaktion von Managern die ist, sich auf die Errichtung von Strukturen zu konzentrieren, die sicherstellen, daß sie die Kontrolle behalten.

Das Verschmelzen von Subkulturen und die Schaffung einer neuen Organisation wird heißen, daß eine neue Kultur sich bemerkbar machen wird – wir haben auch darüber gesprochen, als wir über die Entstehung von Dingen wie Ritualen und Symbolen gesprochen haben. Und auf dieser Stufe, denke ich, wird „Beteiligung" zum führenden Antrieb. Menschen müssen beteiligt werden. Ebenso ihre Aktivitäten. Und das führt zu Maßnahmen, die absichern, daß Direktiven des Managers aufs genaueste befolgt werden. Das ist vollkommen verständlich, denn die neu geschaffene Situation ist die, daß eine Anzahl von unterschiedlichen Individuen zu einer einzigen Gruppe verschmolzen wurde. Führungspersönlichkeiten wollen sicherstellen, daß die Organisation, die solche Resonanz erlaubt, sorgfältig bewahrt wird, damit die Ergebnisse der Resonanz – da ist wieder das Wachstum – unendlich fortgesetzt werden können.

Unglücklicherweise kann das regelmäßig bedeuten, daß die Menschen sich bevormundet fühlen. Das gibt ihnen im schlimmsten Fall das Gefühl, sie würden nicht mehr länger gebraucht, oder es wäre ihnen nicht mehr erlaubt, irgendeine Initiative zu zeigen. Um gegen dieses negative Gefühl in einer Organisation anzugehen, ist es bei Managern modern geworden, die Leute dazu zu mobilisieren, einen Beitrag zu leisten. Und so haben wir das Entstehen von Slogans gesehen wie „Die Menschen machen den Unterschied aus", „X macht die Produkte, aber die Menschen machen X" und so weiter. Die ganze Stoßrichtung des Argumentes ist hier, die Menschen sich mehr aktiv beteiligt fühlen zu lassen und die Entstehung von Autonomie zu ermutigen.

Und das führt uns zurück zu unserem Anfangspunkt. Denn jetzt hat sich eine lebende Organisation entwickelt, die auf der Suche nach ihrer Identität als eigenständige Einheit ist. Sie sucht nach Autonomie. Und das bedeutet, daß es wieder einmal eine Verschiebung gibt, weg von dem Antrieb, der sich auf „Beteiligung" konzentriert, und hin zu einem, der sich auf „Identität" konzentriert. Aber jetzt wird die Betonung natürlich auf die gemeinsame Identität gerichtet, auf die „Corporate Identity". Ich stimme zu, daß das intern gesteuert wird, aber ich glaube immer noch, daß es eine neue Phase der Suche nach Automonie ist. Ich denke, es kann auch das Ende eines Wachstumszyklus anzeigen. Und so kann diese Stufe auch einen neuen Wachstumszyklus bezeugen – tatsächlich sollte und müßte sie ihn bezeugen, wenn die Organisation in ihrem Erfolg fortfahren soll –, der sich wieder ziemlich vorhersagbar durch die verschiedenen Stufen der Resonanzspirale bewegen wird.

In einer der früheren Nachrichten wurde ich durch das Eingeständnis sehr getroffen, daß einige Persönlichkeiten mit viel Charisma sehr wohl so unflexibel sein könnten, daß sie durch störrisches Festhalten an einem einzigen Zwang – oft dem der Selbstidentität – zum Niedergang der Firma beitragen, die sie gegründet haben. Ihre Entschlossenheit, die Leitfiguren ihrer eigenen Schöpfung zu bleiben – auch wenn die Phase, in der eine Firma operiert, andere Zwänge verlangt – kann bedeuten, daß die Resonanz von der Spitze her gestört wird und nicht zu einer der unteren Ebenen durchreichen kann.

Und meine Schlußfolgerung? Nun, ich denke, es ist offensichtlich, daß viele Manager für Veränderungen nur Lippenbekenntnisse übrig haben. Sie predigen es den anderen, aber weigern sich, das auch auf sich selbst anzuwenden.

Der Wandel, dem sich Manager meiner Meinung nach unterziehen werden müssen, ist, zu erkennen, daß jeder seine Stärken hat. Wenn Sie meine Argumente akzeptieren, dann ist es offensichtlich, daß jemand, der sich beim Etablieren von Abhängigkeiten auszeichnet, nicht die richtige Wahl für eine Firma sein wird, die eine klare Vision und Identität braucht. Andererseits wird ein starker, charismatischer Führer nicht die geeignetste Person für eine Firma sein, die sich auf einer Stufe befindet, auf der sie starke Aufmerksamkeit für ihre Struktur und Organisation braucht. Ebenso kann jemand, der gut darin ist, eine gut geführte, gut geölte, komplexe, gewinnerzeugende Wachstumsorganisation aufzubauen, sehr ungeeignet sein, wenn die Aufmerksamkeit darauf gerichtet sein sollte, Verbindungen anzustreben.

Wir mögen also als Manager sehr wohl zu akzeptzieren haben, daß wir unsere Spezialitäten haben. Wir mögen das Ende einer Ära des Allround-Managers gesehen haben, der von der Gründung der Firma durch jede ihrer aufeinanderfolgenden Perioden am Ruder bleibt. Statt dessen werden wir uns als Manager zu der Anerkennung durchringen müssen, daß wir Spezialisten sind, die für ein Gebiet der Resonanzspirale eher geeignet sind als für ein anderes.

Übrigens, Paula sagte mir, daß sie morgen Früh nach Moskau fliegen wird. Als wir miteinander gesprochen haben, habe ich ihr in unser aller Namen alles Gute gewünscht. Ich kann kaum erwarten zu erfahren, wie es ihr ergangen ist.

Wir sehen uns alle bald – hoffentlich anläßlich einer weiteren unserer Zusammenkünfte. Ich vermisse Sie alle.

Grüße

David

So eine lange Nachricht von unserem pragmatischen David war irgendwie eine Überraschung. Fast so überraschend wie seine Idee, daß multifunktionale Manager der Vergangenheit angehören könnten. War das auch mein Problem, fragte ich mich. War ich nicht mehr synchron? War ich nicht sicher, was von mir auf dieser Stufe der Resonanzspirale erwartet wurde? Übte ich auf die falsche Weise Zwang aus? Ich begann zu denken, daß wir uns in meiner Firma wirklich auf eine Periode zubewegten, in der die Regeln des Spieles – um den Professor zu zitieren – angenommen werden mußten. Und das schien sich mit Davids Bemerkung zu treffen, daß sich die Führungspersönlichkeiten auf dieser Stufe der Resonanzspirale auf „Struktur“ konzentrieren müßten. Nur dann konnten wechselseitige Abhängigkeiten gefördert, und die einzelnen Teile dazu gebracht werden, sich in das gesamte Puzzle einzufügen. Und genau das war es, was ich verzweifelt brauchte. Ich mußte einen Weg finden, um eine Verschmelzung der beiden Kulturen zu erreichen, die begannen, sich in einander bekämpfende Fraktionen innerhalb meiner Firma zu verwandeln. Eine enge Struktur könnte sich sehr wohl als richtige Antwort auf dieses Problem herausstellen.

Am folgenden Tag sprach ich mit meinem Management-Team darüber, solch eine neue Organisationsstruktur zu entwerfen. Ich schlug eine Struktur vor, die sicherstellen würde, daß ein solides und rasches System von Berichten eingerichtet wurde, so daß jeder aus dem Management-Team auf dem laufenden war und die letzten Markt- und Verkaufszahlen kannte. Ich wollte die Aufmerksamkeit der Firma ganz klar auf Wachstum konzentrieren – und ich erwartete von jedem, daß er in der Lage war zu zeigen, daß jede unternommene Handlung tatsächlich zu greifbaren und sichtbaren Ergebnissen führte. Das würde, fuhr ich fort, erheblich durch eine Struktur unterstützt werden, in der jeder in der Firma seinen Beitrag zum Wachstum der Firma als gesamter sehen konnte.

Die Idee wurde mit einer gewissen Skepsis aufgenommen. Mein Management-Team schlug vor, daß wir mehr Aufmerksamkeit auf unseren strategischen Schwerpunkt als auf unsere Organisationsstruktur legen sollten. Die strategische Richtung, meinten sie, war nach der Fusion von erheblicher Bedeutung. Sie sagten, vielleicht sollten wir erwägen, interne Geschäftseinheiten aufzubauen, die uns helfen würden, bessere Kooperation zwischen den verschiedenen Abteilungen anzuregen, die es in beiden Firmen vor der Fusion gegeben hatte. Anfänglich stimmte ich zu, daß einiges dafür sprach, aber dann dachte ich an die Resonanzspirale und an die Ideen, die David mir über die sich verändernde Rolle von Management und Führerschaft-Schwerpunkt mitgeteilt hatte, und ich beschloß, nicht nachzugeben. Nein, sagte ich. Wir brauchten eine Struktur, die die Fortsetzung des Wachstums sicherstellen würde. Das war die treibende Kraft hinter der ursprünglichen Entscheidung, in die Fusion einzutreten. Wir waren nicht, fuhr ich fort, in die Fusion eingetreten, um Zugriff auf ein neues Produkt oder eine neue Technologie zu bekommen. Die Fusion war nicht von einer Vision getrieben. Sondern sie bot uns eine Möglichkeit, unsere Kräfte zu verbinden, um weiteres Wachstumspotential zu schaffen. Ich hätte ergänzen können, daß meine Partner in Sachen Evolution und ich befunden hatten, daß es bedeutete, daß die Firma in den unteren Abschnitt der Resonanzspirale eingetreten war – und das implizierte, daß der Schwerpunkt, der Zwang, der Antrieb in Richtung der Schaffung von Kontrollstrukturen gehen sollte. Aber statt dessen sagte ich einfach, wenn die Firma mehr als nur dem Namen nach eine einzige werden sollte, dann wäre eine Organisationsstruktur, die sich auf die Förderung und Fortsetzung von Wachstum richtete, ein mächtiges Werkzeug dafür.

Nachdem ich meinem Management-Team fast zwei Stunden lang zugehört hatte, beschloß ich, daß es an der Zeit war, die Diskussion zu beenden. Wir würden eine neue Organisationsstruktur schaffen müssen, sagte ich. Vieles, das sie vorgeschlagen hatten, war wichtig, könnte aber erst angesprochen werden, wenn wir einmal ein System in Bewegung gesetzt hätten, das wirklich wechselseitige *Abhängigkeiten* schaffen würde. Ich hatte das Wort benutzt, ohne wirklich nachzudenken, aber ich dachte, das würde sie glauben machen, ich wendete irgendeine neue Management-Theorie an und würde nicht bloß etwas in die Praxis umsetzen, das ich mit einer Gruppe Gleichgesinnter diskutiert und entwickelt hatte. Zu diesem Zeitpunkt gab es keinen Bedarf, stellte ich fest (noch zu irgendeinem anderen), dieses Treffen in eine Lektion über die Resonanzspirale zu verwandeln. Wenn das jemals notwendig wäre, würde es später kommen, sobald die Ideen, an denen wir arbeiteten, eine greifbarere Form angenommen hatten.

Dann sagte ich, daß ich ein Team einsetzen würde, um diese neue Struktur zu entwickeln, und benannte drei aus meinem Management-Team. Ihnen erteilte ich den Auftrag, dem gesamten Team innerhalb von zwei Wochen Bericht zu erstatten. Das Stöhnen, das meine Forderung auslöste, ließ mich lächeln.

„Warten Sie ab, bis ich Ihnen sage, wie schnell diese neue Organisationsstruktur implementiert werden muß", sagte ich und lächelte sie an. Ich raffte meine Papiere zusammen und ging, ihre erstaunten Gesichter tief in mein Gedächtnis eingeprägt.

☆

„Ich habe nicht gedacht, daß es so etwas auslösen würde", sagte David und lächelte, als wäre er mit sich selbst wirklich zufrieden.

Es war einige Tage später, und David, Dory und ich hatten uns entschlossen, nach der Arbeit einen schnellen Drink zu nehmen. Claire hatte unglücklicherweise ein Treffen außerhalb der Stadt, aber sie versprach, das nächste Mal wieder mit dabei zu sein.

„Ich nehme an, Paula wird recht bald zurückkommen", sagte Dory.

„Ja, wir erwarten sie übermorgen", antwortete David.

„Waren Sie schon in Kontakt?" wollte ich wissen.

„Sie rief an, um mir zu sagen, daß sie gut angekommen ist. Sie schien in guter Stimmung und erzählte mir von der Kälte. Aber seither hat sie sich nicht gemeldet. Ich habe ihr gesagt, sie soll sich die Neuigkeiten aufheben, damit sie es uns allen zugleich erzählen kann."

„Das klingt nicht nach dem besorgten Vater unseres letzten Treffens", stichelte Dory.

„Ich dachte, wir wären darüber zu einer Übereinkunft gekommen. Paula ist jedenfalls alt und klug genug, um sich selbst um alles zu kümmern. Ich denke, diese Unabhängigkeit ist gut für sie. Sie soll nicht vergessen, daß sie einen Vater hat – aber ich würde mir wünschen, daß sie ihre diesbezüglichen Gefühle und ihre geschäftlichen Pflichten in zwei sehr unterschiedlichen Kästchen aufbewahrt."

„Ich glaube, das ist eine vernünftige Entscheidung", sagte Dory und sah etwas ernster drein. „Man sagt, daß man Geschäft und Vergnügen nicht mischen soll. Nun, ich glaube auch nicht, daß Firma und Familie sich gut mischen. Und bevor Sie sagen, daß es eine große Anzahl von Familienbetrieben gibt – das weiß ich. Aber viele davon basieren auf einer Art patriarchalischem Geschäftsstil, der in der heutigen Welt eher überflüssig scheint. Sie scheinen diese Art von „natürlichem" wirtschaftlichem Führer zu brauchen, von der David richtig meint, daß sie immer schwieriger zu finden ist. Obwohl ich glaube, daß bei einer kleinen Firma das Problem des Wachstums oder der Resonanzspirale weniger herausragend sein mag."

Wir legten eine kleine Gesprächspause ein, während David noch eine Runde bestellte. Es war nett, das hier mit Freunden zu teilen. Es gefiel mir, auch wenn ich so etwas nur selten unternahm.

David kam mit unseren Getränken zurück. Nachdem er einen Schluck von seinem traditionellen Bitter genommen hatte, stellte er sein Glas ab und drehte sich zu Dory.

„Aber stimmt das, Dory?" fragte er. „Betrifft die Resonanzspirale nur große Organisationen? Ich kann nicht glauben, daß das stimmt. Man kann nicht sagen, daß Evolution nur gewisse Bereiche des Lebens beeinflußt. Also warum sollte unsere Spirale nur Firmen mit mehr als soundsovielen Mitarbeitern betreffen? Das ist unlogisch. Denn kleine Firmen – sogar Familienbetriebe – sind auch wachstumsorientiert. Es gibt die feste Absicht, der nächsten Generation ein gesundes und profitables Unternehmen zu übergeben. Und das bedeutet, daß auch ein kleines Geschäft dem Wachstumsdruck ausgesetzt ist."

„Lassen Sie uns das ein wenig weiter verfolgen." Ich fühlte, daß es eine wichtige Lektion war. „Wenn wir sagen, daß sogar eine kleine Einheit ihrer eigenen Resonanzspirale unterliegt, dann könnte das bedeuten, daß innerhalb einer Firma eine ganze Anzahl von Spiralen zur selben Zeit wirkt. Ich meine, denken Sie an einige der großen diversifizierten multinationalen Konzerne. Sie sind oft in einer Vielzahl von Geschäftsbereichen tätig, von denen jeder seine eigenen besonderen Zwänge und Grenzen hat. Wir haben schon festgestellt, daß das bedeuten würde, daß jeder Geschäftsbereich, jede Abteilung, auf einem anderen Ort auf der S-Kurve ist. Einige Abteilungen mögen gerade aus der Stufe des Lernens entstehen und sich durch rapides Wachstum nach oben bewegen. Andere mögen sich der Reife nähern und erleben, wie die Wachstumskurve abflacht. Für eine große Firma bedeutet das, daß ihre eigene Wachstumskurve aus einer ganzen Reihe kleinerer Kurven besteht, wobei jede Abteilung auf einer anderen Position auf einer anderen Kurve ist."

Ich blickte mich um und erntete einiges ermutigendes Nicken. Ich ging davon aus, daß es bedeutete, ich solle fortfahren.

„Ich denke, daß auch für die Resonanzspirale stimmen muß, was für die S-Kurve gilt. Es gibt nichts, das nahelegt, daß jede einzelne Einheit innerhalb einer großen Firma genau zur gleichen Zeit an derselben Stelle auf der Resonanzspirale sein muß. Wenn jede einzelne Einheit unabhängig entsteht, dann ist es in der Tat sogar höchst unwahrscheinlich, daß so etwas der Fall ist. Statt dessen wird jede Einheit den Phasen ihres eigenen Resonanzzyklus mit ihrer eigenen Geschwindigkeit folgen."

Aber wenn das so ist", warf David ein, „wie kann ein Manager eines solchen Multis Handlungen setzen, die für die ganze Firma angemessen sind? Er kann nicht eine Vielfalt von Strategien verfolgen, in der Hoffnung, daß eine davon für eine bestimmte Einheit stimmig sein wird."

„Aber das muß das Ziel sein. Nicht die ganze Palette von Strategien – wir alle sind uns einig, daß das närrisch wäre –, aber natürlich das Erreichen von Resonanz. Wir müssen das tun. Wir alle waren uns einig, daß darin das erste Ziel all unserer Aktivitäten liegen muß. Ich denke, wir müssen auf diese oder jene Weise eine Situation schaffen, in der all die individuellen Einheiten nach derselben Sache streben – ob Automonie oder wechselseitige Abhängigkeiten. Wenn wir das tun, dann können wir hoffentlich Strategien entwerfen, die auf alle Teile unserer Firma anwendbar sein werden."

„Darf ich etwas fragen?" Dory zeigte auf, als wäre sie in einem Klassenzimmer und versuchte, die Aufmerksamkeit ihres Lehrers auf sich zu lenken. „Verlieren wir in all dem die Evolution nicht aus den Augen? Ich weiß, daß wir fürchterlich mit der Resonanzspirale beschäftigt sind, aber das alles hat doch mit unserer Diskussion über Evolution begonnen. Und ich glaube nicht, daß wir das vergessen sollten. Deshalb habe ich in diesen Begriffen über das nachgedacht, was Sie gesagt haben."

Während sie einen Schluck von ihrem Getränk nahm, hielt sie die Hand hoch. Es war eine der Gesten, die ich an dieser hochintelligenten Frau schätzen gelernt hatte. Sie bedeutete, daß sie sich Zeit nahm, um ihre Gedanken in Ordnung zu bringen, ehe sie sie uns hören ließ. Sie stellte ihr Glas ab und begann auf diese konzentrierte, atemlose Weise zu sprechen, die ich immer besonders überzeugend fand.

„Wenn ich an Evolution denke", sagte sie und sah David und mich an, „denke ich fast automatisch an die DNA. An die Struktur der DNA. Sie scheint im Zentrum des evolutionären Prozesses zu stehen. Und wir wissen jetzt, daß DNA-Strukturen sich kombinieren und rekombinieren, um Evolution hervorzubringen. Vielleicht sagen wir hier, daß jede Resonanzspirale – und ich meine jede von diesen Spiralen, die das Ganze ausmachen – in der Tat wie eine DNA-Struktur ist. Wenn wir das erkennen, können wir sehen, daß das, was wir wirklich haben, Resonanzstränge sind. Ich denke, das ist eine gute Beschreibung, meinen Sie nicht?"

„Dory, manchmal sehen sie wie eine Katze aus, die den süßen Rahm, um den sie herumschleicht, gerade bekommen hat", meinte David mit einem breiten Lächeln auf den Lippen. „Aber ja – es ist eine gute Beschreibung, und eine, mit der ich leben kann. Sie auch, Geoffrey?"

„Sicher. Und ich kann auch mit dem Rest von Dorys Vorstellung leben. Obwohl, ohne zu viel Aufhebens darum zu machen, möchte ich betonen, daß die Chance dafür, daß eine Mutation der DNA stattfindet, innerhalb einer Generation ungefähr eins zu hundert Millionen steht. Ich hoffe, für soziale Veränderungen gelten diese Quoten nicht – sonst bleiben wir für alle Ewigkeit, wo wir jetzt sind."

„Schon recht, kluges Kerlchen", sagte Dory und lächelte mich an. „Ich meinte es nur als Illustration – nicht als Dogma. Aber abgesehen davon, gefällt mir die Vorstellung von Resonanzsträngen. Denn sie bedeutet, daß wir mit einer sich ständig evolvierenden Struktur arbeiten, die ausgerichtet werden kann, indem man sicherstellt, daß jeder der Stränge dazu gebracht wird, mit den anderen mitzuschwingen. Wenn man das tut, können sie alle auf einen einzigen Zweck gerichtet werden. Denn diese Stränge – und da wird mein Vergleich mit der DNA brauchbar – können sich miteinander verbinden, glaube ich. Was wir wissen müssen, ist, wo sie sich verbinden – und wann. Ich denke, das muß geschehen, wenn sie auf derselben Wellenlänge sind. Wenn Sie nicht auf derselben Wellenlänge sind, hören Sie nur Dissonanz. Resonanz impliziert eine Gemeinsamkeit der Wellenlängen. Das ist eine der grundlegenden Erfordernisse."

„Also sagen wir wieder einmal", warf ich ein, „daß Evolution davon abhängt, Resonanz zu schaffen. Erst wenn wir das geschafft haben, können wir erwarten, daß sich etwas ändert. Und dann verändert es sich, indem es zum Zerfall oder zur nächsten Stufe des Resonanzzyklus fortschreitet."

Wieder schwiegen wir alle und schufen ein kleines Meer der Stille in dem sonst so lauten Pub. Ich erinnerte mich an eines der ersten Abendessen, die unsere kleine Gruppe gemeinsam eingenommen hatte – wie erstaunt ich gewesen war, daß eine Gruppe in einem überfüllten Raum Privatheit finden konnte. Das gleiche geschah heute wieder. Wir waren umgeben von Menschen, aber sie konnten nicht in den kleinen Raum eindringen, der uns einhüllte.

„Wissen Sie, David", sagte Dory, „Sie sind ein Mann voller Überraschungen. Ich hätte niemals gedacht, daß Sie die Geduld haben würden, sich hinzusetzen und die Nachricht zu schreiben, die Sie uns geschickt haben. Ich war verblüfft von ihrer Länge – und von Ihren Einsichten."

„Dory, Sie müssen wirklich nicht mit Ihrer schlechten Meinung über mich Ihren Verstand darüber hinwegtäuschen, daß ich nicht in allem, was ich tue, ein Versager bin."

„Nur in einigem", warf sie schnell ein, mit einem breiten Lächeln, damit David wußte, daß es ein Scherz war. „Aber ernsthaft, Ihre Nachricht zeigt, daß Sie beim Verstehen der Anforderungen, die an heutige Manager gestellt werden, alles andere als versagt haben. Ich war wirklich entzückt von der Art, wie Sie es für uns alle dargelegt haben. Das hat es mir ermöglicht, daraus einige Ideen abzuleiten. Ich habe sie aufgeschrieben und Kopien für Sie gemacht."

Mit diesen Worten öffnete sie ihre Aktentasche und zog einige Blätter Papier heraus, die sie uns reichte. Es war in einem kurzen, notizhaften Stil geschrieben, sehr ähnlich einem bürointernen Memo. Ich las es sorgfältig:

Anforderungen an das Management

- Sinn für Timing. Heute hat es keinen Sinn, Managementtheorien zufällig anzuwenden. Es genügt nicht mehr zu wissen, was wir tun müssen – wir müssen auch wissen, wann wir es tun müssen.
- Ein besonderer Stil für jede Wachstumsphase. Ein Manager wird während der spezifischen Stufen der Organisationsentwicklung spezifische Antriebe einsetzen müssen.
- Eine Ahnung von den Möglichkeiten der Umwelt. Das bedeutet, daß er viel besser über alles informiert sein müssen wird, was in seiner Welt vor sich geht, und daß er verstehen müssen wird, welche Bedingungen für die weitere Entwicklung gegeben sind.
- Eine Fähigkeit, die Bedingungen herzustellen, damit Organisationen zur rechten Zeit den geeigneten Fokus entwickeln. Das erfordert ein Verstehen der Zyklen, durch die eine Firma geht, und der Triebkräfte, die auf jeder Stufe gebraucht werden.

Sowohl David als auch ich lasen die Liste mit wachsender Begeisterung. Es schien, daß Dory wieder einmal in der Lage gewesen war, all unser Denken in einige wenige kurze Sätze zu komprimieren.

„Sehr beeindruckend, Dory", sagte ich. „Aber ich denke, wir werden etwas anfügen müssen – besonders im Lichte Ihrer Bemerkungen über Resonanzstränge. Ich denke, sie sollten im Denken eines Managers einen prominenten Platz einnehmen. Also schlage ich vor, hinzuzufügen, daß Manager den Glauben brauchen, daß sie innerhalb ihrer Organisation Resonanzstränge schaffen können, die zu Wachstum führen können."

„Ich stimme zu", sagte David. „Dann scheint die Liste perfekt. Ich wünschte, ich wäre früher zu etwas so kurzem wie dem da gekommen – das hätte mir eine Menge Zeit erspart."

„Aber ob es dieselbe Resonanz geschaffen hätte?" fragte Dory, und ihre Augenbrauen hoben sich in einer Frage. „Kürze ist nicht immer der beste Antrieb für Resonanz."

Wir sprachen einige Zeit über eine Reihe von Angelegenheiten, aber niemand von uns wollte zu spät heimkommen. Wir wußten, daß wir uns sehr bald wieder treffen müssen würden, um alles mit Paula zu besprechen. Als ich David drängte, mir zu sagen, ob sie irgend etwas gesagt hätte, was für uns von Interesse war, wiederholte er einfach, was er uns vorher schon gesagt hatte.

„Ich habe versucht, etwas mehr aus ihr herauszubekommen, aber sie hielt es für besser, mir nicht früher mehr Informationen zu geben als Ihnen. Sie sagte, sie würde mich genauso behandeln wie den Rest von uns: mit Respekt und Höflichkeit. Da habe ich gesagt, das wäre das erste Mal in meinem Leben, daß sie mir diese besonderen Eigenschaften gezeigt hätte."

„Und wie hat sie darauf reagiert?" fragte ich, als wir gemeinsam das Pub verließen.

„Alles andere als höflich, Geoffrey. Alles andere als höflich."

☆

„Er hat also gesagt, daß ich alles andere als höflich war, wirklich?" fragte Paula, und ihre Augen lächelten mich mit diesem schelmischen Vergnügen an, das ihr Gesicht mit reiner Schönheit zu überziehen schien.

Sie war gerade in meiner Wohnung angekommen, und ich hatte die Zeit totgeschlagen – obwohl ich zugeben muß, daß ich ihre Anwesenheit durchaus genoß –, indem ich die sonderbare Geschichte über ihren Vater und darüber erzählt hatte, wie er die Rolle des Zynikers in unserem kleinen Kreis angenommen hatte.

„Ich vermute, daß er zynisch sein kann", hatte sie zugestimmt, „obwohl er immer versucht, es als „praktisch sein" abzutun. Ich stelle mir vor, daß das eines der Dinge ist, die ich von ihm gelernt habe. Praktisch zu sein. Und die Dinge niemals für bare Münze zu nehmen."

„Niemals?"

Sie lächelte wieder ihr Lächeln, und es war wie immer entzückend.

„Schwerlich immer", sagte sie und senkte ihre Augen auf die Kaffeeschale, die sie sorgfältig auf den Knien balancierte. Als ich das bemerkte, sprang ich auf und fragte, ob sie noch Kaffee wollte. Sie nickte mir ihren Dank zu und schlürfte bedächtig die heiße Flüssigkeit.

„Ich bin schrecklich darauf gespannt, alles über Ihre Reise zu hören." Ich war unfähig, mich länger zu beherrschen. „Ich weiß, ich muß geduldig sein und warten, bis die anderen eintreffen, aber das heißt nicht, daß ich nicht teuflisch neugierig wäre."

„Ich weiß, daß sie das sind. Ich war es auch, als ich in den ehemaligen Ostblock geflogen bin. Ich war niemals dort gewesen, und der Gedanke, mit Leuten dort drüben Geschäfte zu machen, traf mich, als ich im Flugzeug neben einem gutgekleideten russischen Geschäftsmann saß. Wir kamen auf dem Flug ins Gespräch, und er entpuppte sich als eine ziemlich einflußreiche Person in einem der Ministerien. Er hatte zwischen seinem Land und westlichen Ländern – er bestand darauf, von kapitalistischen Ländern zu sprechen – einige Jahre lang Geschäfte abgewickelt und sagte, daß der Konflikt zwischen Kulturen oft die Wurzel aller möglichen Schwierigkeiten war, die in Geschäftsangelegenheiten auftraten. Das machte mich ziemlich besorgt, denn Kultur und Kunst sind oft so deutlich verbunden, daß es schwierig sein würde, sich dem einen ohne dem anderen zu nähern."

„Ich denke, wir alle erkennen die potentielle Gefahr in einem Zusammenstoß der Kulturen. Aber wir sehen auch, daß es ein Teil des Prozesses ist. Wir haben in unserer kleinen Gruppe viel Zeit damit verbracht, über Kultur zu sprechen – über Gesellschaften und ähnliches. Und einer der Schlüsse, zu denen wir gekommen sind, ist, daß jede einzelne Person im Grunde genommen eine Kultur in sich selbst ist. Und so besteht immer, wenn sich zwei Menschen treffen, die Möglichkeit eines Zusammenstoßes von Kulturen. Aber es ist oftmals der Zusammenstoß, der die Resonanz herstellen kann, die letztlich einer prosperierenden Partnerschaft zugrundeliegt."

„Wissen Sie, das ist genau das, was ich glaube, herausgefunden zu haben. Ich möchte nicht in die Details gehen – das wäre den anderen gegenüber nicht fair – aber ich kann sagen, daß Nicolai – das war der Künstler, den Leonid mir vorgestellt hat – und ich sicherlich ein gewisse Resonanz erreicht haben."

„Haben Sie ...?" fragte ich, zufrieden zu hören, daß alles gut gegangen war. „Das ist ermutigend. Ich würde Sie gern fragen ..."

Aber ich wurde von der Türglocke unterbrochen. Es waren Claire und Dory, die beschlossen hatten, sich ein Taxi zu meiner Wohnung zu teilen. Beide schienen gut in Form und begrüßten Paula und mich mit Enthusiasmus. Ich hatte ihnen gerade Kaffee eingeschenkt, als David ankam und, nachdem er seine Tochter geküßt hatte, uns alle mit seiner üblichen, geheuchelten Gleichgültigkeit begrüßte.

„Tja, David, ich freue mich zu sehen, wie sehr sie sich freuen, uns zu sehen“, sagte Dory, die sofort in ihre angenommene Rolle als Davids Quälgeist fiel. „Ich würde es hassen, mir vorzustellen, daß es ihnen wirklich gefällt, hier zu sein. Ich meine – wir wollen schließlich alles geschäftlich halten und kein Vergnügen haben, nicht wahr?“

„Das sehe ich auch so, Dory. Schließlich würde ich woanders hingehen, wenn ich Vergnügen suchte.“

„Vielen Dank, David“, sagte Claire, und ihre Stimme nahm einen Ton der Entrüstung an, der, so sehr sie sich bemühte, die offensichtliche Freude darüber, David wiederzusehen, nicht verbergen konnte. „Ich stimme völlig zu. Wenn wir nur wegen des Vergnügens hier wären, wüßten Dory und ich eine Menge geeignetere und aufregendere Plätze als diesen.“

„Nun, ich danke Ihnen beiden herzlich“, mischte ich mich in das Scharmützel ein. „Ich gestehe, daß es nicht der heißeste Platz in der Stadt ist, aber ich denke, es ist auch nicht der schlimmste.“

„Sicher nicht“, sagte Dory. „Er scheint nur die falschen Leute anzuziehen.“

„Gut, Dory, Sie haben gewonnen.“ David ging quer durch den ganzen Raum, um seinen Arm um sie zu legen. „Ich bitte um Verzeihung, falls ich mürrisch war. Es ist nur ein Spiel, wirklich. Ich bin eben in der Rolle des Zynikers besetzt, und ich tue einfach mein Bestes, um diese Rolle auch mit Leben zu erfüllen.“

Die Neckereien hielten für einige Minuten an, während ich mich mit dem Nachfüllen der Kaffeetassen beschäftigte und sicherstellte, daß frischer Nachschub vorhanden war, und einige Flaschen Mineralwasser auf ein Tablett auf ein Beistelltischchen stellte. Ich fühlte, daß die bevorstehende Diskussion interessant werden würde, und ich wollte von nichts dabei gestört werden.

„Na gut. Machen wir weiter“, sagte ich und schlug mit dem Kaffeelöffel leicht gegen den Rand der Tasse. „Wir alle sind ungeduldig zu hören, wie es Paula ergangen ist. Also Paula, die Bühne gehört Ihnen!“

Paula schwieg für einen Augenblick, und ihr Gesicht zeigte ihre Konzentration. Ich erkannte den Blick wieder – ich hatte ihn oft auf dem Gesicht ihres Vaters gesehen, wenn er versucht hatte, seine Gedanken zu organisieren, ehe er sie uns mitteilte. Wie der Vater, so die Tochter, hörte ich mich denken.

„Das erste, was ich zugeben muß, ist, daß nichts so war, wie ich es erwartete hatte. Ich war mit einem Bild dorthin gefahren, das ebenso von Doktor Schiwago geprägt war wie von meinem Wissen über ein totalitäres Regime, das Individuen für weniger wichtig hielt als die Gesellschaft. Wo freier Ausdruck – nach meiner Meinung das wahre Wesen jeder Kunst – wenn nicht unterdrückt, so doch mißbilligt worden war, und die Künstler gezwungen waren, politisch korrekte Werke zu schaffen. Das alles schien für meinen Verstand die genaue Antithese zu einer vielversprechenden Umgebung zu sein, in der Werke von künstlerischer Bedeutung entstanden sein könnten.

Ich hatte unrecht. Völlig unrecht. Während der Staat die Kunst diktiert hatte, die die Massen bewegen sollte, hatten die Künstler weiterhin das getan, was sie am besten können: gegen Autorität rebellieren. Natürlich wurde die Rebellion streng unter der Decke gehalten. Aber sie war da. Sehr definitiv war sie da. Und am Leben gehalten wurde sie durch die nackte Entschlossenheit von Künstlern, nicht das zu verraten, was ihnen am meisten wert war.

Als ich ankam, erwartete ich, hauptsächlich junge Menschen zu treffen – diejenigen, die jetzt die Früchte der Perestroika ernten und aktiv ermutigt wurden, am Wiedererstehen der Kunst in den ehemals kommunistischen Ländern mitzuwirken. Aber das war nicht der Fall. Ich habe etwas entdeckt, das ich mir niemals erträumt hätte.

Der erste Mann, dem mich Leonid vorstellte, war Nicolai – und der stellte sich als wahrer Schatz heraus. Ich hatte nicht erwartet, jemanden zu treffen, der nach einem Zaren benannt ist – aber da war er. Er war fast fünfzig – und hatte sein ganzes Leben unter dem Kommunismus verbracht. Ich erwartetete, daß er durch die neue Freiheit, die er hatte, irgendwie aufgebaut sein würde – aber er sah mich an, als würde ich über etwas völlig Fremdes sprechen. Er hatte an der Einstellung der Gesellschaft zur Kunst keine Veränderung bemerkt. Auch nicht daran, wie seine Werke besprochen wurden. Der Untergang des Kommunismus hatte für ihn nicht stattgefunden."

„Paula", sagte Dory, die ihren Mund nicht länger halten konnte, „wollen Sie uns sagen, daß der Fall des Kommunismus für Nicolai überhaupt nichts bedeutet hat? Das kann ich nicht glauben."

„Das konnte ich zuerst auch nicht, Dory." Paulas Blick streifte jeden von uns. „Aber alle meine Diskussionen zeigten, daß es genauso ist. Nicolai hat keinerlei Veränderungen bemerkt. Seine Kunst wird immer noch nicht anerkannt. Es gibt keine Schlangen, die darauf warten, seine Arbeiten in Galerien anzuschauen. Es ist einfach wie immer."

„Liegt das daran, daß die Künstler soweit gekommen waren, den Status quo zu akzeptieren?" fragte Claire.

„Ich glaube nicht. Ich denke, wenn es an etwas liegt, dann daran, daß sie den Status quo des kommunistischen Regimes eben niemals akzeptiert haben. Ich glaube, Nicolais Geschichte unterstreicht das. Er studierte Kunst, lernte alles über den sozialistischen Realismus und begann zu arbeiten. Aber er arbeitete niemals innerhalb der engen Grenzen, die durch politische Bedürfnisse gesetzt waren."

„Das ist fazinierend, Paula", konnte ich nicht unterlassen zu sagen. „Das öffnet eine völlig neue Perspektive auf eines der größten Gebiete, die uns in letzter Zeit zugänglich geworden sind. Machen Sie weiter – erzählen Sie uns über seine Gemälde."

„Geoffrey – das werde ich. Aber das kann ich nicht, wenn Sie mich ständig unterbrechen. Also – wo war ich?"

Wir alle begannen gleichzeitig, ihr Gedächtnis aufzufrischen, aber Paula hob die Hand, um uns zu bitten, still zu sein. Wie eine Gruppe von Kindern, denen jemand eine Schüssel Eis versprochen hat, entschlossen wir uns, den Mund zu halten. Für den Augenblick ...

„Danke", sagte Paula mit unüberhörbarer Ironie in ihrer Stimme. „Wenn ich also fortfahren darf ... Nicolai rebellierte – obwohl ich nicht wirklich glaube, daß er das so gesehen hat – und wurde eines der Gründungsmitglieder einer Gruppe, die sich Nemiga-17 nennt ..."

„Auf der Suche nach Abhängigkeiten", flüsterte Dory und erntete einen Blick der Mißbilligung von Paula.

„... die wirklich den Kampf von Künstlern gegen die Beschränkungen der Parteipolitik verfocht. Die formalen erzählerischen Illustrationen, die die Partei verlangte, wurden von der Gruppe zurückgewiesen. Statt dessen ließen sie sich von metaphorischem assoziativem Sprechen beeinflussen und inspirieren. Die Arbeiten wurden sehr sachlich, als würden die Künstler versuchen, in die Szenen, die sie darstellen, hineinzugreifen und die wahre Seele der materiellen Welt und von Raum und Zeit zu fassen. Das Ergebnis sind Gemälde, die enorm emotional sind – und doch manchmal kindlich einfach. Sie sind in großem Maßstab ausgeführt und doch intim, geradezu beschaulich, trotz der Größe der Leinwände.

Und was wirklich aus all diesen Gemälden schreit, die ich gesehen habe – und ja Geoffrey, es muß viele, viele Gemälde geben, alle von außergewöhnlicher Qualität –, ist die Sehnsucht nach Freiheit. Es ist der Schrei der Rebellion. Und der Entschlossenheit eines Künstlers, sich selbst treu zu bleiben.

Meine Freunde", sagte Paula und sah von einem zum anderen, während wir in einer Stille verharrten, die ihre Leidenschaft, ihr Glaube für uns unantastbar machte, „was ich auf meiner Reise gefunden habe, war das verbotene Land. Ein Land, in dem die Künstler die Flamme der Kreativität am Leben gehalten hatten. Sie beschützt hatten. Geliebt hatten. Genährt hatten. Und ihre Kraft darin gefunden hatten. Was die Werke von Nicolai zeigen, ist die Fähigkeit des Künstlers, seine kreative Seele vor einer verständnislosen umgebenden Welt zu beschützen."

Paula hörte zu sprechen auf, und ihr Blick wandte sich nach innen, als würde sie, dieses Mal aus der Ferne, die Kunstwerke betrachten, die sie so leidenschaftlich beschrieben hatte. Und in ihrer Stille schuf sie in unserer kleinen Gruppe – unserem Darwin-Kreis – eine Resonanz, die wir seither in Ehren gehalten haben.

David war der erste, der diese Stille wieder durchbrach.

„Paula – ich stelle fest, daß ich in dieser Gruppe als Philister besetzt bin, verzeih mir also, wenn ich die Rolle spiele, die man mir gegeben hat."

„Hören Sie doch auf, David", sagte Claire. „Sie sind ebensosehr ein Philister wie Geoffrey – und das heißt gar nicht. Sie haben dieses intelligente junge Mädchen großgezogen – was nur beweist, daß Darwin recht hatte mit seiner Annahme, daß Mutationen stattfinden können. In diesem Fall: ein Philister, der eine Ästhetin hervorgebacht hat."

„Gut, Claire, danke für Ihren Vertrauensbeweis. Nun – wie ich gerade sagen wollte ..."

„ ...ehe ich so rüde unterbrochen wurde ...", fielen wir alle wie der Chor in einer antiken griechischen Tragödie ein.

„Wie ich gerade sagen wollte", fuhr David fort, und seine Augen zeigten jetzt denselben Ausdruck, den Paula verwendet hatte, um unsere Unterbrechungen abzustellen, „das bedeutet also, daß du Kunstwerke ausgegraben hast, die hier im Westen einen Markt haben könnten? Das war", fügte er mit unverhüllter Ironie hinzu, „der Zweck der Übung. Zumindest hat man mich das glauben lassen ..."

„Ja, Vater, Du hast recht. Ich bin dorthin gefahren, um die Möglichkeit zu erkunden, ein Geschäft auf die Beine zu stellen. Und diese Möglichkeiten sind sehr, sehr real. Ich bin überzeugt, daß wir auf eine sehr profitable geschäftliche Möglichkeit gestoßen sind. Und doch war für mich als Kunststudentin die ganze Umwelt so aufschlußreich. Wir werden uns hier im Westen nicht mehr mit dem Gedanken tragen können, daß die Umwelt einen so bedeutenden Einfluß auf eine ganze Generation – in der Tat auf eine ganze Nation – von Künstlern haben kann. Wir haben uns an die Vorstellung von einem Künstler als einem freischaffenden Individuum gewöhnt. In der Tat fördern wir das. Im Osten haben sie das genaue Gegenteil gefördert und versucht, einem Bereich Ordnung aufzuzwingen, der niemals geordnet werden kann."

„Ich würde nicht so weit gehen, das zu behaupten", warf ich schließlich ein. „Einige der größten Künstler haben innerhalb sehr enger formaler Strukturen Meisterwerke geschaffen. Sehen Sie sich die ganze Ikonenmalerei an. Ihre formale Einigkeit in der äußeren Form bedeutete, daß die Kreativität auf den Kontext gerichtet war, und nicht auf die Form. Wenn Sie ein anderes Beispiel wollen, nehmen Sie Bach: Er schuf einige seiner größten Meisterwerke in der strengsten musikalischen Form, die jemals entwickelt wurde, der Fuge. Also glaube ich nicht, daß es für diese Künstler nötig war, gegen eine Form zu rebellieren."

„Kommen Sie, Geoffrey", sagte David, „die Kunst selbst ist Bewegung. Entwicklung. Evolution. Sie erwähnen Bach – aber seine Überlegenheit in der Fuge machte es für seine Nachfolger unmöglich, in dieser Form noch irgend etwas Bedeutungsvolles zu sagen. Sein Erfolg führte automatisch zu einer neuen Ära der Evolution. Überragende Leistungen sind ein Kennzeichen des Endes einer Ära – nicht des Beginns einer neuen. Wir kommen zum Gipfel, und dann geht es abwärts. Das wissen wir alle."

„Aber ich denke nicht, daß es ganz so einfach war", sagte Paula mit konzentriertem Ernst. „In der Sowjetunion versuchte die Partei, das Entstehen einer neuen Richtung zu verhindern, indem sie die Fortführung der bestehenden Richtung diktierte. Dadurch, daß man künstlich etwas am Leben gehalten hat, das unter natürlichen Bedingungen einfach gestorben wäre und etwas Neuem erlaubt hätte zu entstehen. Alles, was wir jetzt sehen, sind die jungen Schößlinge, die weit länger im Untergrund waren als es sonst der Fall gewesen wäre."

„Wissen Sie, was mich fasziniert", sagte Dory nach einer kurzen Stille, „ist das Bedürfnis der Künstler, gemeinsam Abhängigkeiten aufzuspüren. Sie alle waren Individuen, und doch schufen sie aktiv die Gruppe – diese ..."

Sie schaute Paula um Hilfe bittend an.

„Nemiga-17“, sagte Paula.

„Nemiga-17, danke, weil ihnen das erlaubte, die Resonanz miteinander zu teilen, von der ihre Rebellion leben mußte. Das ist noch eine Bestätigung der Ideen, die wir entwickelt haben. Wir haben immer gesagt, daß die Wirtschaft sehr stark die Gesellschaft reflektiert. Also sollte es uns nicht überraschen, daß die Gesellschaft derselben Resonanzspirale folgt, wie sie die Wirtschaft durchmacht. Diese Gruppe von Künstlern in Rußland ist ein großartiges Beispiel genau dafür: Autonomie, die wechselseitige Abhängigkeiten sucht und so ein Ganzes schafft. Und jetzt werden wir unvermeidlich feststellen – schließlich haben wir es hier mit kreativem Talent zu tun, das nur für beschränkte Perioden im Kombination existieren kann, bevor der Drang überhandnimmt, daß jeder „sich selbst treu ist“ –, daß die Gruppe in individuelle Elemente auseinanderfallen wird, sobald jeder der Künstler beschließt, seinem eigenen Weg zu folgen. Und dann wird die Spirale von vorne beginnen.“

„Sie haben recht, Dory“, Claire nickte heftig, wie sie es immer tat, wenn eine Idee sie gefangennahm. „Ich denke, was Sie beschreiben, ist eine beschleunigte Version unserer Spirale. Künstler neigen kraft ihrer eigensten Natur dazu, Individualisten zu sein, und werden deshalb leichter von Autonomie zu Abhängigkeit und wieder zurückwandern. Sie sind schließlich immer auf der Suche nach neuen Stimuli, und wechselnde Verbindungen sind ein ideales Mittel für sie, das zu erreichen.“

„Ich denke, da gibt es noch andere deutliche Parallelen zu unserem Denken“, sagte Dory. „Wir haben über das Setzen der Bedingungen gesprochen und darüber, Leute, Organisationen oder Bewegungen dazu zu bringen, sich auf die Stufe der Spirale zu konzentrieren, in der sie zu einem bestimmten Augenblick tätig sind. Die Künstler von Nemiga-17 waren gezwungen, ihre Identität in den Strukturen des Staates zu verbergen. Ihr Bedürfnis, ihre eigene Identität zu stärken – etwas, das jeder Künstler tun möchte – , führte sie dazu, Verbindungen zu bilden. Ich würde sogar sagen, daß Nicolai, als der Führer der Gruppe, seinen Blickpunkt verschieben mußte, von der Konzentration auf seine eigene Identität zu einem Blickpunkt, der eher das Ganze ins Auge faßt. Erst jetzt, da die Abhängigkeiten, die durch die Resonanz in der Gruppe geschaffen wurden, sich zu den individuellen Elementen bewegen, kann Nicolai, als „Leiter", seine Aufmerksamkeit davon abwenden, eine zusammenhängende Gruppe zu schaffen, eine einheitliche Front, wenn Sie so wollen, und sie darauf richten, individuelle Einheiten entstehen zu lassen. Schließlich bestand die Idee niemals darin, eine Gruppe zu schaffen – sondern darin, eine Plattform zu bieten, auf der jeder Künstler seine eigene Identität erreichen konnte. Jeder suchte nach Autonomie – und fand sie durch Abhängigkeit."

Während die Diskussion weiterlief, ging ich in die Küche, um ein paar Hors d'oevres vorzubereiten – aber auch, um mir zu erlauben, für einen Moment meine Gedanken zu sammeln. Die Diskussion mit meinem Freundeskreis war immer anregend, aber heute wollte ich praktischer werden. Ich wollte das Experiment ins Laufen bringen. Und ich wollte tatsächlich sehen, ob unsere wunderbaren Theorien in der wirklichen Welt bestehen können würden.

Als ich ins Zimmer zurückkam, war die Diskussion immer noch voll im Gange. Aber mein Anblick mit dem Tablett von Knabbereien brachte irgendwie Stille in den Raum. Das war genau das, was ich brauchte.

„Ich habe ein bißchen etwas zum Essen hergerichtet – und während Sie essen, möchte ich Ihre Aufmerksamkeit auf die praktischen Aspekte von Paulas Besuch richten. Ich weiß, daß es normalerweise David ist, der uns dazu drängt, praktisch zu sein – aber ich denke, ich habe das Recht, diese Rolle zu übernehmen, wenn es nötig ist."

„Aber gern", sagte David, den Mund halb voll Räucherlachs.

„Paula", sagte ich, „wie ist die Erfolgschance für unser Unternehmen?"

„Oh, Geoffrey – sie ist enorm. Ich traf Nicolai in seinem Studio. Es war ungewöhnlich groß – besonders für russische Verhältnisse. Wir verbrachten eine ganze Menge Zeit damit, über Kunst im allgemeinen zu sprechen und über seine Arbeit im besonderen. Es war ein ganzer Haufen Gemälde in seinem Studio, und er erzählte von ihnen, wie Eltern von ihren Kinder erzählen. Aber dann begannen wir darüber zu sprechen, miteinander Geschäfte zu machen. Sie würden seine Reaktion nicht glauben. Es war fast, als hätte ich ihm die Welt versprochen. Er verbrachte den ganzen Rest der Zeit damit, mir zu danken. Immer wieder sagte er, wie sehr er hoffte, daß ich an der Arbeit der Gruppe interessiert sei – und nicht nur an seiner. Er sei schließlich nur einer aus einer Gruppe, und ohne seine Kollegen würde er niemals die Kraft gehabt haben, den Kampf gegen die Dogmen des alten Regimes fortzusetzen.

Ich sagte, daß wir grundsätzlich daran interessiert wären, Kunst von hoher Qualität auszustellen – egal, wer die Künstler seien. Das war offensichtlich die richtige Antwort, denn dann stimmte er zu, mich seinen Kollegen von Nemiga-17 vorzustellen und sie dazu zu bringen, mir ihre Arbeiten zu zeigen. Nachdem er das getan hatte, fragte er, ob ich einige andere Arbeiten von ihm sehen wollte. Und als ich zustimmte, führte er mich einige wackelige Treppen hinauf in eine Mansarde – ja, ehrlich, eine Mansarde –, und dort waren so ungefähr hundert Gemälde, alle antlang der Wände ordentlich gestapelt. Ich fühlte mich wie Ali Baba, der gerade die Höhle der vierzig Räuber betritt. Nicolai lief zwischen den Stapeln von Gemälden hin und her, zog hier und dort eines heraus. Und ich stand einfach da, völlig berauscht von der Schönheit, die ich gefunden hatte. Ich fragte ihn immer wieder, warum er niemals ein einziges Gemälde verkauft hätte, und jedes Mal kam dieselbe Antwort: Niemand hatte je Interesse daran gezeigt.

Dieselbe Szene wiederholte sich in den Studios aller Künstler. Überall, wo ich hinkam, wurden mir Schatztruhen voll Kunst gezeigt – einige höchst originell, andere nicht so progressiv. Aber alle strahlten eine Ehrlichkeit aus, die für uns geradezu schon fremd geworden ist.

Ja, Geoffrey", sagte Paula, „es gibt Geschäftsmöglichkeiten dort. Und eine, von der ich will, daß wir sie ergreifen und das Optimum daraus machen."

„Also, was haben Sie vereinbart?", fragte ich.

„Ich sagte, daß wir etwa vierzig Gemälde ausstellen wollten – ich denke, das ist in Ordnung, was meinen Sie? – und habe Nicolai gebeten, die Auswahl der Werke in enger Zusammenarbeit mit Leonid zu überwachen – obwohl ich den Verdacht habe, Leonid ist wirklich nur da, um den Kontakt herzustellen, und hat nichts mit der tatsächlichen Auswahl der Gemälde zu tun. Jedenfalls sagte ich, daß ich in einigen Wochen nach Moskau zurückkehren würde, um mit ihm die endgültige Auswahl zu treffen. Und dann ist es eine einfache Sache, alles hierher zu verschiffen, die Eröffnung anzukündigen und sich zurückzulehnen und darauf zu warten, daß die begeistert tobenden Kritiken erscheinen."

Wir alle wollten Paula widersprechen – aber das Lächeln auf ihren Lippen zeigte uns, daß sie uns nur zum Besten hielt.

„Aber ernsthaft. Ich werde mit all den Vorbereitungen für die Eröffnung beginnen, sobald ich Ihre Erlaubnis habe. Und dann wird es harte

Arbeit werden, bis zum großen Tag. Das meiste davon werde ich machen – aber ich hoffe, ich kann auf jeden von Ihnen zurückkommen, falls ich etwas Hilfe brauche."

Wir alle nickten heftig zustimmend. Endlich schien es, daß unser kleines Unternehmen bereit war abzuheben.

☆

Später am Abend, nachdem jeder mit dem Versprechen gegangen war, sehr bald wieder Kontakt aufzunehmen, setzte ich mich an meinen Computer und fragte mich, ob es für mich in meiner Mailbox irgendwelche Nachrichten geben würde. Zu meiner Überraschung und Freude sah ich, daß der liebe alte Professor eine Nachricht für mich hinterlassen hatte. Ohne zu zögern, öffnete ich den Text.

@ An: gsheld@compuserve
Von: wiggino@privato.co.uk

Mein lieber Mr. Sheldon,
wieder einmal verspüre ich das Bedürfnis, Sie zu kontaktieren und Ihnen einige Ideen und Gedanken mitzuteilen, die ich unlängst entwickelt habe. Aber ich muß zugeben, daß vieles davon durch die ganz erstaunliche Nachricht von David inspiriert wurde, die Sie mir zukommen haben lassen. Nach allem, was Sie je über ihn gesagt haben, hätte ich niemals einen so elaborierten und interessanten Diskurs über Management erwartet. Ich bin sicher, daß es falsch von mir war, irgendeine vorschnelle Vorstellung von ihm anzunehmen, aber ich habe nur Ihr Wort, nach dem ich mich richten kann.
Seine Ideen über Führungspersönlichkeiten– darüber, daß man Manager braucht, die sich zu den verschiedenen Stufen unserer Resonanzspirale bekennen und sich die Kenntnisse aneignen, die für die Stufe, auf der sich eine Firma befindet, am besten geeignet sind – hat natürlich einen Akkord der Resonanz bei mir angeschlagen. Unser lieber David hat den Nagel auf den sprichwörtlichen Kopf getroffen, wenn ich eine so abgedroschene Phrase wählen darf. Das führt wirklich zu einigen neuen Gedanken über die von Managern verlangten Fähigkeiten. Ich hoffe, Sie alle werden es sich zu Herzen genommen haben ...

Als ich das las, mußte ich ein Lächeln unterdrücken. Der Professor hatte eine Art mich anzusprechen, die mir ein Gefühl gab, als wäre ich wieder in einem Hörsaal und würde den goldenen Worten von Leuten zuhören, die alles besser wußten als ich. Hätte ich den Professor nicht so sehr gemocht und respektiert, so hätte ich seine Attitüde wohl pompös und arrogant gefunden – sogar ziemlich sicher. Aber ich war bereit, seinen Tonfall zu akzeptieren. Ich griff nach dem Glas Whisky, das ich mir eingeschenkt hatte, und las dort weiter, wo ich aufgehört hatte.

Aber um zu den Gründen für diese Nachricht zurückzukommen: Ihre Entdeckung der Resonanzspirale hat mir Anlaß gegeben, vieles von meinem Denken über Veränderungen zu überdenken – insbesondere sozialen Wandel und die Art, wie ein solcher Wandel eine Organisation in eine oder die andere Richtung bewegen kann.

Als Ergebnis meiner Forschung habe ich fünf typische Dimensionen sozialen Wandels definiert. Einige davon scheinen die Organisation in Richtung Autonomie zu bewegen, während andere sie genau in die entgegengesetzte Richtung zu bewegen scheinen – zu den Abhängigkeiten. Außerdem scheinen sie sich entweder auf die Individuen innerhalb einer Firma zu konzentrieren oder auf die Firma als Ganze. Ich habe diese fünf Dimensionen folgendermaßen benannt: Verbindungen, Struktur, Beteiligung, Identität und Managementschwerpunkt. Sie stehen nicht notwendigerweise für eine einzelne Strategie, sondern eher für ganze Bündel von Strategien, die das selbstorganisierende Verhalten einer Organisation aufrechterhalten. Ich glaube, diese fünf Dimensionen sozialen Wandels können gemeinsam als soziale Architektur betrachtet werden. Als solche sind sie wesentlich für unser Verständnis der Art, wie Firmen evolvieren.

Ich denke, Sie werden mir zustimmen, daß es wichtig ist, diese Dimensionen und den Einfluß zu verstehen, den sie auf Organisationen haben können. Ich hoffe also, Sie werden es ertragen, wenn ich sie eine nach der anderen diskutiere.

Alle Strategien, die mit Verbindungen mit externen und internen Partnern zu tun haben, neigen dazu, sich völlig auf das Ganze zu konzentrieren. Sie basieren auf Offenheit, und das läßt entweder externe Verbindungen (mit externen Ganzen) oder interne Verbindungen (mit internen Ganzen) entstehen und stattfinden.

Struktur hat mit Verantwortlichkeit und Macht zu tun. Meiner Meinung nach richten sich auch hier die Strategien auf das Ganze. Sie verstärken die Kontrollen, die die Menschen als notwendig wahrnehmen. Das ist der Aspekt dieser Strategien, der dazu neigt, die wechselseitigen Abhängigkeiten innerhalb der Organisation zu bestimmen.

Die Beteiligung von Leuten ist in zahlreichen Handbüchern und Managementstrategien zum Schlagwort geworden. Und sie kann natürlich auf der geeigneten Stufe der Spirale wichtig sein. Beteiligung konzentriert sich auf die Individuen innerhalb der Organisation oder, anders gesagt, auf die organisatorischen Elemente. Die auf diese Dimension des Wandels gerichteten Strategien neigen dazu, Abhängigkeiten zu beeinflussen, da sie entweder Angestellte ermutigen, verwandte Initiativen zu entwickeln, oder versuchen, die Ausrichtung der Mitarbeiter durch Managementdirektiven zu betreiben.

Die Strategien, die mit Identität zu tun haben, konzentrieren sich auf die Individuen oder die organisatorischen Elemente. Durch Betonung entweder der individuellen Identität oder der Gesamtidentität beeinflussen diese Strategien die Suche nach Autonomie.

Und schließlich gibt es die Strategien des Managementschwerpunkts – egal ob sie sich auf strategische oder auf operationale Angelegenheiten richten. In jedem Fall können sich solche Strategien ebensosehr auf das Ganze wie auf seine Elemente konzentrieren, und somit die Suche nach Autonomie ebenso wie die nach Abhängigkeiten beeinflussen.

Wir müssen im Auge behalten, daß Firmen selbstorganisierend sind und deshalb sich selbst als eigenen Bezugspunkt verwenden. Was in der Firma geschieht, wird als die Norm betrachtet, an der alles gemessen wird. Und das kann manchmal zu einer sehr schiefen Sicht der Wirklichkeit führen. Ich denke oft darüber nach, wie Kontrolle regelmäßig als eine Art Sicherheitsnetz betrachtet wird – sie gibt das Gefühl von Sicherheit. Und doch können Kontrollen zu einem Sinken der Verantwortlichkeit der Menschen führen, einfach weil sie Kontrollen als Zweck interpretieren, und nicht als Mittel. Es bedarf in der Tat oft eines sehr guten Managers, um eine Organisation wieder loszumachen und sicherzustellen, daß sie aus den alten Geleisen kommt. Das ist leichter gesagt als getan, vor allem in alteingesessenen Firmen, die ihre eigenen Traditionen aufgebaut haben.

Gestatten Sie mir, für einen Augenblick zu unterbrechen und Ihnen über ein Experiment zu erzählen, das ein Kollege von mir vor einigen Jahren durchgeführt hat. Er hatte ein großes Gehege, in dem eine Gruppe von Schimpansen lebte. Eines morgens hängte er eine Banane mitten im Gehege auf. Als einer der Schimpansen versuchte, die Banane zu erreichen, spritzte ihn mein Freund mit Wasser aus einem Hydranten im Gehege naß – und auch den Rest der Gruppe. Innerhalb weniger Tage versuchte keiner der Schimpansen mehr, die Banane zu nehmen, und wenn es einer versuchte, unternahm der Rest der Gruppe alles, um ihn daran zu hindern.

Nach einigen Wochen nahm mein Freund einen Schimpansen aus der Originalgruppe und ersetzte ihn durch ein neues Tier. Wieder hängte er die Banane in das Gehege, und als der neue Schimpanse versuchte, sie zu nehmen, stellte der Rest der Gruppe sicher, daß es nicht geschah. Mein Freund ersetzte dann allmählich alle ursprünglichen Schimpansen, bis schließlich keines der Tiere im Gehege jemals mit Wasser besprüht worden war. Außerdem wurde der Hydrant aus dem Gehege entfernt, so daß die Chance, daß sie besprüht würden, gleich null war. Doch als eine Banane im Gehege aufgehängt wurde, ignorierten alle Schimpansen sie sorgfältig. Sie hatten alle einfach gelernt, nach den Regeln zu leben, die die Gruppe beherrschten – obwohl sogar der aktuelle Grund für die Regel schon lange aufgehört hatte zu existieren.

Ich erwähne das jetzt, weil ich glaube, daß Manager oft damit konfrontiert werden, etwas zu verändern, das zu einem wesentlichen Bestandteil der Kultur einer Firma geworden ist. Sie finden es fast unmöglich, eine Firma zu überzeugen, daß Bananen wieder ein akzeptables Futter sind.

Es ist lebenswichtig, daß solcher Widerstand gegen Veränderung gebrochen wird. Aber das kann nur geschehen, wenn sich Manager völlig dessen bewußt sind, auf welchem Punkt in der Resonanzspirale eine Firma sich zu einem gegebenen Zeitpunkt befindet. Und das erfordert regelmäßig eine detaillierte Evaluierung der Entwicklungsphase der Organisation. Sobald das einmal erfolgreich abgeschlossen ist – und es gibt eine größere Erfolgschance, wenn die Leute innerhalb der Organisation an der Evaluierung beteiligt werden – dann können die Strategien fein abgestimmt werden. Und das wird es den Managern erlauben, die geeigneten Umstände zu schaffen, um innerhalb der Organisation Resonanz zu erreichen.

Lieber Mr. Sheldon, ich hoffe, das wird zu Ihren Ideen beitragen.

Um zu dieser anderen Angelegenheit von gemeinsamem Interesse zu kommen: So weit ich weiß, wird Davids Tochter jetzt aus Rußland zurückgekehrt sein. Ich hoffe, ihre Reise war so erfolgreich und anregend, wie wir alle hofften. Halten Sie mich über den Fortschritt unserer geschäftlichen Unternehmung informiert. Ich bin gespannt zu erfahren, ob sie der Spirale folgen wird, wie ich annehme ...

Grüße

Donald J. Wiggins

Schimpansen! Ich fragte mich, woher er seine Ideen hatte. Und doch war die Geschichte so stark – und so unabweisbar wahr. Ich hatte mich oft dabei ertappt, etwas zu tun, weil es das war, was wir immer getan hatten. Ich hatte das einfach auf Faulheit geschoben – auf meine Unfähigkeit, mit gewohntem Verhalten zu brechen. Aber als ich den Professor las, erkannte ich wieder, daß vieles von dem, was geschieht, größere Konsequenzen hat als wir für möglich halten. Was, fragte ich mich, würde geschehen, wenn eine Gruppe von Schimpansen – etwa von derselben Größe wie die bestehende Gruppe – in das Gehege gebracht würde, denen man nicht beigebracht hatte, daß Bananen schlecht waren. Es würde eine völlige Ausgeglichenheit geben zwischen Schimpansen, die sich vor Bananen fürchteten, und solchen, die sie mochten. Welche Gruppe würde gewinnen? Welche Kultur würde sich verändern müssen?

Stand meine Firma vor genau demselben Problem?

Bevor ich ins Bett ging, schrieb ich eine Nachricht an meinen kleinen Freundeskreis:

@ An: Meine Partner in Sachen Evolution
Von: gsheld@compuserve

Es ist einige Zeit her, daß ich eine Liste von Fragen für Sie aufgestellt habe. Nach dem Zusammensein von heute Abend dachte ich, ich sollte Ihnen etwas schicken, worüber Sie nachdenken können. Hier ist also eine weitere Liste:

- Was sind die vorherrschenden Verhaltensweisen in Ihrer Organisation? Sind sie für selbstorganisierendes Verhalten nachteilig – oder sogar hinderlich?
- Welche Strategien sind heute immer noch nützlich, könnten aber sehr wohl bald geändert werden müssen?
- Welche Strategien werden im Augenblick verfolgt? Worauf konzentrieren sie sich?
- Wo auf der Resonanzspirale ist Ihre Firma im Augenblick? Liegt der Schwerpunkt auf Autonomie oder auf Abhängigkeiten, auf dem Ganzen oder auf den Elementen?
- Wo auf der Resonanzspirale sind die anderen Organisationen innerhalb Ihrer Firma?
- Was sind die widerstreitenden Strategien in Ihrer Firma? Welche weisen in gegensätzliche – gegnerische – Richtungen?
- Welche drei Schlüsselstrategien sind die Voraussetzung für die fortgesetzte Erneuerung und Entwicklung Ihrer Abteilung, Organisation oder Firma?

Liebe Freunde, das ist meine kleine Liste. Der Abend hat mir gefallen – und ich bin wirklich aufgeregt über die Aussichten unseres kleinen Kunstunternehmens. Ich denke, wir haben eine kluge Entscheidung getroffen, Paula zu beteiligen. Ich frage mich, wohin uns all das noch führen wird. Übrigens, ich schicke eine Nachricht vom Professor mit.

Faszinierend. Vor allem die Schimpansen! Sie werden verstehen, wenn Sie es gelesen haben. Wann werden wir uns wiedersehen? Recht bald, denke ich. Schließlich haben wir eine Eröffnung vorzubereiten ...

In Resonanz ...
Geoffrey

9. Der Herzschlag der Evolution

„Können Sie Mr. Sheldon eine Tasse Kaffee bringen“, rief Paula ihrer Assistentin zu, als ich sechs Tage nach dem Treffen in meiner Wohnung die Galerie betrat.

„Sie wollen doch Kaffee?“ fragte sie mich, fast als fiele es ihr erst nachträglich ein. „Ich denke, wir haben irgendwo eine Flasche Sherry – obwohl ich ihn nicht empfehlen würde. Viel zu süß für Ihren kultivierten Gaumen, vermute ich.“

Nach diesen Formalitäten streckte sich Paula und plazierte einen unschuldigen Kuß auf meiner Wange. Wie ein dummer kleiner Schuljunge spürte ich, daß ich errötete. Um meine Verlegenheit zu verbergen, ging ich schnell zur gegenüberliegenden Wand, wo die Maler gerade fertig geworden waren, und der Elektriker ein System von Schienen mit Scheinwerfern darauf montierte.

„Das ist nicht das billigste, was es gibt“, sagte Paula als sie bemerkte, daß ich es sorgfältig ansah. „Aber es ist das beste. Und das flexibelste. Ich denke, das ist in einer Galerie wichtig, meinen Sie nicht? Schließlich werden wir die Ausstellung regelmäßig verändern, und das bedeutet, daß das Licht anpaßbar sein muß. Dasselbe gilt für das Aufhängesystem für die Bilder. Ich lasse ein System von Schienen entlang der Wände installieren, so daß wir die Gemälde auswechseln können, ohne den ganzen Aufbau verändern zu müssen.“

Ich nickte und versuchte, klug dreinzuschauen.

„Sie scheinen an alles gedacht zu haben.“

„Ich hoffe. Aber da gibt es tausend Dinge, die ausgesucht werden müssen. Es ist wirklich eine ganz schöne Herausforderung. Ich hätte nicht gedacht, daß es so viel Zeit in Anspruch nehmen würde. Glücklicherweise habe ich Cathy gefunden. Sie ist ein Engel. Sie scheint jede mögliche Nummer in diesem Filofax zu haben, den sie herumträgt. Geben Sie ihr das und ein Mobiltelephon und sie kann intergalaktische Olympische Spiele organisieren.“

„Habe ich etwas von Spielen gehört?“ fragte Cathy, die wie auf Bestellung mit einer Tasse Kaffee in der Hand herankam.

„Paula hat gerade ein Loblied auf Sie gesungen, meine Liebe“, sagte ich und bereute dieses „meine Liebe“ sofort, weil ich wußte, daß es mich in den Augen dieser beiden klugen jungen Fachfrauen als altertümlich erscheinen lassen mußte. Ja – Fachfrauen. Sie mochten attraktiv sein – für meine Begriffe sogar sehr attraktiv –, aber sie schafften es, das mit einer offensichtlichen Anlage zu praktischem Verstand und geschäftlichem Scharfsinn zu kombinieren. Ich wußte, daß dies zum Erfolg unseres kleinen Unternehmens beitragen würde.

„Und wann werden Sie damit beginnen, die Gemälde aufzuhängen?“ fragte ich und sah zuerst Paula und dann Cathy an.

„Sobald sie eintreffen“, antwortete Paula.

„Was sie niemals tun werden, wenn sie sich nicht Zeit nimmt, ihren Hintern nach Moskau zu bewegen und die endgültige Auswahl zu treffen.“

„Was hält Sie auf?“ fragte ich.

„Hauptsächlich Zeit, Geoffrey.“ Paula sah mich mit einem etwas gehetzten Blick an. „Hier gibt es immer etwas zu tun. Und wenn ich nicht hier bin, mache ich mir Sorgen, daß alles nicht rechtzeitig fertig wird.“

„Dafür hast Du doch mich engagiert, oder?“ fragte Cathy. „Ich weiß, daß Du Dich für alles verantwortlich fühlst – bis hin zur Farbe des Toilettenpapiers – aber Du wirst wirklich lernen müssen zu delegieren. Ich kann diese Dinge erledigen. Aber die Entscheidungen über die Gemälde kann ich nicht treffen. Das liegt jenseits der Grenzen meiner Expertenschaft. Und das bedeutet, Frau Manager, daß Du es tun wirst müssen. Und zwar schnell. Denn ohne Kunst gibt es keine Galerie.“

Wir beide lächelten, denn Cathy bot eine ganz gute Imitation von Audrey Hepburn beim Versuch, in „My Fair Lady“ ein Mädchen von der Straße zu spielen. Cathy stieg in meiner Bewunderung immer höher.

„Also meinen Sie nicht, daß es Zeit ist, Ihre Reise zu buchen?“ fragte ich.

„Ich denke schon. Ehrlich, Geoffrey, ich weiß, daß ich hinüberfliegen muß, und ich weiß, daß ich es so bald als möglich tun muß – es ist nur …“

Die Pause sagte mehr als alle ihre Worte. Und ich erkannte, daß ich etwas tun mußte.

„Kommen Sie“, sagte ich, „Sie beide brauchen ein erstklassiges Mittagessen. Und ich werde Ihnen eines ausgeben.“ Ich sah zu Cathy und fuhr fort. „Jetzt schauen wir mal, wie gut Sie sind mit diesem Filofax und einem Telephon – buchen Sie uns einen Tisch im Pied à Terre. Sagen Sie, es ist für mich, wenn sie irgendwelche Probleme machen."

„Andersrum, Cathy", sagte Paula mit einem amüsierten Glitzern in den Augen, „sag, es ist für Dich." Sie drehte sich mit einem Lächeln zu mir. „Das funktioniert immer. Glauben Sie mir."

Ich glaubte ihr. Und als wir in dem kleinen Zwei-Sterne-Restaurant in der Charlotte Street ankamen, wurden wir zu dem Tisch von Miss Sherbourne geführt. Ich fühlte mich wohl und daheim, vor allem als all die Mitarbeiter Cathy wie einen lange vermißten Verwandten begrüßten. Aber alles was ich bekam, war ein einfaches wiedererkennendes Nicken, und dieses Nicken war ohne die Wärme, die Cathy gegenüber gezeigt wurde. Aber ich vermutete, die überaus attraktive junge Frau hatte einem eher ergrauenden Mann mittleren Alters gegenüber einen Vorteil.

„Wissen Sie, Geoffrey", sagte Paula, „das ist genau – ja, ganz genau – das, was wir beide brauchten. Sie sind wirklich ein höchst empfindsamer Mann."

„Empfindsam genug, um zu wissen, daß Sie beide denselben Wein mögen?"

Beide nickten, und ich warf ein Auge auf den Sommelier und bestellte eine Flasche Mersault.

„Schön, Sie kennenzulernen, Mr. Sheldon", sagte Cathy, sobald der Kellner uns Wein eingeschenkt hatte. „Paula hat mir so viel von Ihnen erzählt"

„Cathy – ein Klischee von Dir? Das muß eine Premiere sein."

„Es klang eher grauenhaft, gebe ich zu. Aber manchmal enthalten Klischees ein Körnchen Wahrheit. Wie es hier der Fall ist. Du hast mir eine Menge erzählt über Mr. Sheldon …"

„Geoffrey, bitte", unterbrach ich.

„ … über Geoffrey", fuhr Cathy fort und schenkte mir ein Lächeln. „Und ich dachte wirklich, daß es gut ist, Sie endlich kennengelernt zu haben."

„Cathy, Sie müssen sich wirklich nicht erklären. Obwohl ich zugeben muß, daß ich die Vorstellung, Gegenstand der Unterhaltung zweier so attraktiver junger Frauen zu sein, auf eine beängstigende Weise ziemlich schmeichelhaft finde. Ich frage mich, was um Himmels Willen Sie möglicherweise an mir interessieren könnte."

„Seien Sie nicht so dumm, Geoffrey“, sagte Paula, hob ihr Glas und nahm einen Schluck. „Sie sind ein sehr interessanter Mann. Und Sie sind wirklich der Boss. Oder zumindest der Puppenspieler, der im Hintergrund die Fäden zieht.“

„Ich hätte niemals von mir selbst anders gedacht denn als Geschäftsmann. Zugegeben, ein Geschäftsmann mit einem Interesse an Kunst und anderen schönen Dingen des Lebens. Aber dann hört es auf. Mehr steckt nicht dahinter.“

„Unfug“, sagten die beiden Frauen fast gleichzeitig. Und dann lächelten sie zuerst einander an, und dann mich.

Das Geplänkel gab die Stimmung für das Essen vor. Es war eine heitere Angelegenheit, mit viel Gelächter und Schlagfertigkeiten. Ich amüsierte mich prächtig, und ich glaube, meine beiden charmanten Begleiterinnen auch.

Als wir beim Kaffee angelangt waren, wandte sich die Diskussion – unvermeidlich – dem Experiment zu.

„Also, der Professor ist auf diese Idee gekommen – und wir alle haben zugestimmt“, sagte ich zu Cathy. „Es geht aber nicht nur darum, Kunst zu verkaufen. Es geht darum, ob unsere Theorien über die Resonanzspirale stimmen. Im Augenblick scheinen sie zu funktionieren. Es gibt eine Idee, und diese Idee zieht Menschen an, die sie in Betrieb gehen lassen wollen. Paula hat Sie angezogen, und ebenso die Künstler in Rußland, und alle arbeiten dem selben Ziel zu. Jeder wurde von derselben Vision angezogen – und das ist eine der grundlegenden Theorien, die wir entwickelt haben.“

„Und was wird als nächstes geschehen?“ fragte Cathy.

„Das sage ich nicht. Man kann den Menschen, die an einem Experiment teilnehmen, nicht erzählen, was als nächstes passieren wird. Das würde alles ruinieren. Die Gruppe hat durchaus eine Vorstellung – aber ob es auch wirklich geschieht, werden wir sehen müssen. Ich halte es für höchstwahrscheinlich. Aber ich werde abwarten müssen – genauso wie Sie beide.“

„Sie lassen das alles sehr mysteriös klingen“, sagte Paula, „Sie waren immer absolut ehrlich über diese verborgene Tagesordnung, aber ich sehe in der Galerie immer noch ein wirtschaftliches Unternehmen. Eines, das Geld machen wird. Darum geht es uns doch allen, oder? Wir wollen einen Erfolg daraus machen – und das bedeutet, daß wir wachsen werden.“

„Ah, wachsen", sagte ich, als hätte sie ein ordinäres Wort benutzt. „Ja – jeder sieht Erfolg in Begriffen von Wachstum. Dazu sind wir erzogen worden. Wachstum ist die Meßlatte für Erfolg. Groß ist gut. Und größer ist sogar noch besser."

„Erzählen Sie mir darüber", forderte Cathy mich auf. „Sie sollten meinen Bruder zu diesem Thema hören. Er denkt, daß mehr Firmen an ihrer Entschlossenheit zu wachsen gescheitert sind als damit erfolgreich waren. Er arbeitet an einer größeren Erhebung unter Geschäftsleuten. Das hat alles mit Wachstum zu tun."

„Ich würde ihn sehr gerne kennenlernen. Das klingt, als würde er an Themen arbeiten, die wir auch in der Gruppe diskutieren. Es wäre kein Schaden, irgendwann einmal Erfahrungen auszutauschen."

„Ich spreche mit ihm darüber", sagte Cathy und machte eine Notiz in ihren Filofax. Ich fragte mich, wie sie es bloß schaffte, all die Kritzeleien zu entziffern, die sie während eines einzigen Tages eintrug. Aber daraus, wie Paula sie während des Mittagessens gepriesen hatte, schien sich zu ergeben, daß Cathy jeder Notiz nachging, sobald sie einmal dem Tagebuch anvertraut war. Es sah so aus, als würde das bloße Eintragen schon bedeuten, etwas erledigt zu haben.

„Geoffrey", sagte Cathy nachdem sie ihren Filofax geschlossen hatte. „Wie werden wir es anstellen, Paula in ein Flugzeug nach Moskau zu bringen? Ich glaube wirklich, Sie werden mir ihr fliegen müssen. Dann hätte sie keine Entschuldigung dafür, es weiter aufzuschieben. Ich meine das durchaus ernst. Wenn wir es ihr überlassen, wird sie am Tag, bevor die Ausstellung eröffnet werden soll, immer noch in London herumfuhrwerken."

„Ganz so schlimm bin ich nicht", protestierte Paula, „aber daß Geoffrey mit mir kommt, klingt nach einer guten Idee. Würde es Ihnen etwas ausmachen? Könnten Sie sich die Zeit nehmen? Und würden Sie es überleben, zwei Tage hintereinander mit mir zu verbringen?"

„Ich denke, das würde ich. Aber könnten Sie die Langeweile zweier Tage mit mir aushalten?"

„Oh, ich glaube, das könnte ich schaffen. Gerade noch."

☆

„Meine Tochter hat Sie also überredet, sie nach Moskau zu bringen, nicht wahr?"

„David, ich bringe sie nirgendwo hin. Wir haben einfach befunden, daß ich mir ihr fahren sollte, um ihr moralische Unterstützung zu geben."

„Ja natürlich. Solange es nicht das Projekt aufs Spiel setzt. Um ganz ehrlich zu sein, ist es mir viel lieber, wenn Sie bei ihr sind, als wenn sie allein in Moskau herumlaufen müßte. Ich habe unlängst ein Stellenangebot für dort gesehen: Zur Entlohnung gehörte auch ein privater Leibwächter."

„Also haben wir doch eine Verwendung für mich gefunden, nicht?"

„Offensichtlich. Und gute Reise."

Ich lächelte in mich hinein, als ich den Hörer auflegte. Ich hatte David die Neuigkeit selbst erzählen wollen – weil ich festgestellt hatte, daß er vielleicht meine Besorgnis darüber teilte, Paula unbegleitet nach Moskau zu schicken. Schon richtig, das letzte Mal hatte sie es allein geschafft. Aber niemand von uns wollte das Schicksal mehr herausfordern als nötig.

Als ich da saß und auf die gefaxte Bestätigung unseres Hotels starrte, läutete das Telephon wieder. Ich war eher erstaunt, da ich meiner Sekretärin gesagt hatte, ich wolle nicht gestört werden.

„Ja", knurrte ich in den Hörer.

„Es ist ein Mr. Sherbourne. Er sagte, er sei Cathys Bruder und Sie wollten ihn sprechen."

Cathys Bruder?

„Oh ja, natürlich. Schalten Sie ihn durch."

„Hallo, Mr. Sheldon. Entschuldigen Sie, daß ich Sie auf diese Weise belästige, aber Cathy sagte, daß Sie an etwas Wichtigem beteiligt sind, das mit wirtschaftlichem Wachstum zu tun hat. Das bin ich auch. Na ja – sie sagte, wir sollten Erfahrungen austauschen. Sind Sie damit einverstanden?"

„Warum nicht? Obwohl Ihre Schwester mir sehr wenig über das erzählt hat, was Sie tun. Und ich fliege heute Abend nach Moskau. Ich werde in zwei Tagen wieder zurück sein. Kann es warten, bis ich wieder zurück bin?"

„Sicher. Es gibt keine Eile. Es ist einfach so, daß ich eine paneuropäische Erhebung unter Top-Managern gemacht habe – ich habe Antworten von mehr als 130 Manager in 109 Firmen in 7 verschiedenen Staaten bekommen – und dabei zu einigen ziemlich interessanten Erkenntnissen gekommen bin. Und die Haupterkenntnis ist, daß sie alle – egal, in welcher Situation die Firma auch sein mag – Bedingungen schaffen wollten, die denen entsprechen, wie sie während einer Phase hohen Wachstums geherrscht haben. Mr. Sheldon? Sind Sie noch da?"

Die Bemerkung hatte mir fast den Atem genommen. War das zuviel an Zufall?

„Hören Sie, Mr. Sherbourne. Was Sie gerade gesagt haben, deckt sich mit den Ideen von mir und einer kleiner Gruppe von Freunden. Es ist unheimlich, wirklich. Und die Ergebnisse Ihrer Erhebung möchte ich ganz bestimmt mit Ihnen diskutieren. Können wir einen Termin vereinbaren? Und würde es Sie stören, wenn die anderen Mitglieder meines kleinen Kreises anwesend wären?"

„Natürlich nicht. Obwohl die Ergebnisse ziemlich vertraulich sind, bevor ich sie veröffentlicht habe."

„Natürlich. Und wir alle würden Ihnen unser Wort geben, daß wir die Informationen für uns behalten. Also – was ist mit nächsten Sonntag? Ich denke, ich kann die anderen dazu bringen, sich da freizumachen. Sollen wir sagen, um acht Uhr in meiner Wohnung? Meine Sekretärin wird Ihnen alle Details geben, ich sehe Sie dann. Entschuldigen Sie, daß ich die Unterhaltung so kurz halten muß. Aber ich habe eine Verabredung am Flughafen, mit einer jungen Dame."

☆

„Es wird sogar noch schwieriger auszuwählen, als ich mir vorgestellt habe", sagte ich zu Paula, während Nicolai ein Gemälde nach dem anderen heranschleppte.

Wir waren vom Flughafen direkt zu seinem Studio gefahren, begierig, seine Auswahl zu sehen. Ich wollte natürlich diesen Künstler kennenlernen, über den Paula uns so viel erzählt hatte. Und ich wollte auch die Arbeiten sehen. Vielleicht mehr als alles andere.

Ich kann mich nicht erinnern, wann ich zum ersten Mal die Anziehungskraft der Kunst spürte. Natürlich hatte ich erst spät begonnen, Kunst zu sammeln – ich hatte einfach nicht immer die Mittel, um mir eine solche Extravaganz zu leisten. Aber ich erkannte, daß ich es mehr als alles andere liebte, schöne Dinge um mich zu haben. Und das war der wahre Motor meiner Liebe zur Kunst: der Wunsch, etwas Schönes zu besitzen.

„Nicolai, Nicolai – wie können wir auswählen, wenn Sie uns so viel Schönes zeigen", sagte Paula und drehte sich von einem Gemälde zum anderen. „Ich dachte, wir hätten abgemacht, daß Sie eine erste Vorauswahl treffen."

„Aber das habe ich, Paula", sagte Nicolai, als würde er nicht verstehen, daß sein Überangebot von Kunstwerken solche Probleme bereitete.

„Ich habe die besten Arbeiten jedes Künstlers von Nemiga-17 ausgewählt – und das sind sie."

„Aber das ist zu viel von allem. Ich kann nicht mehr zeigen als, sagen wir, vierzig Arbeiten. Das hier sind fast zweihundert. Wie kann ich all diesen Künstlern gerecht werden? Geoffrey", sagte sie und drehte sich in nahender Verzweiflung zu mir, „helfen Sie mir. Was soll ich tun?"

Ich dachte einen Augenblick lang nach und erkannte, daß ein Teil ihres Problems darin bestand, Nicolais Gefühle nicht zu verletzen – und die Gefühle der Künstler, die sie von der ersten Ausstellung ausschließen würde müssen.

„Ich glaube, ich habe einen Plan", sagte ich und marterte mein Gehirn, um eine akzeptable Lösung zu finden. „Lassen Sie jeden von uns fünfundzwanzig Gemälde aussuchen, ohne die er ganz einfach nicht leben könnte. Wir müssen wirklich ehrlich mit uns selbst sein und dürfen nur die Gemälde aussuchen, die wir wirklich lieben. Nicht bewundern. Nicht schätzen. Sondern lieben. Tief im Innersten. Denn das ist es, wo uns Kunst treffen sollte: tief im Herzen. Im wahren Zentrum unseres Seins. Wenn wir diese Bilder ausgesucht haben werden, die uns wirklich bewegen – dann haben wir einen Anfang gemacht. Es wird uns eine Grundlage für weitere Diskussionen geben. Wir werden alle der Reihe nach ein Gemälde aussuchen. Einverstanden?"

Ich sah beide an, und sie nickten. Aber ich sah an ihren Gesichtern, daß es eine lange Nacht werden würde.

Ohne weiteres Zögern wählte ich mein erstes Stück. Es war ein überwältigendes Ölgemälde, das eine Gruppe von Frauen in einer Pose zeigte, die für mich die Schmerzen der Mutterschaft in sich faßte. Es war universell in seiner Ausdruckskraft.

„Sie haben eines von mir gewählt", sagte Nicolai. „Eines, das ich immer noch liebe. Sie ehren mich, Mr. Sheldon. Sie ehren mich."

„Sie ehren mich, Nicolai, wenn Sie mir das Vergnügen gestatten, all diese Werke zu sehen. Bitte – treffen Sie Ihre erste Wahl."

Nicolai bewegte sich von einer Seite des riesigen Studios zur anderen, blieb gelegentlich vor einem Gemälde stehen, dann vor einem anderen. Er drehte sich mit einem Blick der Verzweiflung um.

„Ich kann nicht wählen. Ich kann nicht wählen. Ich müßte meine Freunde betrügen, wenn ich wählen müßte. Bitte lassen Sie mich das nicht tun. Bitte. Zwingen Sie mich nicht, zwischen einem meiner Freunde und den anderen zu wählen."

„Nicolai", sagte ich und ging durch das Studio zu ihm. „Ein Künstler muß immer wählen. Er kann dem nicht entkommen. Er muß für sich selbst entscheiden, was gut und was schlecht ist. Und das muß er ebenso in den Arbeiten eines anderen. Wir sprechen hier nicht über Freundschaft – sondern über Ergebnisse. Über Kunst. Kunst, Nicolai. Das ist es, was wir auswählen müssen. Also vergessen Sie die Freundschaft. Vergessen Sie, daß Sie der „Anführer" dieser kleinen Gruppe sind. Vergessen Sie die Jahre, die Sie gegen die Dogmen eines Regimes kämpfen mußten, für das Kunst nicht mehr als ein Werkzeug bedeutete. Vergessen Sie all das. Und wenn Sie alles vergessen haben, sehen Sie in sich hinein und finden Sie die Emotion, die Kunst Ihnen geben muß. Hören Sie auf Ihr Herz, Nicolai. Nicht auf Ihren Kopf. Denn Ihr Herz wird Sie nicht in die Irre führen."

Der Künstler drehte sich zu mir um, und ich sah, daß er Tränen in den Augen hatte.

„Danke, Freund von Paula. Danke. Sie erinnern mich daran, daß ich ein Herz habe. Ich danke Ihnen dafür. Denn über die Jahre habe ich mich gefühlt, als ob dieses Herz zu Staub zerdrückt worden wäre. Aber Sie haben mich überzeugt, daß es immer noch schlägt. Und Kunst ist der Grund für dieses Schlagen. Ja – jetzt kann ich wählen. Denn mein Herz wird für mich wählen. Und ich wähle dieses ..."

Mit einer großen Geste ergriff er ein kleines Gemälde – vielleicht das kleinste im Studio. Aber ein Gemälde mit einem Wert, der weit größer war als seine Dimensionen. Als er es vor meinen Augen hochhob, wußte ich, daß er gut gewählt hatte. Weise. Ehrlich. Und als ich zu Paula hinüberblickte, sah ich, daß auch sie der Wahl zustimmte.

Von da an wechselten wir uns ab. Jedesmal darauf wartend, daß die Kunst zu uns sprach. Uns ihre Geheimnisse mitteilte. Aber als die Dämmerung anbrach, und die ersten Sonnenstrahlen ins Studio fielen, hatten wir unsere Aufgabe bewältigt. Vor uns standen 75 Gemälde – fast doppelt so viele, wie Paula für Ihre Ausstellung brauchte. Aber wir hatten einen Reichtum an Kunst vor uns, wie ich ihn noch niemals zuvor gesehen hatte.

„Es ist prachtvoll", sagte ich und stellte fest, daß ich durch das reine Entzücken über die Schönheit um mich herum aufrechtgehalten wurde. „Wir müssen sie alle zeigen. Jedes einzelne davon."

„Aber Geoffrey, das ist unmöglich. Wir haben nicht den Platz dafür. Wir haben ihn nicht. Ich kann nur die Hälfte zeigen."

„Dann eben die Hälfte. Und die andere Hälfte wird unsere zweite Ausstellung sein."

„Zweite Ausstellung? Sind Sie so sicher, daß wir es bis zu einer zweiten Ausstellung schaffen?"

„Paula – sehen sie sich um. Und da wollen Sie mir erzählen ..."

☆

„Ich wußte nicht, wie schwer es ist, eine Wahl zu treffen", sagte Paula zu mir, als wir uns im Hotelrestaurant zum Mittagessen trafen, nachdem wir versucht hatten, etwas Schlaf nachzuholen.

„Auswählen zählt zum schwierigsten, das es gibt", gab ich zu bedenken. „Und das gilt, egal ob es darum geht, Gemälde für eine Ausstellung auszusuchen, oder darum, eine geeignete Strategie oder Orientierung für eine Firma zu wählen."

„Aber ich bin sicher, Sie machen das genauso gut, wie Sie alles andere machen", sagte sie mit einer gewissen Fröhlichkeit in ihren Augen.

„Ich wünschte, das wäre so. Das Problem ist, daß ich immer allem hinterherzulaufen scheine, als würden die Entscheidungen eher für mich getroffen werden statt durch mich. Manchmal fühle ich mich wie ein Opfer des Schicksals. Spielzeug der Götter. Ich weiß nicht – es klingt so melodramatisch. Na ja, ganz so schlimm ist es nicht wirklich. Aber Entscheidungen sind niemals einfach. Und man kann niemals sicher sein, daß die Entscheidung, die man fällt, unter den gegebenen Umständen die richtige ist."

„Aber haben Sie nicht zu Nicolai gesagt, er solle auf sein Herz hören? War das nicht ein Weg, um sicherzustellen, daß Sie klug gewählt haben?"

„Vielleicht unter diesen Umständen. Schließlich haben wir es nicht mit einer rationalen Angelegenheit zu tun – es gibt in den Gemälden, die wir ausgewählt haben, keine strenge Ordnung. Wir hätten ebensogut fünfundsiebzig andere Gemälde wählen können – und es wäre immer noch tadellos gewesen. Denn es hat da nicht wirklich ein richtig oder falsch gegeben. Es war eine Sache des Geschmacks. Unserer Geschmäcker. Des gemeinsamen Geschmacks dreier Menschen in diesem Studio letzte Nacht. Wir mußten etwas finden, das uns aneinander binden würde – eine Vision, wenn Sie so wollen.

Unsere kleine Gruppe hat in letzter Zeit eine Menge über diese Dinge nachgedacht. Und wir sind zu dem Schluß gekommen, wenn man innerhalb der Gruppe Autonomie erreichen soll – und wir alle halten das für eine der Stufen, die eine Firma automatisch immer wieder durchläuft, fast in einer endlosen Spirale – wenn man also Autonomie erreichen will, dann besteht eine der Möglichkeiten, das zu tun, darin, eine Vision zu geben. Das ist genau das, was ich getan habe. Und es hat funktioniert. Es hat mich überrascht – aber es hat funktioniert."

„Sie experimentieren wieder mit mir, Geoffrey, nicht wahr?"

„Da sei der Himmel vor. Aber man könnte sagen, ich habe eine Theorie in die Praxis umgesetzt."

„Das klingt wie eine Ausnahme von der Regel."

„Ja? Das sehe ich nicht so. Obwohl Sie recht haben könnten. Ich bin jemand, der es mag, etwas auf die gleiche Weise zu tun. Wissen Sie – ich habe sehr viel über eine Nachricht nachgedacht, die ich vor ein paar Tagen über das Internet bekommen habe. Sie war von einem Professor, mit dem wir in Kontakt stehen, und er erzählte eine Geschichte über ein Experiment mit Schimpansen."

Während wir unser Mittagessen zu uns nahmen, erzählte ich die Geschichte des Professors. Sie schien Paula zu gefallen. Als ich fertig war, lächelte sie mich an.

„Wissen Sie, Geoffrey, wir alle tun Dinge, die nicht erklärt werden können. Wir alle haben eingebaute Ideen – Instinkte, wenn Sie so wollen. Überlebensinstinkt. Fortpflanzungsinstinkt. Instinkt, nach Liebe zu suchen. Nach Gesellschaft. Wir haben das nicht wirklich gelernt – aber wir tun uns schwer, es zu vergessen. Und wir werden es nicht vergessen, einfach weil man uns sagt, daß wir es vergessen sollen. Die meisten dieser Schimpansen werden höchstwahrscheinlich nie wieder in ihrem Leben eine Banane angreifen – und die, die es tun, werden sich dabei höchstwahrscheinlich unwohl fühlen. Werden über ihre Schulter schauen, ob sie erwischt werden. Die Menschen von ihren Instinkten zu befreien, ist ein ungeheuer schwieriger Prozeß. Und ich vermute, das gilt, egal ob sie in einer wirtschaftlichen oder in einer künstlerischen Umwelt leben. Oder in einer Mischung aus beiden."

Ich sah über den Tisch und fragte mich, wie es sein konnte, daß ich in Moskau war und an einem Tisch mit einer so intelligenten und attraktiven jungen Frau saß. Das Leben war freundlich zu mir, dachte ich – egal wie schwierig meine Geschäftsangelegenheiten zur Zeit waren.

„Natürlich haben Sie recht", sagte ich und nickte zustimmend. „Aber ich glaube nicht, daß ich je erkannt habe, wie tief einiges inzwischen sitzt. Ich bin mitten in einer Fusion – und der Zusammenstoß der Unternehmenskulturen ist ein enormes Problem. Ich habe versucht, alle dazu zu bringen, an einem Strang zu ziehen. Aber das ist eine sehr schwierige Aufgabe. Sogar obwohl wir alle erkennen, daß es für uns alle weit besser wäre, wenn sich die Firma als Ganzes in dieselbe Richtung bewegte, beginne ich jetzt zu glauben, daß das nur ein utopischer Traum ist. Etwas, das in Wirklichkeit niemals geschehen wird. Auch wenn wir akzeptieren, daß die Resonanzspirale uns helfen wird – Sie kennen die Spirale, weil wir sie besprochen haben, als Sie zuletzt in meiner Wohnung waren –, hilft sie uns noch lange nicht, die Barrieren niederzureißen, die im Laufe der Zeit gewachsen sind."

Als mir ein Gedanke durch den Kopf ging, wurde ich still. Paula wollte etwas sagen, aber ich hob schnell meine Hand, um sie zum Schweigen zu bringen. Ich war über etwas wichtiges gestolpert, und ich brauchte einen Augenblick, um meine Gedanken zu ordnen.

„Entschuldigen Sie, Paula, ich möchte wirklich nicht unhöflich sein, aber mir ist gerade etwas eingefallen. Ich würde es Ihnen gerne erzählen, wenn ich darf."

Sie nickte zustimmend, ihre Augen an meine geheftet.

„Wir haben immer gedacht, daß die Resonanzspirale ein Schlüssel zur Position einer Firma zu einem gegebenen Zeitpunkt sei. Eine einzelne Person – Sie zum Beispiel – versammelt gleichgesinnte Menschen um sich – Cathy und Nikolai und vielleicht mich –, so daß eine Idee in die Praxis umgesetzt werden kann, und Wachstum folgen wird – denn das ist immer noch ein Indikator des Erfolgs. Aber als Sie gesprochen haben, ist mir plötzlich aufgefallen, daß das eine grobe Vereinfachung der Wirklichkeit ist. Denn die Resonanzspirale hängt nicht nur von einer Person ab. Nein. Sie ist eine komplexe Reihe von Interaktionen zwischen verschiedenen Ideen, Menschen – die in sich selbst, wie wir in unserem Kreis entschieden haben, Kulturen sind –, Abteilungen, Geschäftseinheiten ..., was Sie wollen. Sie alle überschneiden sich und folgen vielleicht ihrer eigenen Spirale. Also haben wir Spiralen innerhalb von Spiralen. Und die Summe dieser Spiralen bildet die gesamte Resonanzspirale einer Firma. Das würde also bedeuten, daß man verstehen müßte, wo jede einzelne individuelle Kultur, Einheit, Abteilung – suchen Sie es sich aus – auf der Spirale liegt, ehe man zu einer Entscheidung über das Ganze kommen könnte. Das bedeutet, daß in meiner Firma eine ganze Reihe von Spiralen abläuft – all diese tragen zum Ganzen bei. So kann jede Entscheidung, die ich treffe, das Ganze beeinflussen, ja sogar für das Ganze angemessen sein, aber gänzlich unangebracht für einzelne Teile.

Das führt uns in der Tat zurück zum Auswählen. Und zurück zu den Wahlmöglichkeiten, denen ein Manager gegenübersteht."

Ich schüttelte den Kopf und sah Paula noch einmal an, ehe ich fortfuhr.

„Ich dachte, es würde meinen täglichen Job für mich leichter machen, wenn ich die Resonanzspirale verstünde – aber das hat ihn nur noch komplizierter gemacht. Denn es hat mich erkennen lassen, daß ich statt einzelner Entscheidungen ganze Bündel von Entscheidungen zu treffen haben könnte, jede einzelne darauf abgezielt, jede einzelne Einheit in ihrer gegenwärtigen Position auf der Spirale zu unterstützen. Was ich herausarbeiten muß – entweder allein oder mit der Hilfe meines Kreises von gleichgesinnten Freunden – ist, wie wir vorhersagen können, wie sich eine Firma als Ganzes verhalten wird. Mit anderen Worten, wir müssen bestimmen, was in jeder Phase des Wachstums einer Firma die Richtung des Wandels sein wird." Ich unterbrach, als ich feststellte, daß meine Ausführungen Paula höchstwahrscheinlich langweilten – und das wollte ich nicht. Ich beschloß, das Thema zu wechseln.

„Sind Sie unserem Projekt immer noch verpflichtet, Paula?"

„Was für eine seltsame Frage. Natürlich bin ich das. Jetzt wahrscheinlich mehr als jemals zuvor. Diese Gemälde. Habe ich übertrieben?"

„Nein, Paula, das haben Sie nicht. Das Talent hinter diesen Gemälden ist unübersehbar. Und deshalb war es so schwierig, eine Entscheidung zu treffen. Weil da so viele gute Stücke waren. Es wäre so viel einfacher gewesen, zwischen einigen herausragenden Werken und einer Menge durchschnittlicher zu wählen. Aber das war nicht der Fall. Nein, Nicolai hatte gut gewählt. Zu viele – aber gut. Und das hat einfach das Problem erschwert."

Geoffrey – ich weiß nicht, was ich ohne Ihre Hilfe getan hätte. Ich war wirklich verloren. Wird das das Experiment stören? Schließlich war es doch das Ziel, daß ich alles allein machen sollte – damit Sie sehen können, ob Ihre Theorien funktionieren."

„Ich vermute, ich war so etwas wie ein Deus ex machina. Aber den akzeptierten die Griechen – also warum sollten wir keinen haben. Und es macht mir nichts, diese Rolle zu spielen. Sagen wir einfach, ich war Ihnen behilflich. Das wird überhaupt niemandem schaden."

Wir aßen zu Ende und beschlossen, noch einmal im Studio anzurufen. Ich denke, wir beide hatten die Idee, uns noch einmal zu vergewissern, daß unsere Wahl klug gewesen war. Nicolai ließ uns hinein, und nach den dunklen Schatten um seine Augen schien es klar, daß er die ganze Nacht über kein Auge zugetan hatte.

„Hallo, Nicolai. Sie haben nicht geschlafen, oder?"

Er schüttelte den Kopf und deutete auf die Bilder, die wir nicht gewählt hatten.

„Ich wünschte, wir hätten alle nehmen können", sagte ich, „aber Sie wissen so gut wie ich, daß das unmöglich ist. Aber ich habe über eine Lösung nachgedacht."

Ich drehte mich zu Paula, um ihre Zustimmung einzuholen, bevor ich fortfuhr. Sie war ebenso erstaunt wie Nicolai und drängte mich, weiterzumachen.

„Ich habe mir gedacht, daß wir ein photographisches Portfolio all dieser Werke machen sollten. Photographien von guter Qualität, die die Werke vorteilhaft zeigen. Und das sollten wir in der Galerie auflegen, damit Kunden es sich ansehen können. Das wird ihnen noch etwas geben, aus dem sie auswählen können."

„Ja", sagte Paula, und ihre Augen leuchteten auf, als sie es sich vorstellte. „Und wenn ein Kunde wirklich interessiert ist, dann können wir eine Auswahl von Arbeiten einfliegen, damit er sie im richtigen Leben unter die Lupe nehmen kann. Außerdem ist es ein guter Weg, unsere Bestände auf einem gewissen Stand zu halten. Geoffrey, ich halte das für eine brilliante Idee. Brilliant. Was ist mit Ihnen, Nicolai?"

Nicolai sah zuerst Paula und dann mich an. Der Schlaf schien aus seinem Gesicht zu weichen.

„Freund von Paula – Sie sind ein weiser und großzügiger Mann. Ich danke Ihnen von ganzem Herzen."

☆

„Und das meinte er auch so", sagte ich und beendete damit meine Erzählung über unsere Reise.

Es war Sonntag Abend, und wir alle hatten uns getroffen, um Cathys Bruder kennenzulernen. Ich hatte vorgeschlagen, daß sowohl Paula als auch Cathy an dem Treffen teilnehmen sollten, aber beide hatten abgesagt. Paula meinte, sie wolle nicht von unseren Gesprächen beeinflußt werden; Cathy sagte, sie würde es bevorzugen, wenn ihr Bruder das ohne sie erledigte.

„Schließlich", hatte sie hinzugefügt, „haben wir eine Ausstellung vorzubereiten. Und nicht nur eine Ausstellung, sondern auch einen Katalog. Eine ziemlich gute Idee, Geoffrey, auch wenn ich Sie bewundern muß. Hoffen wir, daß sie hilft, die Rechnungen zu begleichen."

Ich wollte meinen Freunden gerade noch mehr über den Besuch erzählen, als die Türglocke läutete. Als ich öffnete, stand ein junger Mann vor mir, mit Jeans und einem blauen Blazer bekleidet. Sein Lächeln verriet sofort, daß er niemand anderer sein konnte als Cathys Bruder.

„Guten Abend, Mr. Sheldon. Ich bin Jeremy Sherbourne. Cathys Bruder. Ich glaube, Sie erwarten mich."

„Natürlich, natürlich. Kommen Sie herein. Und hören Sie auf mit diesem Mr. Sheldon. Mein Name ist Geoffrey. Lassen Sie mich Ihnen die anderen vorstellen."

Schnell stellte ich den jungen Mann David, Dory und Claire vor. Ich stellte fest, daß er auf meine beiden Damen den gleichen Eindruck machte wie seine Schwester auf Männer. Ich lächelte sanft und fragte mich, ob diese Attraktivität in der Familie lag.

„Ich bin froh, daß Sie kommen konnten", sagte ich, nachdem Jeremy sich einen Stuhl gesucht und eine Tasse Kaffee angenommen hatte („schwarz, ohne Zucker, danke"). „Ich habe auch Ihre Schwester eingeladen, aber sie dachte, es wäre besser, wenn Sie es ohne Hilfe mit uns aufnähmen."

„Das klingt nach Cathy", lächelte der junge Mann, „Sie erzählt mir immer, daß ich lernen muß, auf meinen eigenen beiden Füßen zu stehen. Sie ist die ältere von uns beiden, sollte ich dazusagen. Sie hat also immer auf mich aufgepaßt. Sehr praktisch, eine große Schwester. Trotz allem, was die Leute daüber sagen."

„Das finde ich auch", sagte David. „Ich hatte auch eine ältere Schwester. Es war wunderbar. Obwohl es einen großen Unterschied zwischen uns beiden gab – mein älterer Bruder paßte bequem zwischen uns beide, und er war ihr immer näher als ich es je geschafft habe. Nicht daß ich das bedauere. Nein – er agierte als ein Puffer. So genoß ich im allgemeinen die Annehmlichkeiten ohne die Unbequemlichkeiten, von denen ich wußte, daß er sie manchmal erdulden mußte."

„Sie sind Postgraduent, soweit ich weiß“, sagte ich und sah Jeremy sorgfältig an.

„Das ist richtig. Ich stelle gerade gewisse Forschungen für einen Abschluß in Wirtschaftswissenschaften an.“

„Nicht üblich in Oxford, denke ich“, warf Claire ein.

„Vielleicht nicht in der Vergangenheit – aber Wirtschaftswissenschaften sind ein wachsendes Gebiet. Logisch, denke ich.“

„Logisch?“ unterbrach Dory.

„Nun – ich glaube, wir haben den Amerikanern erlaubt, sich in diesem Gebiet vor uns zu setzen. Ich meine – jeder kann dort Wirtschaft studieren. Es ist die natürlichste Sache von der Welt. Bis vor kurzer Zeit gingen die Leute hier davon aus, daß man so etwas nicht tut – man mußte Jus studieren oder klassische Literatur oder Kunst. Das waren die Fächer mit dem größten Prestige. Heutzutage geht der Zeitgeist – Gott sei Dank – in Richtung wirtschaftliche Studien. Das ist sehr gut, denn das bedeutet, daß es genug Geld gibt, um Forschungsprojekte wie dasjenige zu fördern, das ich durchführe.“

„Und deswegen sind Sie hier. Erzählen Sie uns etwas darüber.“

Jeremy trank seinen Kaffee aus und stellte sorgfältig die Schale wieder auf die Untertasse. Er sah sich um, um sicherzustellen, daß er alle Aufmerksamkeit hatte und begann dann.

„Wachstum ist das wichtigste Einzelziel jedes Unternehmens“, sagte er, und seine Augen glitten von einem zum andern.

„Humbug“, sagte Dory. „Geoffrey. Wollen Sie sagen, daß Sie jemanden eingeladen haben, damit er uns einen Haufen Lügen erzählt?“

„Es tut mir leid, wenn Sie das so sehen, Dory“, sagte Jeremy, „aber ich bin in der Lage, es Ihnen zu beweisen.“

„Unsinn“, sagte sie. „David – erzählen Sie ihm von unserer Reise nach Birmingham vor einigen Monaten.“

„Sie hat recht“, sagte David. „Dory, Geoffrey, und ich haben uns bei einem Seminar kennengelernt. Einem Seminar über Wachstum. Und wir alle kamen zu dem Schluß, daß Wachstum nicht das wichtigste Ziel der Wirtschaft ist. Und um es zu beweisen, fuhren Dory und ich nach Birmingham, um dort eine Firma zu besuchen, die die Industrie durcheinandergewirbelt hatte, weil sie so spektakulär gewachsen war. Aber was wir fanden, war eine sterbende Firma. Eine, die so sehr verstrickt war in ihre Entschlossenheit zu wachsen, daß alles andere diesem Ziel geopfert wurde. Und das Ergebnis war eine Firma ohne Herz. Ein Platz, wo alles so geregelt worden war, daß alle Zeichen von Initiative sorgfältig ausgemerzt wurden. Alles hatte zum Wachstum beizutragen. Und die Struktur, die das Management geschaffen hatte, half nur, die Aufmerksamkeit auf diesen Kampf um Wachstum zu konzentrieren."

„Schön und gut", sagte Jeremy, „aber das ändert nicht die Fakten. Und Sie haben mich hierher eingeladen, um über diese zu sprechen. Die Fakten über Wachstum. Und über die Weise, wie Wachstum von Geschäftsleuten wahrgenommen wird. Das ist es, worum sich meine ganze These drehen wird.

Lassen Sie mich zuerst sagen, daß ich Ihre Reaktion teile. Ich denke, dem Wachstum wird zu viel Aufmerksamkeit geschenkt – oft zum Nachteil anderer Geschäftsbereiche. Wachstum ist wesentlich, heißt es, und regelmäßig wird es durch Beschneidung der Kosten erreicht, durch Reduzierung der Arbeitskräfte, durch absolute Konzentration auf Produkte, die sich immer noch gut verkaufen, und durch alle möglichen Maßnahmen, um den Wachstumszyklus eines Produktes zu verlängern – auch wenn die Logik uns sagt, daß das Produkt sich dem Ende seines Lebenszyklus nähert."

Dory und David blieben jetzt still. Es war fast, als ob sie ihren eigenen Erkenntnissen zuhörten. Den Erkenntnissen, die sie nach ihrer Reise nach Birmingham gewonnen hatten. Erkenntnisse, die sie genau hier, in meiner Wohnung, entwickelt hatten.

„Nun – jetzt, da wir das hinter uns haben", sagte David, „geben wir Jeremy eine Chance, uns etwas zu erzählen, das wir noch nicht wissen. Die Bühne gehört Ihnen."

Jeremy lächelte und begann, über sein Forschungsprojekt zu erzählen.

„Eines der ersten Dinge, die ich herausfand, war, daß Wachstum niemals von Dauer ist. Ich sah mir an, auf welche Weise viele Firmen arbeiteten und fand heraus, daß die meisten von ihnen zwar Perioden hohen Wachstums zeigten, daß sich diese aber oft mit Perioden sinkenden Wachstums abwechselten oder sogar – Gott bewahre – mit solchen ohne Wachstum. Das ist einfach genug zu erklären – natürlich für Menschen, die die Mechanik der S-Kurve verstehen.

Ich nehme an, Sie alle kennen die S-Kurve?" fragte er, und als wir alle nickten, fuhr er fort. „Nun, jedenfalls zeigt die S-Kurve, daß ein Produkt eine Periode neuen Wachstums durchlaufen wird und dann eine von hohem Wachstum, ehe es seinen Gipfel erreicht und zu Ende geht.

Manchmal gibt es da eine Unterbrechung zwischen dem Ende der S-Kurve und dem Beginn einer anderen, was bedeutet, daß es auch eine Periode ohne Wachstum gibt.

Nachdem ich das festgestellt hatte – und die ganze traditionelle Literatur unterstützt meine Gedanken in dieser Hinsicht – wollte ich herausfinden, ob Manager tatsächlich wahrnehmen können, in welcher Art Wachstumsphase ihre Firma gerade war. Wußten sie, ob sie in einer Periode ohne Wachstum oder in einer mit hohem Wachstum war? In einer des neuem Wachstums oder in einer des abnehmenden? Und dann wollte ich wissen, ob sie eine Ahnung davon hatten, welche Richtungen sie angesichts der Stufe, auf der sie sich befanden, vorgeben sollten.

Ich stellte einen Fragebogen zusammen und schickte ihn an Manager von mehr als hundert Firmen in sieben europäischen Staaten. Und ich erhielt komplett ausgefüllte Fragebögen von nicht weniger als 130 Managern aus 109 Firmen. Nicht das größte Sample, wie ich zugebe, aber in der Tat ein sehr gutes. Besonders, wenn man bedenkt, daß alle Manager, die antworteten, in Positionen mit einiger Autorität waren."

Jeremy schwieg für einen Augenblick und stellte fest, daß wir alle auf seine Worte warteten. Das Gefühl muß ihm gefallen haben, denn es machte fast den Eindruck, als wollte er es auskosten.

Während er wartete, nahm er seine Aktentasche und nahm einen Stapel von Photokopien heraus. Er gab jedem von uns ein paar säuberlich zusammengeheftete Blätter.

„Das sind Kopien der Ergebnisse meiner Untersuchung. Ich werde sie Ihnen lassen, damit Sie sie später detaillierter ansehen können. Aber ich würde gern einige meiner Hauptergebnisse mit Ihnen durchgehen.

Eine der ersten Schlußfolgerungen ist, daß Manager durchaus erkennen, daß auf jeder Stufe des Wachstums verschiedene Richtungen existieren. Aber die noch erstaunlichere Folgerung ist diejenige, daß die Richtungen, die die Manager auf jeder Wachstumsstufe tatsächlich wählten, radikal verschieden waren von denen, von denen sie behaupteten, daß sie notwendig seien. Um Ihnen ein Beispiel zu geben: Die Manager versagten darin, die Bedeutung einer Mobilisierung der Kräfte einer Organisation durch Konzentration auf Dinge wie Beteiligung der Leute, interne Verbindungen und die Bedeutung des Individuums zu erkennen. Statt dessen bevorzugten sie Maßnahmen, die traditionelle Managementvorurteile betonen – wie strategische Ausrichtung, Corporate Identity und die Führung der Mitarbeiter durch Richtlinien."

„Darf ich Sie für einen Augenblick unterbrechen, Jeremy?“ fragte Claire, die zum ersten Mal sprach, seit er gekommen war. „Meinen Sie, daß Manager eines sagen, wenn man sie fragt, was sie für erforderlich halten, und dann etwas anderes sagen, wenn man sie fragt, was sie tatsächlich tun würden?“

„Genau.“

„Wie erklären Sie das?“

„Ich denke, es geschieht, weil Manager eine deutliche Vorstellung davon zu haben glauben, was von ihnen erwartet wird – daß sie aber eine weniger deutliche Vorstellung davon haben, was sie wirklich unternehmen sollen. Sie tun, was sie immer getan haben: nach Wachstum streben. Das ist die sicherste Option. Und verständlich. Denn wir sind dazu gekommen, Erfolg mit Wachstum gleichzusetzen. Schauen Sie sich die Abbildung auf Seite drei an. Dort sehen wir, daß die bevorzugten Richtungen, die die meisten Manager einschlagen wollen, diejenigen sind, die meistens mit Perioden neuen oder hohen Wachstums assoziiert sind. Manager glauben, wenn sie diese Richtungen wählen, die mit den – in ihren Augen – erfolgreichen Perioden in der Geschichte einer Firma assoziiert sind, dann werden sie irgendwie in der Lage sein, diesen Erfolg nachzumachen.“

„Und doch erkennen sie selbst, daß diese Richtungen nur für diese beiden Perioden anwendbar sind“, sagte Claire und sah gespannt auf die Blätter auf ihrem Schoß, „und während der Stufen mit sinkendem und gar keinem Wachstum geben sie selbst andere Richtungen vor, als nach ihrer Meinung eigentlich eingeschlagen werden sollten.“

„Aber sie selbst schlagen sie niemals ein“, schloß David.

„Genau“, sagte Jeremy. „Jetzt sehen Sie auch, warum ich wegen dieser Ergebnisse so aufgeregt bin. Zum ersten Mal haben wir den Beweis, daß Wachstum eine Zwangsjacke ist, die Manager nur allzu gern anlegen.“

Ich blickte mich in der kleinen Gruppe um und sah zustimmendes Nicken, das sie alle Jeremys Ausführungen gaben. Ich war ebenso aufgeregt wie die anderen. Hier zumindest war irgendein greifbarer Beweis, daß unsere Ideen von der Forschung unterstützt wurden. Jeremy könnte sehr wohl eines der Mitglieder des Kreises gewesen sein. Der Umstand, daß er das nicht war, zeigte nur, daß Resonanz sogar auftreten kann, wenn sich Menschen dessen nicht bewußt sind.

„Jeremy“, sagte ich, „darf ich eine Frage stellen?“

„Natürlich."

„Wir haben miteinander eine ganze Menge über die Bedingungen gesprochen, die benötigt werden, um ein Unternehmen zu schaffen. Und wir sind zu einigen Gedanken gekommen. Zum Beispiel sind wir überzeugt, daß die Verfassung eines Unternehmens mit den besonderen Erfordernissen auf der gegenwärtigen Wachstumsstufe resonieren muß. Ihre Untersuchung scheint die Vorstellung zu unterstützen, daß die natürlichen Bedingungen von einer Wachstumsstufe zur anderen variieren – in der Tat, daß sie definitiv unterschiedlich sind."

„Natürlich", sagte Jeremy. „Und das bedeutet, daß eine Firma nicht dadurch von einer Wachstumsperiode zu einer anderen bewegt wird, daß Bedingungen geschaffen werden, die üblicherweise in einer Periode starken Wachstums zu sehen sind. Das wird durch selbstorganisierendes Verhalten erreicht. Und das beste selbstorganisierende Verhalten wird nur durch die richtigen, für die jeweilige Wachstumsstufe spezifischen Bedingungen erreicht.

Eine andere Schlußfolgerung, zu der wir kamen, war, daß wenn der Herzschlag der gemeinschaftlichen Evolution endet, auch das Unternehmen endet. Erfolg wird nicht einfach durch hohes Wachstum bestimmt, sondern eher durch den Fortschritt, den eine Firma zwischen den verschiedenen Wachstumsstufen macht. Und daraus ergibt sich die Folgerung, daß auch eine Periode ohne Wachstum zu der fortlaufenden Spirale gehört. Kein Manager mag das – aber es ist wesentlich, denn es gebiert einen ganzen Zyklus natürlichen Wachstums."

Jeremy stoppte für einen Augenblick und sammelte offensichtlich seine Gedanken zu einem abschließenden Statement. Er sah sich in unserem Kreis um und widmete sich jedem einzelnen von uns.

„Ich bin inzwischen völlig davon überzeugt, daß ein Setzen von Regeln eine sinnlose Beschäftigung ist. Unsere Suche sollte sich nicht auf Regeln richten, die wir unabhängig von der Situation anwenden, in der eine Firma ist – statt dessen sollten wir uns auf die Suche nach der richtigen Richtung konzentrieren, die wir einschlagen sollten. Denn wenn einmal die Richtung festgelegt ist, werden die Regeln von selbst folgen – aber niemals umgekehrt. Richtungen können quer durch die Kulturen und Wachstumsstufen angewandt werden. Regeln sind kulturspezifisch. Sie entwickeln sich, wie sich das Unternehmen entwickelt, und passen sich der jeweiligen Situation an, in der sich eine Firma befindet. Sie müssen durch Evolution entstehen – nicht von außen aufgepfropft werden.

Nichtsdestoweniger sind Regeln wesentlich, denn sie sind die geeigneten Mittel, um Organisation in gewisse Richtungen zu bewegen. Aber sie können nicht unterschiedslos angewandt werden. Zwei Firmen mögen sich sehr wohl für zwei völlig unterschiedliche Systeme von Regeln entscheiden, um sich in dieselbe Richtung zu bewegen."

Wir alle sahen auf die Tabellen vor uns und waren entzückt, daß sich so vieles von unserem Denken in dieser Erhebung widerspiegelte.

„David", fragte ich, „würde es Sie stören, wenn ich Jeremy eine Kopie Ihres Memos gäbe? Sie wissen schon, Ihren Brief darüber, was von Managern in gewissen Stufen der Resonanzspirale verlangt wird? Denn ich denke, Jeremy könnte zu einigen ergänzenden Vorstellungen gekommen sein, die weitgehend die Gedanken bestätigen, die Sie in dem Memo entwickelt haben."

„Vielleicht sollten Sie ihm auch Dorys bemerkenswerte Kurzfassung meiner harten Arbeit geben", sagte David und lächelte in Dorys Richtung. „Es macht mir nichts, wenn jemand die gekürzte Version vorzieht, wirklich."

„Ich denke," sagte ich, „wir sollten die beiden vergleichen – um zu sehen, wie weit die Ergebnisse übereinstimmen. Sicher, oberflächlich scheinen Jeremy Schlüsse zu beweisen, daß David genau auf der richtigen Fährte war."

„Und ich danke Ihnen, Jeremy, daß Sie mir geholfen haben, diesen Ungläubigen zu beweisen, daß ich wirklich weiß, wovon ich spreche."

„Ein Schuß ins Blaue", sagte Claire.

„Glück", ergänzte Dory. Aber beide lächelten, und das nahm jede Spur von Stichelei aus ihren Bemerkungen.

Wir verbrachten den Rest des Abend damit, die Ergebnisse von Jeremys Erhebung zu diskutieren. Und während der Abend verging, wurden wir zunehmend überzeugt, daß vieles von dem, was er entdeckt hatte, die Theorien unterstützte, die wir entwickelt hatten.

Zu dem, was uns allen am besten gefiel, gehörte die Bestätigung von Davids Vorstellung eines „Managers für bestimmte Umstände". Die Erhebung zeigte, daß Firmen in einer Nullwachstumssituation ängstlich auf das Erscheinen eines Erlösers warten – von jemandem, der die Firma auf den Weg des Heils führen kann – oder daß sie ihm erlaubt, zu entstehen. Aber die Organisation allein ist hier nicht der einzige bestimmende Faktor: Die Umwelt spielt eine ebenso wesentliche Rolle und begünstigt das Überleben des Tüchtigsten. Vielleicht ist das der Grund, daß es im allgemeinen eher der Kühne als der Schöne ist, der überlebt. Wenn das Wachstum dann wieder einsetzt, werden Organisationen offener für ihre soziale Umgebung und verändern sich mit der Zeit. Der Wandel wird von Kunden, Kompetenzen und Produkten in Gang gehalten, bis das neue Wachstum sein Potential ausgeschöpft hat.

Zuletzt, als es langsam Mitternacht wurde, stimmten wir alle überein – widerwillig –, daß wir es für den Tag gut sein lassen würden. Wir alle wollten etwas Zeit, um die neuen Erkenntnisse zu verdauen, die Jeremy uns mitgeteilt hatte. Er wollte andererseits eine Gelegenheit zu prüfen, ob unsere Ideen über die Resonanzspirale durch die Ergebnisse seiner Forschung unterstützt wurden.

Ein letztes Thema ergab sich, als sich alle zum gehen bereit machten. Es wurde durch eine zufällige Bemerkung angeregt, die David machte.

„Jeremy“, fragte er, „Sie sagten, Sie haben ihre Erhebung in einer Reihe von Ländern durchgeführt. Sind Ihnen irgendwelche kulturellen Unterschiede in der Art aufgefallen, wie die Geschäfte geführt werden?“

„Ich hatte das erwartet“, sagte Jeremy, als hätte auch er sorgfältig über dieses Thema nachgedacht. „Aber es gab kaum Hinweise in dem Sample, das ich meiner Erhebung zugrundegelegt habe. Vielleicht ist das so, weil es alles europäische Staaten waren. Und Staaten mit ähnlichem Hintergrund. Es ist meine Überzeugung, daß Kultur natürlich einen entscheidenden Einfluß auf die Regeln und Stragegien hat, die entwickelt werden, um eine Firma in eine bestimmte Richtung zu bewegen. Ich würde erwarten, daß diese in einer chinesischen Kultur radikal anders sind als in einer westlichen Kultur. Und es wird sogar bemerkenswerte Unterschiede zwischen den westlichen Kulturen geben – sagen wir zwischen europäischem und amerikanischem Denken.“

„Umwelt, Kultur, Führungspersönlichkeiten – und über all dem Richtungen“, sagte ich, als ich sie zur Tür brachte. „Das sind die Faktoren, die die Fähigkeit einer Firma bestimmen, zu wachsen und sich als erfolgreich zu zeigen. Was ich mich immer noch frage, ist, wie ich als Manager sicherstellen kann, daß die geschäftlichen Initiativen, die ich ergreife, eine faire Chance haben, erfolgreich zu sein. Mit anderen Worten, wie man die Bedingungen schafft, unter denen neue Unternehmen entstehen können.“

Dory blieb in der Tür stehen und küßte mich sanft auf die Wange.

„Das, lieber Geoffrey, ist zweifellos die Einhunderttausend-Dollar-Frage.“

10. Wenn die Eigenschaften zusammenpassen …

„Mochten Sie meinen Bruder?" fragte Cathy drei Tage später, als ich in der Galerie vorbeisah, um den Fortschritt zu inspizieren.

„Ja – ich glaube schon. Aber es war seine Arbeit, die den größten Eindruck hinterlassen hat. Nicht nur bei mir, sondern bei uns allen. Es hat uns wirklich geholfen."

„Ich freue mich, daß es Ihnen gefallen hat. Werden Sie ihn wieder treffen?"

„Wir haben keine Pläne – aber ich wäre gar nicht überrascht, wenn wir in Kontakt blieben. Wir haben vieles gemeinsam, glaube ich. Und wir können voneinander lernen. Das ist eine gute Basis für eine dauerhafte Freundschaft. Jedenfalls – ich danke Ihnen, daß Sie ihn uns vorgestellt haben. Es war wirklich ein äußerst erfreulicher und interessanter Abend."

Die Arbeit in der Galerie schien ganz nach Zeitplan fortzuschreiten. Die Gemälde wurden in zehn Tagen erwartet, und die Eröffnung war weitere zehn Tage später geplant. All das bedeutete, daß es noch etwas weniger als drei Wochen gab, um alles fertigzustellen.

Das war einer der Gründe, warum ich heute hier war. Paula hatte angerufen, um zu fragen, ob ich ihr bei der Gästeliste behilflich sein könnte. Ich würde eine Menge Leute in der Kunstszene kennen, meinte sie, und diese gäben einen guten Kern bei der Eröffnung ab. Sie meinte, es wäre wichtig, die richtige Art Kunden in die Galerie zu locken.

Wir setzten uns hin – Paula, Cathy und ich –, um die Namen durchzugehen, die ich vorbereitet hatte. Paula und Cathy hatten noch viele andere dazugeschrieben, so daß wir eine beachtliche Liste zu verschicken hatten.

„Ich habe nicht bedacht, wie wichtig es ist, die potentiellen Kunden zu kennen", sagte Paula und hakte einen weiteren Namen auf der Liste an.

„Ich denke, das ist in jedem Unternehmen wesentlich", sagte ich, mit meinen Gedanken mehr bei der Liste als bei der Frage, die Paulas Bemerkung implizierte.

„Um so mehr in der Kunstwelt“, sagte Cathy. „Meinen Sie nicht, Geoffrey?“

„Um so mehr? Ich weiß nichts darüber. Aber ich halte es hier für notwendig sicherzustellen, daß die Leute, die Sie einladen werden, auch diejenigen Leute sind, die an den Werken interessiert sind, die Sie anzubieten haben. Ich denke, es hat wenig Nutzen, einen Sammler von Rembrandtgemälden zu einer Ausstellung moderner russischer Kunst einzuladen.“

„Sie meinen also, daß wir uns auf die Kunden beschränken sollen, die wir schon kennen?“

„Tue ich das? Wenn ja, dann klingt das eher einschränkend. Aber ich vermute, so fängt alles an. Zuerst die erkennbaren Kunden anziehen – die Sie kennen und die in Ihr Kundenprofil passen –, dann weitergehen zu neuen Kunden – zu denen, die Sie noch nicht kennen, die aber ein wichtiges Hilfsmittel darstellen könnten, um Ihren Markt zu vergrößern.“

„Was meinen Sie, wie wir das hier machen könnten?“ fragte Cathy sowohl Paula als auch mich.

„Eine Möglichkeit besteht darin, Verbindungen herzustellen, nehme ich an“, sagte Paula. „Wie wenn man einen Stein in einen Teich wirft und sieht, wie sich die Wellen ausbreiten. Wir haben von Geoffrey eine wunderbare Liste mit Namen, und wir haben selbst etliche andere beigesteuert. Hoffen wir, daß jede eingeladene Person einem anderen von der Eröffnung erzählt. So verdoppelt sich die Reichweite.“

„Das ist ganz schön“, sagte ich, „wenn wir nur daran interessiert sind, auf dem bestehenden Weg fortzufahren. Das sind wir aber nicht. Unsere Idee, ein Buch mit Photographien für unsere Kunden zusammenzustellen, ist ein nicht so üblicher Weg, Kunst zu verkaufen. Vielleicht wird das eine neue Gruppe potentieller Kunden ansprechen. Also sollten wir an neue Wege denken, um den Markt zu erreichen.“

Ich schwieg und ging einem Gedanken nach, den die Diskussion mir nahegelegt hatte. Es war die normale Reaktion, sich auf die bestehenden Kunden zu konzentrieren, darauf, alles so zu machen, wie es immer getan worden war. Aber ich erkannte, daß das niemals einen Durchbruch nach sich ziehen würde. Dazu brauchte man etwas anderes.

„Ich war einmal in einem Seminar“, fuhr ich fort, „und die Diskussion drehte sich um Kunden und Kompetenzen. Irgendein Guru beharrte darauf, daß diese beiden die Schlüsselelemente des Erfolgs wären. Vielleicht sind sie das. Aber ich bin seither zu der Erkenntnis gekommen, daß man durch ausschließliche Konzentration darauf, was man als die vielversprechendsten Kunden und Kompetenzen wahrnimmt, in der Tat die Chance reduziert, neue zu entdecken. Schließlich sind die Kunden, die wir definieren, die bekannten Kunden. Genau wie diejenigen auf dieser Liste. Das sind die Namen von Menschen, die das eine oder andere Mal in der Vergangenheit Interesse für Kunst im allgemeinen und für moderne Kunst im speziellen gezeigt haben. Sie sind eine bestehende Basis von Kunden. Aber es mag da draußen sehr wohl eine ganze Gruppe von neuen Kunden geben – Kunden, die derzeit noch Nicht-Kunden sind. Und die könnten für uns sehr wohl noch attraktiver sein als die auf unserer Liste. Schließlich – die Leute auf der Liste haben schon Kunst gekauft. Sie könnten eine Sammlung haben. Sie könnten begonnen haben, sich zu spezialisieren. Sie könnten nur Platz für eine begrenzte Anzahl von Gemälden haben. Oder sie könnten die Arbeiten von Nicolai oder Nemiga-17 nicht in ihre Sammlung aufnehmen wollen. Der bestehende Kundenstamm könnte also gerade nicht die Grundlage für Verkäufe sein.

Aber die Gruppe der Nicht-Kunden – die Leute, die wir bisher nicht entdeckt haben – könnten in Hinblick auf das Geschäft eine weit größere Chance für uns darstellen. Dasselbe gilt für Kompetenzen. Wenn wir uns nur auf die bestehenden Kompetenzen konzentrieren – und das ist die traditionelle Galerie und die erprobten und bewährten Wege, Aufmerksamkeit für die Arbeiten zu erwecken, die wir ausstellen –, dann werden wir nicht wirklich diese Nicht-Kunden anziehen. Wir werden neue Kompetenzen entwickeln müssen. Solche, die wir jetzt noch nicht haben oder solche, an die wir in der Vergangenheit noch nicht einmal gedacht haben. Nehmen Sie das Photobuch: Könnten wir Direktvermarktung machen? Könnten wir Kopien des Buches an ungewöhnlichen Stellen plazieren – etwa bei Einrahmern oder Innenarchitekten? Ich weiß es nicht – ich werfe nur Gedanken auf. Aber ich denke, es ist wesentlich, daß wir irgendwie einen Weg finden, um zu identifizieren, wann Kunden Kunden werden und wann Kompetenzen Kompetenzen."

Wir alle schwiegen und dachten nach. Es war Cathy, die die Stille unterbrach.

„Ich habe mit Jeremy viel über seine Ideen und Forschungsergebnisse gesprochen. Und ich erinnere mich, daß er mir eine Geschichte über die Entstehung eines neuen Produktes erzählt hat.

Er begann die Geschichte, indem er über den sich verändernden Lebensstil an der Westküste der Vereinigten Staaten sprach. Die Menschen begannen gegen eine Gesellschaft zu rebellieren, die so komplex geworden war, daß sie befürchteten, von ihr verschlungen zu werden. Als Ergebnis wurden die Bedürfnisse der Individuen allmählich ebenso wichtig genommen wie die Bedürfnisse der Gesellschaft als Ganzes. Das spiegelte sich in zunehmender Konzentration auf den Körper wider. Auf Gesundheit. Die Leute gingen joggen. Trainieren. Sport wurde Teil eines ganzen Lebensstils. Individualität. Bewegung. Persönliche Wahl. Das wurden die Leitworte der neuen Generation.

Zur selben Zeit, irgendwo anders auf dem Planeten – das habe ich von Jeremy; er liebt es, „Krieg der Sterne“ zu zitieren – entstand eine Firma, die dank modernen Designs und raffinierter Produktideen bald eine Reputation für Innovation erlangte. Ein neues Produkt wurde von einer ausgewählten Gruppe von Menschen eilig gekauft. Sie wollten ihre Individualität unterstreichen, indem sie die ersten waren, die diese neuen Produkte besaßen. Vor allem als sie kleiner und kleiner wurden.

Dann wurde ein neues Produktkonzept entwickelt. Für viele Leute war es nichts mehr als häßliches Geschnatter. Es war ein Audio-Produkt, aber seine Größe war sehr gering – in der Tat war es so klein, daß es keinen Platz für Lautsprecher gab. Statt dessen mußten die Benutzer sich mit Kopfhörern behelfen. Und um das Ganze völlig verrückt zu machen – es spielte nur Musikkassetten.

Als nun die Firma beschloß, dieses Konzept umzusetzen, machten sie geschickten Gebrauch von dem Lebensstiltrend an der Westküste der Staaten. Sie gaben kostenlos Warenmuster an ausgewählte Studenten aus und sagten ihnen, die einzige Bedingung wäre, daß sie das Produkt benutzten, wenn sie joggten oder wenn sie ausgingen. Und der Schneeballeffekt funktionierte. Das Konzept wurde zum Produkt, als die Leute begannen, es zu wollen. Und die Leute wurden zu Kunden, als sie fanden, daß sie einfach eines haben mußten.

So wurde Sonys Walkman geboren. Und im Rückblick – so spricht Jeremy immer – wurde es ein Erfolg, weil das Produkt sich in eine neu entstehende Umwelt einfügte. Sony erreichte bemerkenswerte Resonanz zwischen einem Produkt auf der einen Seite und einem neu entstehenden Lebensstil auf der anderen. Und außerdem – und das war langfristig ebenso wichtig – wurde das gute Image der Firma in Sachen Innovation und fortschrittliches Design bestätigt.“

„Ich denke, man könnte das auch aus einer anderen Perspektive sehen", sagte ich. „Mein kleiner Freundeskreis hat die Idee entwickelt, daß Evolution im Geschäftsleben eben so gegenwärtig ist wie überall sonst. Man könnte also sagen, daß der Walkman entweder spontan oder dank einer Auslese aufgetaucht ist. Ich denke, der Walkman ist in hohem Maße ein Beispiel für spontane Ordnung – denn er zeigt das plötzliche Zünden des Geschäfts dank der Resonanz zwischen Kunden, Produkt und Kompetenz. Um es anders zu sagen: die Umwelt, in der all das wechselwirkt, hat daran Gefallen gefunden. Von Auslese – der anderen Möglichkeit – könnte sehr wohl bei den Produkten gesprochen werden, die vielversprechend erschienen, die es aber nicht geschafft haben. Was auch immer der Fall sein mag, ich denke, daß die sozialen Systeme, die für die Merkmale von Produkt, Kundschaft und Kompetenz sorgen, entlang ihrer Wachstumskurve fortschreiten, wie selbstorganisierende Systeme es eben tun. Selektion verursacht Selbstorganisation, und eine selbstorganisierende Gesellschaft verursacht Selektion. Schließlich kommen beide aus einem Gewebe von evolvierenden und interagierenden Vorgängen ganz am Rande des Chaos."

„Na, Geoffrey – so große Worte. ‚Am Rande des Chaos'. Das klingt für mich nach ‚Krieg der Sterne'. Sind sie davon auch so begeistert wie mein Bruder?"

„Nicht wirklich. Ich glaube, ich habe nur den ersten gesehen. Aber auch das war ein Beispiel dafür, wie ein Produkt – diesmal ein Film – und eine Umwelt Einklang fanden und zu einem der größten Kassenschlager in der Geschichte des Films führten. Was, wie ich meine, nur beweist, was jemand einmal gesagt hat: daß es eher die Merkmale der Gesellschaft als die Kunden sind, die die Umwelt für die Produkte und Kompetenzen von morgen bilden. Denn jeder unvorhergesehene Erfolg bedeutet, Nicht-Kunden zu Kunden zu machen."

„Und wie werden wir das bloß machen, Geoffrey", fragte Paula.

Ja wie, fragte ich mich auch.

☆

Als ich an diesem Abend zurück in der Wohnung war, begann ich, einige Ideen zu notieren, die ich über das Kunstgeschäft entwickelt hatte. Ich erkannte, daß wir jetzt eine klare Unternehmensarchitektur entwerfen müssen würden. Das war ein anderer Gedanke, mit dem ich gespielt hatte, und den ich für vielversprechend hielt. Es war wirklich ein Nachdenken darüber, wie gewisse Aspekte sorgfältig ausgerichtet werden mußten, wenn das Unternehmen Erfolg haben sollte. Es war, in meiner Analogie, als würde man ein Haus bauen: Man mußte zuerst am Fundament arbeiten, ehe man die Mauern aufziehen konnte. Und erst wenn diese fertig waren, konnte man an das Dach denken.

Hinter meinem Schreibtisch sitzend, hatte ich begonnen, herumzukritzeln – eine Gewohnheit, die ich seit meiner Kindheit habe, und eine, die ich nicht ablegen kann. Mein Gekritzel hatte die Form eines Hauses angenommen. Am Fundament hatte ich „Kompetenzen“, „Produkte“ und „Kunden“ eingetragen.

Zweifellos lag das an den Diskussionen, die ich früher an diesem Tag geführt hatte. Aber es machte auch einen richtigen Eindruck. Als ob diese Dinge an ihrem rechten Platz säßen. Schließlich waren sie die bestimmenden Faktoren jedes Geschäfts. Aber ich fügte auch „Resonanz“ in das Fundament ein. Ich war sicher, das war etwas, das direkt auf dem Grundstein eines jeden Unternehmens stehen mußte. Das war schmerzlich klar geworden.

Dann dachte ich weiter nach – und ich stellte fest, daß wir in meinem Freundeskreis übereingestimmt hatten, daß einer der Faktoren am Beginn eines Unternehmens – bei seiner Gründung – die Suche nach Autonomie war. Davon ausgehend, schrieb ich „Autonomie“ neben das Haus, das ich gezeichnet hatte. Wenn Autonomie beim Fundament war, dann implizierte das natürlich, daß die wechselseitigen Abhängigkeiten in der Nähe des Daches sein mußten. Und das schien nahezulegen, daß das Dach die Hilfsmittel darstellen sollte – Dinge wie Organisation, Aufgaben und Systeme.

Was also waren die Wände? Ich glaubte, sie waren der Prozeß – Dinge wie die Produktionskette, Maßnahmenstrategien und die Architektur.

Ich sah auf meine Zeichnung und nickte. Ich war damit zufrieden. Es schien richtig.

Aber dann begann ich, weiter zu denken. Wenn Menschen beginnen, eine Firma zu verändern, sind es im allgemeinen die Aufgaben, die Systeme und die Organisation, die als erstes einer Prüfung unterzogen wurden. In meiner Zeichnung würde das bedeuten, daß der Wandel am Dach begann.

Das konnte natürlich nicht stimmen. Niemand ändert eine Firma, indem er beim Dach beginnt. Das Fundament ist natürlich eine logischere Stelle, um zu beginnen. Um sicherzustellen, daß es einen guten, soliden Halt gibt und daß alles andere sicher darauf ruht. Hatte ich unrecht – oder war die Art, wie wir immer alles durchgeführt hatten, falsch? Das wäre nicht das erste Mal in den letzten Monaten, daß ich gezwungen war, die traditionelle Art, etwas anzugehen, in Frage zu stellen. Das konnte keine Ausnahme sein.

Aber Moment, dachte ich, meine Gedanken wirbelten durcheinander. Japan hat uns gelehrt, uns auf den Prozeß zu konzentrieren. Das bedeutet, sorgfältig auf die Wände zu sehen. Wir bauen die besten Wände weit und breit – aber wir stellen fest, daß sie auf verfaulenden Fundamenten stehen. Vielleicht erklärt das, warum einige Firmen, die den Baldridge Quality Award haben, in den Konkurs gezwungen wurden. Indem sie es vernachlässigten, ihren Produkten, Kunden und Kompetenzen genügend Aufmerksamkeit zu schenken, haben diese Firmen einfach ein sterbendes Geschäft optimiert.

Plötzlich spürte ich das Bedürfnis, all das meinen Freunden mitzuteilen, und ich setzte mich an meinen Computer und öffnete das Mail-Programm. Ohne lange zu zögern, tippte ich eine kurze Notiz.

@ An: Meine Partner in Sachen Evolution
Von: gsheld@compuserve

Ich habe nachgedacht (keine Kommentare, bitte). Wir haben gerade in letzter Zeit eine Menge über Produkte, Kunden und Kompetenzen gesprochen. Sie sind wieder aufgetaucht, in einer Diskussion, die ich heute mit Paula und Cathy hatte. Jetzt komme ich zu der Überzeugung, daß sie einen enormen Einfluß auf jedes Unternehmen haben. Vielleicht mehr als wir für möglich gehalten haben. Ich glaube, daß es für ein Unternehmen absolut wichtig ist, Resonanz zwischen diesen verschiedenen Instanzen zu erreichen. Ohne diese Resonanz wird das Unternehmen einfach kein Fundament haben. Buchstäblich. Ich habe irgendwo gelesen, daß der Präsident von Apple, Michael Spindler, gesagt hat, daß „das fortgesetzte Wachstum von Apple auf direkter und ständiger Kommunikation mit ihnen (den Kunden) beruht. ... Es bleibt, wie es ist. Die Mission Apples ist heute so kraftvoll, wie sie es 1976 war." Und doch kennen wir alle die Schwierigkeiten, mit denen Apple zu kämpfen hat. Wir wissen, daß in dieser Welt die Schönen (und das ist natürlich Apple) oft den Kühnen (Microsoft) unterliegen.

Aber ich glaube, da gibt es noch etwas von Bedeutung, und das ist, daß Resonanz nicht durch Worte kommuniziert werden kann. Tatsächlich meine ich, daß verbale Kommunikation auf diesem Feld eines der unwichtigsten Mittel der Kommunikation ist, die uns zur Verfügung stehen. Was der Bote ausstrahlt, ist weit wichtiger. Und das hängt meiner Meinung nach ab von dem unvorhersagbaren (und wir alle wissen, daß Evolution einen enormen Grad von Unvorhersagbarkeit mit sich bringt) Auftreten von Resonanz, wenn Produktmerkmale, Kundenmerkmale und Kompetenzmerkmale einander unterstützen. Das ist das Fundament, auf dem Erfolg errichtet wird. Der Antrieb muß von innen kommen. Und sogar Spindler – oft als Visionär gesehen – geht in die alte Falle und versucht eher nach Wachstum zu streben als nach einer Verstärkung der Merkmale, die Resonanz herstellen können. Man kann eine Botschaft nicht einfach dadurch am Leben halten, daß man sie ständig wiederholt. Das ist es, was Spindler tut. Ich denke aber, daß er in keiner beneidenswerten Position ist: Er ist gezwungen, auf Wachstum auszugehen (das ist in den Augen der meisten Leute der Maßstab für Erfolg), während er in Wirklichkeit Wachstum vergessen und nach Resonanz streben sollte. Das erfordert eine bewußte Anstrengung, die Merkmale zu entdecken und sogar zu schaffen, die einander verstärken – oder miteinander schwingen, wie wir jetzt sagen würden.

All das erfordert enormen Mut. Ich wünschte, ich hätte ihn, um ehrlich zu sein. Denn dann wäre ich in der Lage, meinen Teilhabern zu sagen, daß Wachstum auf dieser Stufe der Entwicklung meiner Firma nicht die oberste Priorität ist. Dennoch werde ich immer noch nach antiquierten Normen beurteilt. Soll ich die Leute darauf trainieren, die neuen Regeln anzunehmen? Oder nehme ich sie einfach selber an und lasse das Schicksal seinen Lauf nehmen?

Ihr mehr als üblich verwirrter

Geoffrey

Ich las die Nachricht noch zweimal, ehe ich auf „Senden“ klickte. Ich wußte, daß die in ihr enthaltenen Gedanken chaotisch erscheinen mochten. Aber das ist der Lauf der Evolution!

11. Zweck in der Wirtschaft

Eines der Dinge, die ich zu lange aufgeschoben hatte – ich mußte feststellen, daß ich eine übertriebene Menge Zeit damit verbracht hatte, in der Galerie und an meinen Ideen über Evolution zu arbeiten –, war die Reorgansation meiner Firma. Gut – ich wußte, daß eine Veränderung der Strukturen der falsche Weg war. Ich würde die grundlegenden Parameter der Firma verändern müssen, so daß ich die bestmöglichen Bedingungen für die Entstehung neuer Ideen schaffen konnte. Und hoffentlich neuen Erfolg.

Seit einiger Zeit hatte ich realisiert, daß eines meiner Hauptprobleme darin bestand, die beiden unterschiedlichen Kulturen, die jetzt meine Firma ausmachten, zu harmonisieren. Ich fühlte instinktiv, daß ich nicht in der Lage sein würde, mich selbst aus dem Problem heraus zu organisieren. Zumindest nicht, wenn ich den traditionellen Managementstrukturen folgen wollte, die für viele Jahre ein Merkmal meiner Firma gewesen waren. Ich sah ein, daß ich etwas sehr Dramatisches tun würde müssen.

Und ich mußte der Firma erzählen wie dramatisch, darum hatte ich dieses Treffen der gesamten Belegschaft einberufen.

„Guten Tag", begann ich und blickte in der Kantine herum, wo die Versammlung stattfand. „Das ist vielleicht das erste Mal, daß wir hier zusammengekommen sind. Vielleicht hätte ich das schon vor langer Zeit tun sollen – aber ich habe in der Hoffnung gelebt, daß wir schließlich imstande sein würden, unsere Differenzen beizulegen und uns in eine einzige Firma zu verwandeln. Ich glaube jetzt, daß es eine falsche Hoffnung war. Die Kulturen unserer beiden Firmen sind so unterschiedlich, daß es zuviel verlangt wäre, zu erwarten, daß sie koexistieren und tatsächlich verschmelzen sollen. Und deshalb habe ich beschlossen, daß wir aufhören, das zu versuchen.

Die beiden ursprünglichen Firmen haben verschiedene Marktbereiche bedient. Ich hatte gehofft, daß ihre kombinierte Stärke unsere Firma zu einem größeren Spieler auf diesem Feld machen würde. Unglücklicherweise sehen wir, daß wir tatsächlich unter der kombinierten Größe unserer Firma leiden, anstatt Nutzen aus ihr zu ziehen. Wir finden auf dem Markt weniger Widerhall. Wir verlieren Kunden. Wir versagen dabei, Kunden, die mit der einen oder der anderen der früheren Firmen Geschäfte gemacht haben, dazu zu bringen, auch mit der neuen Geschäfte zu machen. Und wir waren nicht in der Lage, Synergien zu schaffen, die uns allen zu weiterer Prosperität verhelfen werden.

Und so glaube ich, daß die Zeit gekommen ist, um den Versuch abzubrechen. Man könnte völlig zu Recht sagen: ein netter Versuch, aber kein guter. Ich könnte die Fusion auflösen, indem ich einen der Teile verkaufe. Und dann würde unsere Firma zu einer Statistik werden und sich den anderen 50% aller Fusionen anschließen, die zerfallen.

Aber das habe ich nicht vor. Denn ich glaube immer noch, daß jede einzelne Abteilung dieser Firma einen Beitrag zum Wohlergehen des Ganzen leisten kann. Ich war davon überzeugt, als die Fusion arrangiert wurde – und trotz allem bin ich auch heute noch davon überzeugt.

Erst unlängst wurde ich sehr in ein Projekt mit einigen Geschäftsfreunden verwickelt. Wir sind überzeugt, daß eine Firma Geschlossenheit hinsichtlich der Ziele zeigen muß, um Erfolg zu erreichen. Wir nennen das Autonomie. Und wir denken, daß sich eine Firma ohne diese Autonomie einfach nicht in die Richtung des Erfolgs bewegen kann. Ich erzähle Ihnen nichts Neues. Wir alle wissen, daß Geschlossenheit oft ein wichtiger Bestandteil des Erfolgs ist.

Es gibt heute nichts Geschlossenes an Sheldon Enterprises.

Aber ich glaube, wir können diese Geschlossenheit erreichen. Nicht firmenweit. Davon haben wir uns alle überzeugt. Aber auf einer eher individuellen Skala. Deshalb schlage ich vor, das Geschäft in nicht weniger als zwölf verschiedene Einheiten aufzuspalten. Jede wird ihre eigene Verantwortlichkeit haben. Jede wird sich ihre eigenen Ziele setzen müssen. Jede wird niemandem anderen Antwort stehen müssen als sich selbst. Ich hoffe, damit zu erreichen, daß jede Einheit ihre eigene Geschlossenheit finden kann – ihre eigene Autonomie. Und das wird die Bedingungen für die Entwicklung neuer Ideen und neues Geschäftswachstum zulassen.

Es gibt viele Vorbilder für ein solches Vorgehen, wie ich es vorschlage: Sony hat sich in acht Abteilungen aufgeteilt; Philips hat einhundert Geschäftstränge definiert; die japanische Kyocera Corporation hat sich in achthundert kleine Firmen aufgespalten; und Asea Brown Boveri wurde in 1.300 kleine quasi-unabhängige Einheiten aufgebrochen.

Jede der zwölf Einheiten, die geschaffen werden, repräsentiert Sheldon Enterprises. Sie werden ein Teil des Ganzen sein und doch hinreichend unabhängig, um ihnen zu erlauben, jegliche Maßnahmen zu treffen, die sie für notwendig halten, um ihren individuellen Erfolg zu erzielen. Ich bin sicher, daß kleinere Einheiten in der Lage sein werden, Geschlossenheit in diesem tieferen Sinn zustande zu bringen, der auf der Anfangsstufe des Suchens nach neuem Wachstumspotential so wichtig ist.

Während der nächsten paar Wochen werde ich mit denjenigen Leuten Gespräche führen, die die Verantwortung für dieses Unterfangen teilen werden. Ich wünsche Ihnen allen viel Erfolg."

Für eine Rede war das nicht zu schlecht, dachte ich. Dennoch fragte ich mich, ob einige meiner Bilder tatsächlich in die Köpfe einiger Leute in meiner Firma gegangen sein mochten. Aber ich hoffte, daß meine grundsätzliche Botschaft hinübergekommen war: daß ich versuchte, durch ein Aufbrechen der Firma in kleinere Einheiten die bestmöglichen Bedingungen für sie zu schaffen, um zu neuen wirtschaftlichen Möglichkeiten vorzustoßen. Ich hätte ihnen natürlich auch erzählen können, daß die Schaffung dieser zwölf Einheiten bedeutete, daß jede einzelne herausfinden konnte, wo auf der Resonanzspirale sie zu einem gegebenen Zeitpunkt war, so daß die richtige Richtung eingeschlagen werden konnte – und ich stellte fest, daß ich eine Menge damit zu tun haben würde, um sicherzustellen, daß diese Untersuchung ehrlich und sorgfältig durchgeführt werden würde

Tat ich das Richtige? Ich dachte schon. Aber nur die Zeit würde es erweisen. Denn das ist eines der Hauptprobleme mit jeder Managementstrategie: Erfolg kann erst im Rückblick gesehen werden.

☆

„Das ist es also, was ich beschlossen habe", schloß ich später an dem Abend im Pub, wo ich mich mit David verabredet hatte.

Ich wollte eine Gelegenheit, mit einem aus meinem kleinen Kreis zu sprechen, und diesmal schien David, der Zyniker, die praktische Kraft, die beste Wahl zu sein. Ich mußte meine Entscheidung mit jemandem überprüfen, den ich respektierte. Und ich wußte, David würde in seinen Antworten immer ehrlich und wahrhaftig sein. Außerdem dachte ich, es wäre gut, einige Angelegenheiten der Kunstgalerie zu erörtern. Ich hatte von Paula gehört, daß sie oft ihren Vater konsultiert hatte. Und ein Treffen in einem Pub schien eine gute Gelegenheit, eine Menge Dinge nachzuholen.

„Für mich klingt das vernünftig", sagte David und nahm einen Schluck von seinem Bier. „Jedenfalls unter diesen Umständen. Ich weiß, wie schwierig es für Sie gewesen ist, die Fusion zu handhaben – aber es hat nichts geholfen. Also scheint diese Idee von kleinen Einheiten, die alle frei sind, Autonomie zu suchen, exzellent zu sein. Wenigstens einer aus unserer Gruppe setzt in die Praxis um, was wir gelernt haben."

„Mit Sicherheit mehr als einer, David. Paula tut das auch."

„Tut sie das? Ich glaube schon. Obwohl sie zur Zeit so von den Vorbereitungen, die sie treffen muß, überwältigt ist, daß ich mir nicht wirklich vorstellen kann, daß sie Zeit hat anzuhalten und nachzudenken."

„Ich glaube, sie macht einen guten Job, meinen Sie nicht?"

„Ja. Und für den Fall, daß Sie anders denken sollten: Das hat nichts damit zu tun, daß ich ihr Vater bin."

„Dafür gibt es wirklich keinen Anlaß, David. Ich habe gesehen, wie genau Sie es mit dem ganzen Unternehmen genommen haben. Keinerlei Hinweis auf Nepotismus. Paula ist eine sehr intelligente Frau. Und sie macht ihren Job gut. Zumindest hat sie das, als ich sie das letzte Mal gesehen habe."

„Das tut sie immer noch, denke ich. Die Gemälde sollen in drei Tagen eintreffen – und dann erwartet sie, daß die Hölle losbricht. Als ich heute morgen mit ihr sprach, war sie gerade dabei, die Einladungen zu verschicken. Ich fragte mich, ob es eine gute Idee war, sie zu versenden, bevor noch die Bilder angekommen sind – schließlich geht es um eine große Lieferung von hinter dem Eisernen Vorhang – obwohl ich vermute, daß der auch weggeräumt wurde, oder? Keine Mauer – kein Vorhang. Ich nehme an, wir werden einfach lernen müssen, ohne eine Bedrohung nebenan zu leben. Jedenfalls – sie fragte mich, was ich denken würde, und ich sagte, sie solle warten, bis die Gemälde eingetroffen wären. Das dauert nur noch ein paar Tage. Sie sagte, sie würde mit Cathy darüber sprechen. Ich denke, sie wird mir zustimmen. Schließlich ist es viel einfacher, eine Einladung auf den letzten Stand zu bringen, als die Ausstellung wieder abzusagen, wenn die Leute einmal eingeladen sind. Das wäre für kein Unternehmen ein guter Beginn, meinen Sie nicht?"

„Das können Sie laut sagen. Hat sie gesagt, ob sie mit dem Katalog weitergekommen ist?"

„Ja – und sie sagte, sie hätte in Moskau einen Photographen gefunden. Ein Freund von Nicolai, sagte sie. Er wird in den kommenden Wochen die Aufnahmen machen – anscheinend wird es eine ganze Weile dauern, um wirklich gute Aufnahmen von der ganzen Sammlung zu machen. Übrigens, ich wollte Sie fragen – sind die Arbeiten gut? Ich meine – wirklich gut? Ich schätze Ihre Meinung."

„Ja, ich glaube, das sind sie. Was es noch außergewöhnlicher macht, ist, daß wir reife Werke von unbekannten Künstlern zeigen werden. Im allgemeinen bekommt man hier Sachen von Künstlern zu sehen, wenn sie studieren, dann eine erste Schau, und wenn man Glück hat, gibt es Retrospektiven von jeder Phase ihrer Laufbahn. So hat man das Gefühl, als würde man mit ihnen aufwachsen. Aber diesmal ist es nicht das gleiche. Plötzlich wird man mit einem ganzen Stapel von Arbeiten von völlig Fremden konfrontiert. Das ist unheimlich. Ist es wirklich.Wir haben nicht oft die Chance, die reifen Werke eines Künstlers zu sehen, von dem wir noch nie gehört haben. Außer natürlich, man schließt diese komischen wohltätigen Flohmärkte und dergleichen ein. Sie wissen schon – die Kunstklasse der lokalen Frauenvereinigung. Nein – worüber ich spreche, ist ein ernsthaftes Œuvre von einer Gruppe ernsthafter Künstler, die ihr ganzes Leben auf dem Jupiter oder dem Mars verbracht haben könnten. Das ist ein ganz schöner Coup, David. Und ja – es gibt einige wirklich wunderbare Gemälde in der Ausstellung. Ich habe Ihnen ja erzählt, wie wir die Auswahl vorgenommen haben. Ich weiß bis heute nicht, ob wir das Richtige getan haben oder nicht. Aber ich wußte, daß man nach anderen Kriterien entscheiden muß als nach reiner Logik, wenn man einer so großen Zahl von Gemälden von so hoher Qualität gegenübersteht. Kunst ist Emotion. Das dürfen wir nie vergessen. Und es schien nur richtig, bei der Auswahl die Emotionen mitreden zu lassen."

David blieb still und dachte offensichtlich darüber nach, was ich gesagt hatte.

„Dann meinen Sie also, daß Emotion der Zweck von Kunst ist?" fragte er schließlich.

„Vielleicht. Wenn Kunst einen Zweck braucht."

„Braucht das nicht alles?"

„Vielleicht. Sicher haben eine Menge Leute gesagt, daß Wirtschaft einen Zweck braucht. Ich pflegte auch so zu denken. Aber unlängst habe ich begonnen, mich zu fragen, was in einer Welt, die durch Selektion und Spontaneität geregelt wird, der Zweck von Wirtschaft sein kann. Ich weiß, daß einige Leute anderen Leuten eine göttliche Rolle und göttliche Eigenschaft in dem unvermeidlichen Prozeß der Evolution zuschreiben. Wie können wir von einem dahinterliegenden Zweck sprechen, wenn wir feststellen, daß ein neues Unternehmen entsteht, einfach weil es eine fast unvorhersagbare Reaktion zwischen einer bestimmten Idee und der Umgebung ihres Entstehens gibt. Oder um es anders zu sagen: wenn eine unbeständige Umwelt die Gedanken hinter den Handlungen bestimmter Leute geradezu nach Zufall unterstützt."

„Göttlicher Zweck. Aha. Ich nehme an, Sie erwarten, daß ich wieder einmal den Zyniker spiele. Fragen wir uns selbst, ob ein solcher Zweck von uns Menschen fordert, einen göttlichen Plan auszuführen. Daran glaube ich nicht, Geoffrey. Tut mir leid. Ich bin zu nüchtern, wenn Sie so wollen. Sehen Sie, ich denke, wir haben in dieser Welt einen weit niedrigeren Job zu erledigen."

Er hielt für einen Augenblick inne und nahm noch einen Schluck von seinem Bier.

„Haben Sie je von Daniel Dennett gehört? Er ist ein amerikanischer Philosoph, der sich besonders mit dem Zweck des Zwecks beschäftigt hat – wenn Sie verstehen, was ich meine. Er erzählt eine Parabel. Und es ist wirklich eine ziemlich interessante Geschichte.

Lassen Sie uns denken, daß Sie sich entschließen, Sie würden lieber in der Welt leben, wie sie in ungefähr 500 Jahren sein wird. Ich weiß nicht – Sie mögen sich einfach von der Zukunft angezogen fühlen oder was auch immer. Jedenfalls beschließen Sie, daß Ihr Körper bis zum Jahr 2.500 eingefroren wird.

Das ist relativ einfach. Wir haben die Technologie – und Sie könnten in einem Augenblick eingefroren werden. Aber dann fangen die Probleme an. Wo werden Sie den Körper lagern? Ich meine – manchmal wird ein Gebäude nach nur zehn Jahren abgerissen. Vielleicht endet die Stelle, die Sie gewählt haben, mitten auf einem Autobahnknoten. Vielleicht enden Sie mitten auf einem Spielfeld. Oder einem Teich. Oder im Bunker eines Golfplatzes. Was würde geschehen, wenn es dramatische Veränderungen des Klimas gibt? Oder in der Ökonomie? Was ist mit politischen Verhältnissen, die sich verschieben? Wissen Sie – sich einfrieren zu lassen, mag eine Kleinigkeit sein – aber den Körper intakt zu halten, unverletzt, und bereit für eine Wiederbelebung in 500 Jahren – das ist etwas ganz anderes.

Aber Sie müssen einen Weg finden, um dieses Problem zu lösen – sonst wird Ihr Traum immer ein Traum bleiben. Eine mögliche Lösung wäre, einen gigantischen Roboter zu bauen, der Sie enthält. Etwas, das geeignet ist, Ihren Körper und all die Ausrüstung aufzunehmen, die man braucht, um diesen Körper 500 Jahre lang in guter Form zu halten und ihn nötigenfalls zu transportieren. Der Roboter muß imstande sein, in einer sich ständig verändernden Gesellschaft zu operieren – aber um es noch komplizierter zu machen, haben Sie keine Möglichkeit vorherzusagen, welche Veränderungen das sein werden und wann sie eintreten werden. Sie müssen etwas entwerfen, das sich fast gegen alles wehren können muß. Schließlich haben wir alle übereingestimmt, daß Evolution kraft ihres eigensten Wesens unvorhersagbar ist. Unser Roboter wird also in der Lage sein müssen, mit allem fertig zu werden, das ihm die Evolution in den Weg werfen wird.

Und jetzt sagen Sie mir – kennen Sie irgend etwas, das die Eigenschaften haben kann, die ich für den Roboter beschrieben habe? Können Sie sich irgend etwas vorstellen, das über Jahrhunderte besteht, sich verändert, wenn die Gesellschaft sich verändert, und immer mit der neuen Situation zurechtkommt? Ich kann. Wir nennen das Mensch. Tatsächlich könnten Sie in der Menschheit einen solchen Zeitroboter sehen. Auf alle neuen Umstände einstellbar. Anpassungsfähig. Flexibel. Zäh. All die Eigenschaften, die Ihr Roboter haben müßte, können in einem einfachen Menschen gefunden werden.

Aber wir sind noch nicht fertig. Denn führen Sie das einen entscheidenden Schritt weiter. Vielleicht sind wir als Wächter entworfen. Wächter der Lebenskraft. Einer DNA-Struktur. Vielleicht ist der Mensch nicht mehr als ein Transporteur von Genen? Und wenn, ist daran irgend etwas Göttliches?"

Ich weiß nicht, was mich mehr verblüffte: die Geschichte oder die Tatsache, daß David – unser zynischer, praktischer David – imstande gewesen war, auf so fesselnde Weise zu erzählen.

„David – Sie hören nicht auf, mich zu überraschen", sagte ich. Im Augenblick war ich nicht in der Lage, die Implikationen seiner Geschichte anzusprechen.

„Das will ich auch hoffen", sagte er und grinste mich über den Rand seines Glases hinweg an. Mit einem letzten Schluck trank er aus und stand auf. „Ich hole mir Nachschub, während Sie den Schock überwinden."

Ich nickte zufrieden, weil ich einige Momente für mich haben würde, um nachzudenken. Waren wir Menschen wirklich zu nichts anderem gut, als unsere Gene am Leben zu halten? War das der Zweck des Lebens? Ich fühlte mich so enttäuscht – dieselbe Enttäuschung, wie Dorothy sie im „Zauberer von Oz" gefühlt haben muß, als sie den gutmütigen alten Mann hinter dem wütenden Zauberer entdeckte.

Aber dann begann ich mich zu fragen, ob ich nicht Teil der Ausstattung eines „Roboters" war – natürlich eines mit der Aufgabe, eine Lebensform zu bewahren –, der sein eigenes Bewußtsein aufbaute. Schließlich – die Aufgabe, Leben zu schützen, und sicherzustellen, daß es durch die Jahrhunderte weitergeht, ist keine Kleinigkeit. Und es braucht jemanden – oder etwas – mit starker Willenskraft und Zielstrebigkeit, um das geschehen zu lassen.

„Natürlich rebelliere ich gegen die Vorstellung, daß ich nicht mehr bin als ein Wachroboter", sagte ich, als David zurückkam, „der nur zu dem Zweck da ist, Leben fortbestehen zu lassen. Sie würden es nicht anders von mir erwarten. Aber ich denke – und ich akzeptiere Ihre Ideen im Augenblick um der Diskussion willen –, wenn der Zweck eines Menschen einfach der ist, Leben zu erhalten – wie beeinflußt das unsere Sicht von Wirtschaft? Müssen wir die Wirtschaft einfach wegen der Wirtschaft am Leben erhalten? Denn das muß zweifellos die logische Folgerung sein. Gibt es in der Wirtschaft keinen Zweck?"

„Sie hören sich schon an wie ich." David nickte zustimmend. „Das war auch meine erste Reaktion. Ich wollte wissen, warum dieser Begriff des Zwecks in unserem Denken so entscheidend ist. Ist er irgendwie eine Notwendigkeit für uns als menschliche Wesen? Tut die Idee ‚Zweck' etwas mit uns und läßt uns so handeln, wie es vorgesehen ist? Was macht der Begriff Zweck wirklich mit uns?

Ich habe in letzter Zeit viel darüber nachgedacht – seit ich in Kontakt mit Dennetts Ideen kam. Und ich habe im Internet gesurft auf der Suche nach Antworten. Sie wissen schon – ‚Zweck' eintippen und dann suchen. Jedenfalls führte mich meine Suche durch eine ganze Reihe von Websites – das WWW wird jedesmal größer, wenn ich wieder hineinsehe ..."

„Selbstorganisation", unterbrach ich, bedeutete aber dann, daß das ein anderes Thema war und daß ich David nicht von seiner Auseinandersetzung mit dem ‚Zweck' abbringen wollte.

„Ja – vielleicht. Jedenfalls, nachdem ich an allen Ecken der Welt gewesen war, kam ich schließlich zu einer Website in Deutschland – das Max Planck Institut. Die hatten über die Bewegung der Neuronen im Gehirn geforscht. Und sie haben entdeckt, daß Neuronen in weit auseinanderliegenden Teilen des Gehirns als Antwort auf einen bestimmten Reiz synchron zueinander ‚feuern'. Anscheinend haben wir das Erlebnis von Sicht, Klang, Gefühl, Geruch, Wiedererkennen und Erinnern, wenn Bündel von Neuronen harmonisch schwingen. Andere Forscher haben gezeigt, daß das Gehirn dazu neigt, seine internen Mechanismen ziemlich unabhängig am Laufen zu halten. Sie sehen ein fortwährendes Fließen von Wellen, die sich im Gehirn herumbewegen und Neuronen erregen. Wenn verschiedene Muster von Neuronen harmonisch schwingen, wird Resonanz hergestellt, und sie führt zu Reizen, die wir ständig in unserem Leben erfahren. Diese Muster erscheinen ständig, werden aber durch die interne Ordnung des Gehirns in einer Art Gleichgewicht gehalten. Aber sie können in Verbindung stehen – Sie wissen, so wie ein Gefühl oft eine andere Erinnerung auslöst und dann noch eine und so weiter."

„Das ist faszinierend, David, aber es beantwortet nicht die Frage: Warum brauchen wir Zweck?"

„Gut, Geoffrey, werden Sie nicht ungeduldig. Ich komme darauf zurück. Zweck ist ein Auslöser, sagen die Forscher, der uns hilft, mit unseren Prioritäten umzugehen. Er hat zur Folge, behaupten sie, daß eine ganze Menge dieser Muster in unseren Gehirnen gemeinsam schwingen. Nun ist eine der vorherrschenden Prioritäten das Überleben. Denn – um zu Dennett zurückzukehren – wenn wir aus keinem anderen Grund auf der Erde sind, als um das Leben aufrechtzuerhalten, wie es ja aussieht, dann hat Überleben die absolute Priorität."

Er hielt für einen Augenblick inne und nahm einen Schluck Bier. Ich stellte wieder einmal fest, wie er seine Gedanken in ein logisches Muster brachte, bevor er weitersprach. Das war eine Eigenschaft, um die ich David zu beneiden begann – diese Fähigkeit, alles andere auszuschließen und vor dem Sprechen einige Ordnung in seine Gedanken zu bringen. Ich sah sie jetzt wieder an der Arbeit und wünschte nicht zum ersten Mal, daß auch ich meine Gedanken mit solcher Disziplin ordnen könnte.

„Nun, das wäre in Ordnung gewesen, wenn das Leben einfach wäre. Höchstwahrscheinlich war in vergangenen Zeiten diese Konzentration aufs Überleben der einzige Zweck, den wir brauchten. Als wir zu erkennen begannen, daß unsere Gehirne andere Reize erfahren können, wurde das Bedürfnis, Prioritäten zu setzen, wichtiger."

„Wenn ich richtig verstehe, David, hat Ihrer Ansicht nach Zweck nichts zu tun mit dem göttlichen Begriff, mit dem wir ihn verbunden haben – sondern er ist ausschließlich eine Funktion des Auslösens von geeigneten Reaktionen im Gehirn."

„Resonanz auslösen, ja. Wir haben bei Zweck immer an etwas gedacht, das fast göttlich inspiriert ist. Etwas, das irgendwie alle unsere Handlungen rechtfertigt – sowohl konstruktive als auch destruktive. Aber ich bin jetzt dahin gekommen zu glauben, daß Zweck nicht mehr ist als ein Muster – ein Auslöser, der Resonanzmuster in unseren Köpfen freisetzen sollte."

„Und das würde erklären, warum Sony von einem ‚Geist von Sony' spricht – denn das bietet einen Zweck und löst Resonanz in den Köpfen der Leute von Sony aus."

„Ja – und es würde erklären, warum Direktoren in ihren Neujahrsreden über Zweck sprechen. Er ist ein Auslösemechanismus. Ein Auslöser von Resonanz. Und das macht ihn in der Tat sehr wichtig."

Wir beide schwiegen und erlaubten den Gedanken, sich zu setzen. Das war ein weiterer Aspekt an David, den ich respektierte – er hatte keine Eile, Gesprächslücken zu stopfen. Eher ließ er sie geschehen. Und er ließ die Leute sie nutzen. Stille war ein wichtiges Element in einem Gespräch mit David.

„Sie haben etwas gesagt, das bei mir einige eigene Ideen hervorgerufen hat. Darf ich?"

„Natürlich, Geoffrey. Ich bin immer erpicht darauf, Ihnen zuzuhören – auch wenn Sie Ihre Gedanken manchmal auf chaotische Weise hervortreten lassen. Aber das macht Ihren Charme aus, denke ich."

Ich sah David an und war nicht sicher, ob er scherzte oder nicht. Und sein Pokerface gab mir keine Hinweise. Ich dachte nicht zum ersten Mal, daß ich niemand beneidete, der David an einem Verhandlungstisch gegenübersaß.

„Fein", sagte ich, unsicher, ob irgendeine andere Reaktion angemessen wäre. „Ich habe darüber nachgedacht, ob die Muster in unserem Gehirn für immer dort sind. Ich glaube nicht. Ich meine nicht, daß dem Gehirn der Platz ausgeht, sondern es ist eher so, daß Prioritäten sich verändern, und daß sich also auch das Gehirn verändern muß – und deshalb die Zweck-Muster. Ich kann nicht jagen, und doch stelle ich mir vor, daß es für einige meiner Vorväter etwas von sehr hoher Priorität war – fast ein Lebenszweck. Das ist vergangen und wurde von anderen Zwecken ersetzt, die ihrerseits auch wieder verschwunden sind. Und das legt nahe, wie ich meine, daß Zweck seinen eigenen Lebenszyklus hat. Ihr Roboter hatte einen Lebenszyklus von 500 Jahren. Und höchstwahrscheinlich würde auch der Zweck 500 Jahre lang gehalten haben. Was nahelegen würde, daß der Zweck einer Organisation sich höchstwahrscheinlich mit dem Lebenszyklus der Organisation decken wird, auf den er sich bezieht. Aber dieser Zweck könnte sich auch verändern – könnte sich anpassen, größer werden. Tatsächlich könnte er zu einer Vision werden – natürlich, wenn die Organisation groß und komplex ist."

„Dem stimme ich zu", sagte David. „Aber ich sehe auch, daß der Zweck des Zwecks derselbe bleibt und daß er darin besteht, ein Resonanzmuster in einer Versammlung von Köpfen auszulösen."

„Versammlung von Köpfen?"

„Natürlich. Ist das nicht etwas, das wir miteinander diskutiert haben? Daß Resonanz wesentlich ist, um Autonomie zu schaffen? Also muß Zweck Resonanz zwischen gleichgesinnten Leuten auslösen. Haben Sie schon daran gedacht, daß Resonanz sehr wohl das zentrale Phänomen sein könnte, das in der Tat den Abgrund zwischen dem evolutionären Prozeß der Selektion und dem selbstorganisierenden Verhalten von biologischen und sozialen Systemen überbrückt?"

„Nein, habe ich nicht, David. Aber jetzt, wo Sie es erwähnt haben ..."

☆

„Ich weiß", sagte Paula, „mein Vater kann so sein, wenn er will. Er hat nur über die Jahre das Image aufgebaut, der nüchterne Geschäftsmann zu sein, dieser zynische, praktische Macher – aber tief drinnen ist er ein Denker. Sogar sehr."

„Und ein sehr intelligenter dazu", stimmte ich zu.

Ich mag eher schroff gewirkt haben – aber das schrieb ich meiner Sorge über die Ankunft der Gemälde zu. Sie waren für gestern erwartet worden, aber als Cathy angerufen hatte, um zu fragen, wo sie waren, hatte man ihr gesagt, daß sie nicht in dem ursprünglich vorgesehenen Flugzeug gewesen waren. Statt dessen waren sie auf einen Nachtflug umgebucht worden, der um sechs Uhr früh in Heathrow sein sollte. Es war jetzt früher Mittag, und wir hatten uns stundenlang neben dem Telephon aufgehalten und auf den Anruf gewartet, der uns, da waren wir sicher, aus der Misere erlösen würde. Warten war nie eine meiner Stärken – und ich fand schnell heraus, daß Cathy und Paula die Unsicherheit, die ein solches Warten unvermeidlich mit sich bringt, ebensowenig mochten.

Dann, wie auf Bestellung, läutete das Telephon. Cathy war als erste am Apparat – Paula hatte einen guten Sprint hingelegt, war aber geschlagen worden –, schüttelte aber den Kopf. Es war nur der Caterer, der angerufen hatte, um einige Details der Party zu besprechen.

„Wird diese Verzögerung irgendwelche Konsequenzen für die Eröffnung haben?" fragte ich, als Cathy den Hörer hingelegt hatte.

„Wir hoffen, nicht", sagte Paula. „Wir haben Vaters Rat angenommen und warten mit den Einladungen, bis die Gemälde tatsächlich hier sind. Ich muß nur in der Druckerei anrufen, und dann haben wir die Einladungen innerhalb einer Stunde oder so. Alles ist fertig – jetzt hängt es nur noch an den Gemälden."

Das Telephon läutete wieder, und Cathy hob ab.

„Ja, sind wir ... Sind sie. Gut ... Ja ... Ich habe vereinbart, daß sie vom Spediteur abgeholt werden. Der hat auch alle Papiere. Später Nachmittag? Fein. Vielen Dank."

Sie legte das Telephon hin und drehte sich zu uns um. Wir wußten es natürlich schon, aber sie sagte es trotzdem.

„Sie sind eingetroffen und können am späten Nachmittag abgeholt werden. Dann werden sie hier sein. Jetzt geht's los, nehme ich an?"

„Jetzt geht's los", sagte Paula mit fast greifbarer Erleichterung in der Stimme.

Es schien mir das Richtigste zu sein, mich zu ihr hinüberzubeugen und ihr einen Kuß auf die Wange zu geben.

☆

Als ich zuhause ankam, dachte ich über die Ereignisse des Tages nach. Das Gespräch mit David war mir während des restlichen Tages nicht aus dem Kopf gegangen. Und ich nahm an, daß es David auch so ergangen war.

Das war es offensichtlich – denn als ich mich einloggte, war Davids Kennung auf der Liste. Schnell klickte ich sie an. Die Nachricht war recht kurz:

@ An: gsheld@compuserve
Von: why@knoware.uk

Betrifft: Unser Gespräch

Ein Resonanzbündel besteht aus anderen Resonanzbündeln. Unsere Rolle in der Evolution wird offensichtlich durch dynamische Phänomene wie Selektion, Selbstorganisation und Resonanz bestimmt. Wenn wir in der Lage sind, Resonanz auszulösen, dann könnten wir auch imstande sein, Resonanzmuster auszulösen, die die Zukunft beeinflussen könnten.
Bedeutet das, daß wir letztlich göttlich sein können?
Ihr zynischer Freund
David

12. Der rote Faden durch die Gesellschaft

„Wir sind weit gekommen seit unserem ersten Treffen“, sagte Dory.

Wir alle – Dory, Claire, David und ich – waren in meiner Wohnung, um vor der Eröffnung einen Drink zu genießen. Wir hatten gedacht, es wäre angebracht, uns schon früher zu treffen, denn das würde es uns erlauben, zu einer angemessenen Zeit einzutreffen, anstatt zu früh hinzukommen und bei all der Arbeit zu stören, die Paula und Cathy zu bewältigen hatten. Als ich es vorgeschlagen hatte, waren alle einverstanden gewesen. Vielleicht weil wir alle erkannten, daß die Eröffnung für uns irgendwie das Ende eines Kapitels bedeuten würde.

„Paula ist fürchterlich nervös“, sagte David, der offensichtlich seine Gedanken nicht von dem freihalten konnte, was in der Galerie zu geschehen hatte. „Ich habe sie noch nie vorher so gesehen.“

„Haben Sie sie denn gesehen?“ fragte ich.

David errötete.

„Ich habe auf dem Weg hierher dort vorbeigesehen. Ich dachte, ich sollte ihr etwas väterliche Unterstützung geben.“ Er hob seine Hände zu einer Abwehrgeste. „Ich weiß. Wir alle haben vereinbart, daß wir uns nicht einmischen. Aber Unterstützung zeigen ist nicht einmischen. Nicht mehr als Blumen zu schicken.“

Jetzt war es an mir zu erröten.

„Blumen gehören zu einer Eröffnung. Ich hatte gedacht, wir alle würden welche schicken.“

„Ich bin viel praktischer“, sagte Claire. „Ich habe eine Flasche Champagner vorbeigebracht und Paula gesagt, sie soll sie mit Cathy trinken.“

„Mit der Schokolade, die ich in der Galerie abgeliefert habe, sollten sie jetzt alles haben“, meinte Dory.

Wir sahen einander an und begannen zu lachen.

„Was für eine Gruppe wir doch sind“, sagte ich. „Sprechen von Resonanz. Und alle scheinen die gleiche Idee gehabt zu haben. Aber was ist falsch daran? Es zeigt, daß wir alle an Paula denken – und nicht nur an unser kleines Experiment.“

„Dem stimme ich zu“, sagte Claire. „Wir mögen die Hingabe an wirtschaftlichen Erfolg teilen. Aber wir sind auch enge Freunde geworden. Zumindest habe ich den Eindruck.“

Wir alle nickten.

„Wer hätte jemals gedacht, daß es dazu kommen würde“, wiederholte Dory, und ihre Augen nahmen wieder diesen glasigen Blick an, der oft zu sehen war, wenn sie über etwas anderes nachdachte als über die unmittelbare Umgebung. „Erinnern Sie sich an den Professor im Hotel? Der sagte, wir sollten über Evolution nachdenken? Ich wünschte, wir wären in der Lage gewesen, mit ihm zu sprechen. Es hätte uns am Anfang sicher geholfen.“

„Dem stimme ich nicht zu“, sagte David und lächelte angesichts des Stöhnens, das automatisch seine Bemerkung quittierte. „Gut – fühlen Sie sich jetzt besser? Aber im Ernst, ich denke, es war notwendig für uns, selbst einige der Ideen durchzuarbeiten. Denn das ist es doch, was unser Interesse aufrechterhalten hat. Wir alle hatten genug von Regeln. Oder von Theorien. Oder von Rollenmodellen. Es war diese Abneigung gegen die Art, wie Wirtschaft immer Gegenstand von Regeln war, die uns zuerst zusammengeführt hat. Ich erinnere mich, Geoffrey, wie Sie an der Bar unser Gespräch mitgehört haben. Und daß Sie die Enttäuschung über diese Gurus und internationalen Wirtschaftsexperten geteilt haben. Es war genau das, was die ursprüngliche Resonanz für die Gruppe geschaffen hat.“

„Die ursprüngliche Resonanz“, wiederholte Claire, „Ich war natürlich nicht dabei. Aber ich kann es mir vorstellen. Die ursprüngliche Resonanz. Das gefällt mir. Es sagt so viel darüber, wo wir losgegangen sind und wo wir jetzt sind.“

„Dem stimme ich zu“, sagte ich. „Resonanz und Evolution. Die beiden leitenden Faktoren unseres Denkens.“

„Nicht zu vergessen die Resonanzspirale und die Qualitäten, die ein Manager braucht.“

„Ich weiß. Wir haben eine Menge Boden beackert, bis hin zu der Entdeckung, daß die Schaffung von Kreativität uns sogar erlauben würde, Gott zu spielen.“

„Worüber im Himmel sprechen Sie, Geoffrey?“ fragte Claire.

„Entschuldigen Sie“, sagte ich. „Ich vergaß, daß Sie nicht mit bei dem Treffen waren, das David und ich vor einigen Tagen hatten. Wir sprachen über den Zweck des Zwecks. Und wir kamen zu der Schlußfolgerung, daß Zweck Resonanzbündel auslöst, die ihrerseits andere Resonanzbündel auslösen können."

„Und wie kommt die Göttlichkeit da hinein?"

„Das stammt von David. Wir fanden, daß es nichts Göttliches am Zweck gibt. Aber dann schickte mir David eine Notiz, in der er schrieb, wenn wir danach zielten, Resonanz zu erzeugen, hätten wir die Chance, zukünftige Resonanzmuster auszulösen. Und seine letzte Bemerkung war: ‚Heißt das, daß wir letztlich göttlich sein können?' Seither denke ich darüber nach."

Wir alle hingen für einen Augenblick unseren eigenen Überlegungen nach. Claire sprach als erste.

„Ich weiß, daß ich nicht von Anfang an dabei war, aber Ihre Gedanken über goldene Regeln sind sicherlich wasserdicht. Es scheint so logisch, zu sagen: Das ist Erfolg – kopieren Sie es, dann werden Sie den gleichen Erfolg haben. Ich meine – wer auf der Welt kann das bestreiten?"

„Wir", grinsten wir alle gleichzeitig und lächelten wieder einmal darüber, die Resonanz an der Arbeit zu sehen.

„Anwesende ausgeschlossen, hätte ich sagen sollen", lächelte Claire und versuchte, ein ernstes Gesicht zu bewahren. „Was ich wirklich fragen wollte, war, ob diese Beispiele für Erfolg auch tatsächlich Erfolge waren. Ich meine, was ist Erfolg? Ist es Überleben? Einst mag das Erfolg gewesen sein. Ist es Wachstum? Unter gewissen Umständen, wie wir gesehen haben. Ist es Befriedigung? Vielleicht für die Unternehmer in uns – aber nicht für unsere Aktionäre. Also ist die ganze Vorstellung des „Erfolg führt zu Erfolg" diskussionswürdig.

Aber es gibt noch einen Aspekt an dem ganzen. Diese Idee wurde durch Ihren Verweis auf Göttlichkeit ausgelöst. Es scheint, daß es in alledem einen Hauch des Göttlichen gibt. Als ob eine Gußform des Erfolges weitergereicht würde, von einem Gläubigen zu einem neuen Bittsteller. Es ist so bedauernswert, daß die Gußform nicht immer – nicht oft – den Erfolg bringt, den der Hohepriester versprochen hat. Haben wir da unsere Religion verloren? Ich denke, wir sind in unserer kleinen Gruppe wirklich zu wirtschaftlichen Atheisten geworden. Wir haben die Religion des Erfolgs durch ein Beispiel zurückgewiesen. Und wandten uns statt dessen dem Gedanken zu, den Erfolg durch ein Verstehen der Bedingungen zu erreichen, die zu Erfolg führen können. Erinnern Sie sich, als wir sagten, wir würden niemals jemandem die Antworten geben, sondern ihm statt dessen sagen, welche Fragen er stellen sollte? Das war ein flagranter Bruch mit dem alten Glauben. Für viele Leute muß das an Blasphemie grenzen. Das mag auch für die Vorstellung gelten, daß Resonanz, Zweck tatsächlich die zukünftige Evolution verändern können. Denn das würde den Kreis zu einer vollen Umdrehung bringen. Vom Lauschen auf Prophetenworte dazu, das Schicksal in die Hand zu nehmen. Das ist ein ganz schöner Schritt."

„Aber ein Schritt, den Manager bereit sein müssen, zu machen", sagte David. Seine Augen leuchteten. „Wenn Management einfach eine Sache des Befolgens von Regeln wäre, könnte nichts erklären, warum es gute Manager gibt, großartige Führungspersönlichkeiten, Heilande, Retter ... all diese verschiedenen Arten von Persönlichkeiten, die in einer Firma zu bestimmten Zeitpunkten zu ihrem Recht kommen. Ich weiß, daß die meisten von Ihnen von mir als dem Pragmatiker gedacht haben. Aber vielleicht bestand mein Beitrag zu unseren Ideen in meinen Gedanken über die Rolle des Managers – und darüber, daß eine Firma in verschiedenen Phasen ihrer Geschichte unterschiedliche Manager und unterschiedliche Führungsstile braucht."

Er machte eine Pause. Mir fiel jetzt auf, daß Dory und Claire instinktiv wußten, daß er nur unterbrochen hatte, um seine Gedanken zu ordnen, und deshalb nichts sagten, um ihn nicht zu unterbrechen. Sie blieben still, weil sie wußten, daß im Gehirn dieses Mannes etwas Wichtiges ablief.

„Regeln ohne Berücksichtigung der Richtung können keinen Erfolg bringen. Davon bin ich zutiefst überzeugt. Es gibt einfach zu viele davon. Und die meisten davon sind nur in einem engen Bereich von Bedingungen anwendbar – den Bedingungen der Firma, deren Erfolg die Regeln geliefert hat. Denn bedenken wir, daß zuerst der Erfolg kam, und erst dann die Regeln folgten. Was die Leute gesagt haben, war: Erfolg scheint – ich wiederhole, scheint – erzielt worden zu sein, wenn dieses und jenes getan wurde. Wie jemand einmal zu mir sagte. Nichts ist im Rückblick einfacher zu erklären als Erfolg. Aber ohne den Vorteil des Rückblicks ist nichts schwieriger zu erreichen. Und die Regeln? Ach – seien wir ehrlich. Es gibt zu viele davon. Sie alle widersprechen einander. Und keine davon zieht uns in Betracht – die wirklichen Manager im wirklichen Leben, nicht in Lehrbuchsituationen."

„Trinken wir auf das Ende der Regeln", sagte ich und hob mein Glas Champagner.

„Und auf den Beginn von Resonanz“, sagte Dory.

„Auf den Beginn von Resonanz“, stimmten wir alle zu.

☆

Als wir in der Galerie eintrafen, waren erst wenige Gäste dort. Dennoch dachte ich, daß der Besuch in der Tat sehr gut war. Ich war bei Eröffnungen mit weit weniger Gästen gewesen. Ich hielt das für ein gutes Zeichen.

„Vater, Geoffrey, Claire, Dory. Meine vier Sponsoren. Willkommen.“

Ich stellte fest, daß Paula wunderbar aussah. Sie hatte ein einfaches schwarzes Kleid gewählt – aber eines, das so geschnitten war, daß es aus ihr einen sofortigen Brennpunkt inmitten der leuchtenden Farben der Gemälde machte.

„Mein Gott, Geoffrey“, sagte Dory, „die sind toll. Warum haben Sie uns nicht erzählt, daß sie so gut sind.“

„Aber das habe ich doch.“

„Ja, Dory“, bestätigte Claire, „das hat er.“

„Aber als er sagte gut, hätte ich niemals gedacht, daß er so gut meinte. Entschuldigen Sie – ich muß sie mir ansehen. Ich werde keine Ruhe haben, bis ich sie aus der Nähe gesehen habe. Also entschuldigen Sie mich, bitte.“

Sie drehte sich um und ging zu den Bildern, die ich als erste ausgesucht hatte. Es hatte immer noch Wirkung, sogar jetzt. Und ich dachte an Nicolai. Lieber Nicolai. Nicht imstande, heute persönlich hier zu sein – aber gegenwärtiger als irgend jemand sonst.

„Hallo, Geoffrey.“

Ich drehte mich um und stand Gesicht an Gesicht mit Jeremy. Ich weiß nicht, warum ich überrascht war, ihn hier zu sehen – schließlich war er Cathys Bruder –, aber ich war es.

„Kommen Sie, Geoffrey. Sie können mir nicht erzählen, daß Sie gedacht hätten, ich würde mich nicht für ein Projekt interessieren, an dem meine Schwester beteiligt ist. Wissen Sie, wir freuen uns wirklich, wenn der andere Erfolg hat.“

„Ja, natürlich. Das war gedankenlos. Ich muß mich entschuldigen.“

„Keine Ursache, wirklich.“ Er sah herum und ließ seinen Blick auf einem Gemälde nach dem anderen ruhen. „Wissen Sie, die sind wirklich wunderbar. Besser, als Sie mich glauben ließen.“

„Cathy, meinen Sie wohl?“

„Oh – äh – ja. Wenn Sie mich jetzt bitte entschuldigen …"

Ich überlegte, was um alles in der Welt in ihn gefahren sein konnte. Er verhielt sich wie jemand, den man mit der Hand im Klingelbeutel erwischt hat. Ich dachte nach, was ich zu ihm gesagt hatte, das ihn so aus dem Gleichgewicht gebracht hatte.

Ich wollte ihm gerade nachgehen, als Cathy auf mich zukam.

„Was um alles in der Welt haben Sie getan, um Jeremy so zu erschrecken?"

„Ich wünschte, ich wüßte es. Ich wollte ihm gerade nachgehen."

„Machen Sie sich keine Sorgen. Ich bin sicher, daß es nichts ist. Sagen Sie – was meinen Sie. Haben wir alles richtig gemacht?"

„Ich glaube, das haben sie in der Tat. Ich bin stolz auf Sie beide."

„Das sollten Sie auch. Wohlgemerkt, als Paula mir erzählte, auf welche Weise Sie die Gemälde ausgewählt haben, wuchs mein Respekt für Sie enorm. Und als ich das Bild sah, das Sie als erstes ausgewählt haben – da wußte ich, daß Sie Ihr Geschäft verstehen. Es ist ein wunderbares Gemälde, Geoffrey. Das Problem ist – wir haben schon jetzt sechs Angebote. Und die Party fängt gerade erst an. Ich sagte Paula, sie solle über eine Auktion nachdenken. Dann würden wir zumindest den besten Preis dafür erzielen. Geoffrey, es tut mir leid. Ich werde da drüben gebraucht. Wir sprechen uns später."

Und damit war sie weg.

Plötzlich fiel mir ein, daß Paula mir niemals erzählt hatte, wo sie Cathy kennengelernt hatte. Ich mahnte mich, sie im Laufe des Abends danach zu fragen.

Als ich in der Galerie herumging, sah ich nur wenige Menschen, die ich kannte. Wir tauschten einige Worte aus, die üblichen höflichen Grüße. Aber dann sah ich, daß Jeremy in eine ernsthafte Unterhaltung mit einer kleinen Gruppe von Menschen verstrickt war, alle etwa in seinem Alter. Ich fragte mich, ob sie etwas dagegen haben würden, einen alten Mann aufzunehmen.

Ich ging zu der Gruppe und hörte gerade noch den letzten Teil eines Gesprächs. Ich schnappte das Wort „Evolution" auf und wurde schlagartig noch interessierter.

„Also, als Darwin über Evolution sprach, hat er seine Theorie niemals wirklich im Hinblick auf den ‚Ursprung der Arten' des Titels bewiesen –, sondern indem er zeigte, wie Fossilien Gegenstand des rücksichtslosen Prozesses der Evolution waren."

Während ich eifrig den Worten lauschte, musterte ich den Sprecher. Er war ein junger Mann, etwa im selben Alter wie Jeremy, und mit genau der gleichen Eifrigkeit in sich. Er hatte zu einer Gruppe Gleichaltriger gesprochen und wollte gerade fortfahren, als seine Augen die meinen trafen. Er zögerte, und ich beobachtete, wie er sich zu Jeremy drehte und die Augenbrauen hochzog. Jeremy wollte gerade etwas sagen, als ich sie unterbrach.

„Bitte, lassen Sie sich nicht stören. Ich hörte, was Sie sagten und wollte instinktiv mehr erfahren. Machen Sie weiter, bitte. Und erlauben Sie mir bitte, zuzuhören."

„Peter", sagte Jeremy, „Du mußt uns nicht länger mit deinem Evolutionsquatsch langweilen. Laß das für heute Abend."

„Nein, Jeremy", sagte ich. „Er soll nicht aufhören. Ich möchte mehr hören. Und ich bin sicher, auch der Rest von uns. Wollen Sie?"

Ich sah in der Hoffnung auf einige Verbündete von einem zum anderen. Aber einer nach dem anderen blickte zu Jeremy und verließ dann die Gruppe, bis schließlich nur Peter, Jeremy und ich übrigblieben.

„Sie scheinen in der Tat Macht über sie zu haben." Ich war völlig darüber erstaunt, was ich gerade gesehen hatte. „Warum haben Sie ihn unterbrochen?"

„Geoffrey – für alles gibt es seine Zeit und seinen Ort, meinen Sie nicht? Und ich dachte nicht, daß es Zeit und Ort für unreifes Geschwätz über Evolution und Darwins Theorien sei."

„Kommen sie, Jeremy", sagte ich. „Was ich gehört habe, war alles andere als unreif. Und ich finde es nicht höflich, wenn Sie Peters Worte Geschwätz nennen. Ich denke, das ist weder der Ort noch die Zeit, um sich wie irgendein pensionierter General zu benehmen."

„Wenn Sie diesen Eindruck gewonnen haben, bitte ich um Verzeihung. Ich hab nur getan, was ich für richtig hielt."

„Peter", sagte ich und drehte mich von Jeremy ab, in der Hoffnung, eine direkte Konfrontation würde besser funktionieren. „Erzählen Sie mir über Darwin. Erzählen Sie mir, was Sie als nächstes sagen wollten. Es interessiert mich." Ich drehte mich wieder zu Jeremy und sagte mit besonderer Betonung, „Ich will es wissen."

Jeremy war einen Augenblick lang still, dann senkte er den Blick.

„Bitte tun Sie das nicht, Geoffrey. Bitte. Es tut mir leid, wenn ich unhöflich erscheine. Aber bitte zwingen Sie Peter nicht, jetzt mit Ihnen zu sprechen. Bringen wir zuerst diesen Abend hinter uns. Wenn Sie wollen, treffen wir uns später, und ich erkläre Ihnen alles. Bitte. Sie würden mir einen persönlichen Gefallen tun."

Ich wollte schon ablehnen, als ich den tiefen Ernst in Jeremys Augen sah. Langsam nickte ich. Dann drehte ich mich langsam um und überließ die beiden jungen Männer sich selbst.

☆

„Es ist ein voller Erfolg", sagte Paula, und ihre Augen glühten vor Freude. Sie stellte sich auf die Zehenspitzen und küßte mich direkt auf die Lippen. „Da. Ich hab's geschafft. Danke, Geoffrey. Sie haben das möglich gemacht. Danke."

„Das Vergnügen war ganz auf meiner Seite, Paula. Sagen Sie – wer hat es nun gekauft?"

„Sie meinen Ihre Erstwahl? Ich habe es an jemanden verkauft, der sagte, er hieße Wiggins."

„Wiggins? Donald Wiggins? Sie meinen, der Professor ist hier? Ich habe ihn nicht gesehen."

„Professor? Wovon im Himmel sprechen Sie? Ich glaube, der Mann kam mit Jeremy."

„Mit Jeremy? Was im Himmel ...?"

„Was ist Geoffrey? Sie sehen aus, als hätten Sie einen Geist gesehen."

„Nein – es ist nichts. Nur Zufälle. Nehme ich an. Sagen Sie, da ist etwas, das ich Sie fragen wollte: Wo haben Sie Cathy gefunden?"

„Cathy gefunden? Es war wohl eher umgekehrt. Sie rief mich eines Tages an und sagte, sie hätte von ihrem Vater von der Galerie gehört. Offensichtlich kennt ihr Vater Daddy. Sie fragte, ob sie irgendwie helfen könnte. Ich brauchte eine Assistentin. Na ja – der Rest ist Geschichte, wie man so sagt."

„Ja – wie man so sagt. Entschuldigen Sie mich, Paula. Aber ich muß jetzt ziemlich dringend mit jemandem sprechen."

Ich suchte überall nach Jeremy, aber er war nirgends zu finden. Zuletzt beschloß ich, jemanden zu fragen, der zuvor in der Gruppe gewesen war, als ich sie unterbrochen hatte.

„Entschuldigen Sie, ich suche Jeremy. Haben Sie ihn gesehen?"

„Nicht in der letzten halben Stunde. Aber er wollte gegen elf wieder hier sein. Er sagte, wir sollten ihn dann treffen. Offensichtlich hat es etwas mit der Galerie zu tun."

„Mit der Galerie?"

„Tut mir leid, aber mehr weiß ich nicht. Außer daß er auch Sie und Ihre Freunde dabei haben wollte. Ich glaube, er hat Cathy aufgetragen, das zu arrangieren."

Mit einem gemurmelten „Danke" machte ich mich auf die Suche nach Cathy.

„Ich höre, Sie sollen dafür sorgen, daß wir um elf zu einem Treffen kommen", sagte ich, ohne mich um Formalitäten zu kümmern. „Ich möchte wissen, was vorgeht. Und ich möchte Professor Wiggins treffen. Ich hörte, er sei es gewesen, der Nicolais Gemälde gekauft hat. Da ich dieses Bild ausgesucht habe, habe ich wohl auch ein Recht zu wissen, wer es nun tatsächlich gekauft hat."

„Geoffrey – beruhigen Sie sich. Bitte. Jeremy bat mich, Sie zu einem Treffen um elf Uhr einzuladen. Er möchte auch, daß David, Claire und Dory da sein werden. Er hat mir gesagt, ich solle Ihnen bestellen, alles würde sehr klar werden. Das ist alles, was ich weiß. Ehrlich. Darf ich mich nun wieder um unsere Kunden kümmern?"

Mit diesen Worten ging sie.

Als es elf wurde, war meine Geduld so gut wie erschöpft. Ich fragte mich, welchen Streich Jeremy uns spielen wollte. Und wie er selbst in all das hineinpaßte. Die Rolle von Cathy. Die Kunstgalerie. Und der Name von Wiggins, der aufgetaucht war, als ich es am wenigsten erwartet hatte.

Schließlich erschien Jeremy und winkte uns, ihm zu folgen.

„All diese Scharaden tun mir leid", sagte er und führte uns in ein Hinterzimmer. „Aber bald werden wir erlöst sein."

Als wir eintraten, sahen wir, daß dort bereits sechs andere Personen waren – Peter, der junge Mann, dessen Bemerkungen über Evolution meine Aufmerksamkeit erregt hatten, zwei andere Männer, die etwa in seinem Alter waren, Cathy und ein junges Mädchen, das Cathys Schwester hätte sein können.

„Es sieht so aus, als wären alle hier", sagte Jeremy.

„Nicht ganz", sagte Cathy. „Paula kommt noch. Aber sie sagte, sie müsse sich noch von den letzten Besuchern verabschieden. Wir sollen ohne sie anfangen."

„Jetzt hören Sie einmal zu ...", sagte ich.

„Geoffrey, bitte", sagte Jeremy, „Ich weiß, daß Sie irritiert sind. Ich weiß, daß Sie ungeduldig sind. Aber bitte glauben Sie mir, wenn ich sage, daß alle von uns den allergrößten Respekt für Sie vier haben, und für all die Arbeit, die Sie geleistet haben."

„All die Arbeit, die wir geleistet haben?“ fragte David und verzog seine Augenbrauen zu einem Runzeln. „Wer hat Ihnen denn etwas erzählt über die Arbeit, die wir leisten?“

„Sie selbst“, sagte Jeremy.

„Ich?“ fragte David, und das Runzeln wurde noch stärker.

„Na ja, nicht Sie persönlich – aber Geoffrey. Geoffrey war Ihr Sprachrohr und erzählte uns alles über Ihre Diskussionen.“

„Sie sind ein Lügner, Jeremy. Das erste Mal, daß ich Sie gesehen habe, war in meiner Wohnung. Als Sie kamen, um die Ergebnisse der Erhebung mit uns zu diskutieren.“

„Kommen Sie, Geoffrey, denken sie doch ein bißchen nach. Hatten Sie nicht den Eindruck, diese Erhebung war einfach ein bißchen zu viel des Zufalls? Ich meine, ich war da, sprach über Dinge, die Ihre Ideen über die Resonanzspirale bestätigten, und Sie schienen zu meinen, es sei einfach eine weitere wirtschaftliche Umfrage. Haben Sie nicht bemerkt, daß die ganze Umfrage mit der ausdrücklichen Absicht durchgeführt wurde, Ihre Theorie zu überprüfen? Ist Ihnen das nie in den Sinn gekommen?“

Meine Freunde und ich sahen einander an, aber keiner von uns war fähig, zu sprechen.

„Und wir hielten uns für so schlau“, sagte Claire.

„Das waren Sie. Sehen Sie das nicht? Sie haben enorme Arbeit geleistet. Ihre Ideen, Ihre Gedanken – sie waren so frisch und neu.“

„Aber Sie haben uns immer noch nicht erzählt, was Sie meinten, daß ich Ihnen über unsere Diskussionen berichtet habe. Ich habe niemals irgend jemandem etwas erzählt.“

„Niemandem, Geoffrey?“

„Na ja, nur dem Professor …“

„Nur dem Professor. Das ist richtig. Und Sie haben schön geschrieben. Sehen Sie Geoffrey – wir sind Professor Wiggins. Wir fünf. Peter, Chris, Karin, Cathy und ich. Wir sind Professor Wiggins.“

„Aber ich habe Professor Wiggins im Hotel gesehen. Er war ein alter Mann …“

„Nein Geoffrey. Sie sahen einen alten Mann, der die Rezeption verließ, als Sie kamen, um die Nachricht abzuholen. Aber er hatte nichts mit uns zu tun. Das war ein Geschenk des Schicksals. Karin war dort. Sie hat die Nachricht über Evolution hinterlegt. Sie hat uns auch erzählt, daß der alte Mann dort gewesen war, als Sie zur Rezeption kamen. Und da hatten wir die Idee, einen Professor zu erfinden. Es war ein netter Zug, finden sie nicht?"

„Ein netter Zug", sagte Dory, die ihre Sprache wiedergefunden hatte. „Was um alles in der Welt meinen sie – ein netter Zug?"

„Ich meine genau das. Bitte geben Sie mir etwas Zeit zu erklären. Ich weiß, daß sie wütend sind. Aber bitte glauben Sie mir, wenn ich sage, daß Sie erfolgreicher waren als wir je erwartet hätten. Als wir das Experiment starteten, dachten wir in tausend Jahren nicht, daß unsere Darwin-Manager aus vier so bemerkenswerten Menschen bestehen würde."
„Darwin-Manager?"

„Ja – das ist der Name, den wir dem Experiment gegeben haben."

„Experiment?" ärgerte sich David, der nahe dran war zu explodieren.

„Ja, David. Es tut mir leid. Sehen Sie, die Kunstgalerie war niemals das Experiment – Sie waren es. Aber lassen Sie mich zum Anfang zurückkommen."

Diesmal sagte keiner von uns etwas. Vielleicht waren wir alle zu schockiert, um überhaupt etwas sagen zu können. Statt dessen setzten wir uns schweigend auf die vier Stühle, die offensichtlich für uns vorbereitet waren und warteten, bis Jeremy fortfuhr.

„Alles fing an, als wir begannen, in Wirtschaftsbegriffen von Evolution zu sprechen. Sie hörten, wie Peter behauptet hat, daß Darwin seine Theorie niemals wirklich in Beziehung auf den Ursprung von Arten erklärt hat – sondern auf ihr Ende, indem er Fossilien verwendete. Wir fragten uns, ob es möglich wäre, eine Wirtschaftstheorie zu entwickeln, die einerseits nicht auf Erfolg basieren sollte – aber auf dem Prozeß der Schaffung geeigneter Bedingungen für wirtschaftlichen Erfolg.

Ich war in dem Seminar, das Sie drei besuchten. Und ich habe Sie am Nachmittag in der Bar sprechen gehört. Sie waren viel zu beschäftigt, um mich wahrzunehmen. Aber ich schaffte es, zu hören, was Sie sagten, und das hat mich zum Nachdenken gebracht. Sehen Sie, ich war auch enttäuscht von dem Konzept der Regeln, und ich habe mich gefragt, ob der Gedanke der Evolution auf die Wirtschaft angewandt werden könnte. Ich sprach über diese Idee mit diesen vier Freunden – wir machen alle einen Post-graduate-Abschluß in Wirtschaftswissenschaften – und wir dachten, wir sollten ein kleines Experiment unternehmen. Karin schrieb und überbrachte die kryptische kleine Notiz – fanden Sie sie übrigens anregend genug? Wir hatten ganz schön zu tun, um sie zu schreiben. Ich mußte Ränke schmieden, ohne das Spiel aufzugeben. Und natürlich war der alte

Mann, der gerade die Rezeption verließ, als Sie kamen, um die Nachricht abzuholen, ein glücklicher Zufall. Jedenfalls pflanzten wir die Idee – und dann lehnten wir uns zurück und warteten, daß sie Wurzeln schlug. Wir dachten, Sie würden es ein- oder zweimal diskutieren und dann zum Alltagsgeschäft zurückkehren. Also beschlossen wir, Sie beschäftigt zu halten, indem Professor Wiggins über Internet Kontakt mit Ihnen aufnahm. Wir bekamen Ihre e-mail-Adresse von der Verwaltung – und schickten die erste Nachricht. Wir waren entzückt über die Antwort. Es ging weit über alles hinaus, was wir gehofft hatten. Und dann entschieden wir, daß das von echtem Wert war. Und so beschlossen wir, Sie hin und wieder mit kleinen Happen zu füttern und Sie dabei immer in eine Richtung zu locken. Wir wollten, daß sie die Arbeit machten – aber immer wenn es schien, als würden Sie steckenbleiben oder in die falsche Richtung gehen, konnte der Professor Sie korrigieren."

„Uns korrigieren?" fragte David mit offenkundigem Ärger. „Sie unerträglicher Besserwisser. Wir sollten Ihnen das Gas abdrehen."

„Warum? Weil wir Sie ermutigt haben, in eine bestimmte Richtung zu denken? Sie müssen nicht glauben, daß wir von Ihnen nur die Bestätigung unserer eigenen Gedanken wollten. Das war überhaupt nicht der Fall. Wir wollten nur sehen, in welche Richtung eine Diskussion über Evolution in der Wirtschaft eine Gruppe von intelligenten Geschäftsleuten führen würde. Gut – wir ergänzten einiges über die Resonanzspirale. Aber Sie hatten die Folgerung fast schon selbst erreicht. Wir haben sie nur in Worte gefaßt. Schließlich – fünf von uns arbeiteten vollberuflich an diesem Projekt – konnten Sie vier das nur in unregelmäßigen Abständen besprechen. Natürlich hatten wir mehr Zeit, um darüber nachzudenken, was Sie entdeckt hatten. Aber macht das etwas aus? Ehe sie wußten, daß wir dahinter stehen, waren Sie so begierig darauf, Donald Wiggins kennenzulernen, oder etwa nicht? Seien Sie ehrlich – Sie haben sogar Cathy gebeten, dafür zu sorgen, daß er hier sein würde. Erinnern sie sich nicht, Geoffrey? Und Cathy tat genau das. Er ist hier. Nur ist es eben nicht einer – sondern viele!"

„Also waren wir das Experiment, und nicht die Kunstgalerie?"

„Ja, tut mir leid. Sehen sie, die Idee mit der Kunstgalerie tauchte auf, und wir dachten, es wäre nett, innerhalb eines Experimentes ein weiteres Experiment durchzuführen. Und Paula wollte schon die ganze Zeit über etwas mit Kunst machen. Also war das auch eine gute Methode, um ihr einen Start zu verschaffen."

„Paula ist auch an dieser Scharade beteiligt?"

„Natürlich. Wissen Sie, Paula und ich wollen heiraten."

„Nur über meine Leiche." David sprang aus seinem Stuhl auf.

„Daddy, setz Dich bitte wieder hin."

Wir drehten uns um und sahen, daß Paula den Raum betreten hatte.

„Es tut mir leid wegen all der Geheimniskrämerei. Ich wollte es Dir so oft erzählen. Aber ich hatte Jeremy mein Wort gegeben."

„Wenn Du etwas mit Kunst machen wolltest, warum hast Du nicht mich gefragt?" wollte David wissen. „Du weißt, daß ich alles für Dich getan hätte."

„Natürlich wollte ich. Das hat es ja fast unmöglich gemacht zu fragen. Siehst Du, ich brauchte das Gefühl, daß Du mich genommen hast, weil ich die Beste für diesen Job war. Das war alles. Und ich war die Beste für den Job. Schau nur auf den Erfolg, den wir heute hatten. Hätte es Dir genausogut gefallen, wenn ich mit aufgehaltener Hand gekommen wäre, um Dich zu bitten, mir mit einem geschäftlichen Unternehmen zu helfen, für das ich absolut keine Erfahrung hatte? Vielleicht hättest Du das – Du warst immer ein perfekter Engel – aber es wäre nicht richtig gewesen. Und jedenfalls war die Galerie der springende Punkt an dem ganzen Experiment. Wir wollten sehen, ob es möglich sein würde, Autonomie zwischen zwei unglaublich gegensätzlichen Gesellschaften zu schaffen – hier und in Rußland. Das war der Grund für die Galerie. Und wir haben festgestellt, daß Resonanz über die Grenzen hinwegreichen kann. Über die Kulturen. Und als Du, Daddy, den Schlüsselgedanken entdeckt hast – daß es vielleicht eine Chance für uns gibt, göttlich zu sein, wenn wir Resonanz erzeugen – na ja, das hätten wir ohne Dich niemals herausgekriegt. Und dafür möchte ich Dir danken. Und für alles andere."

Sie hörte zu sprechen auf, und ihre Augen füllten sich mit Tränen. Als ich mich umsah – in der Hoffnung, niemand würde bemerken, wie feucht meine eigenen Augen waren –, sah ich, daß auch David zu Tränen gerührt war. Er streckte seine Arme aus und zog sie an sich. Als sie sich umarmten, applaudierten wir alle.

Nachdem wir uns wieder gesetzt hatten, fragte ich Peter, was er hatte sagen wollen, als Jeremy ihn unterbrochen hatte.

„Na los, Peter. Jetzt ist die Zeit gekommen, uns alles zu erzählen."

„Nun", sagte Peter zögernd, als wüßte er nicht, wo er beginnen solle. „Ich wollte erklären, wie Menschen zu allen Zeiten, wissentlich oder unwissentlich, Beiträge zu einer Theorie der Resonanzgesellschaft beigetragen haben. Darwin war offensichtlich einer der Ausgangspunkte. Er behauptete, daß die Dinge sich verändern, während sie sich durch die Zeit bewegen. Bewegung als solche war immer schon ein Schlüsselthema. Galileo hatte die Bewegung des Pendels erforscht, und das führte zur Erfindung der Uhr. Und diese Bewegung in konstanten Schwüngen ist ein sehr wesentlicher Aspekt in dem gesamten Konzept der Resonanzspirale, die Sie so schön ausgearbeitet haben. Adam Smith führte den Gedanken des ‚sozio-ökonomischen Pendels' ein, als er über Angebot und Nachfrage schrieb. Definitiv sicherzustellen, daß es einen Bedarf gibt, ehe man ein Angebot produziert, ist einer der Mechanismen, die benutzt werden, um Wachstum sicherzustellen."

„Laß mich weitermachen, Peter", sagte Jeremy. „Nicht weil Du das schlecht machst, sondern weil Wachstum ein so wichtiger Inhalt in all unseren Diskussionen war. Wir alle wissen, daß Wachstum einer S-förmigen Kurve folgt. Ein belgischer Mathematiker namens Verhulst war der erste, der eine Gleichung für solche Kurven aufstellte. Er stellte fest, daß es eine logische Abfolge gab: von gar keinem Wachstum zuerst zu neuem Wachstum, dann zu hohem Wachstum und zuletzt zu sinkendem Wachstum. Das ist ein integraler Teil der Resonanzspirale.

Jetzt habe ich gehört, daß David Dennett ins Gespräch gebracht hat. Ich muß zugeben, ich bin überrascht, daß Sie von ihm gehört haben. Aber aus Ihrer Lektüre wissen sie, daß Dennett meint, Darwins Ideen würden die Gesellschaft in einem größeren Ausmaß beeinflussen als die von Einstein. Außerdem ist Dennett einer der Proponenten in der gegenwärtigen Diskussion um das Werk Darwins. Er ist ein fester Befürworter der graduellen Sicht von Evolution, die Darwin vorschlug."

„Dann gab es diesen Input von Heinrich Hertz", sagte Cathy, „der besonders in der Erklärung der Resonanz brauchbar war. Er ermöglichte es uns, die Pendelbewegungen der Zeit zu studieren, und so ihre Wechselwirkungen zu studieren. Werner Heisenberg verwendete den Wellenbegriff, um die wahre Natur der Materie zu erklären. Es waren seine Schriften, die uns inspiriert haben, hinter die Regeln zu blicken. Er hat auch das Konzept entwickelt, daß Kulturen entweder als eine Sammlung von Werten erklärt werden können oder als eine Wechselwirkung von Kräften. Und ganz offensichtlich haben wir auch von der Chaostheorie Gebrauch gemacht, vor allem von den Ansichten Stuart Kauffmans, die die Fragmentierung betonen, die wir ebenfalls als einen Teil der Resonanzspirale erkannt haben."

Cathy hörte zu sprechen auf und lächelte uns an.

„Gut – ich weiß also ein bißchen etwas über den Hintergrund. Aber dann bin ich Post-graduate-Studentin. Ich soll etwas wissen. Was Sie bereitgestellt haben – unsere vier wunderbaren Versuchskaninchen – war die praktische Seite. Sich diese Dinge anzusehen und sie in eine Perspektive bringen, die keiner von uns hoffen konnte, zu verstehen. Wir haben die Theorie – Sie hatten die Praxis. Das hat die Resonanz erzeugt, die uns alle an diesen Ort geführt hat. Zu dieser Zeit."

„Ist das alles?" fragte ich betäubt. „Sind Sie jetzt fertig, uns mit Wissenschaft zu blenden? Schließlich – wir sind nur Geschäftsleute."

„Nur?" sagte Paula. „Geoffrey – es war Ihre Inspiration, die die Gruppe am Laufen gehalten hat. Es war Ihre Klugheit, die uns bei der Entscheidung in Rußland geholfen hat. Geoffrey – nichts davon hätte ohne Sie geschehen können. Ohne Sie und Ihre Gruppe Gleichgesinnter. Sie haben die Resonanz hergestellt. Sie, Geoffrey. Du, Vater. Sie, Dory. Und Sie, Claire. Sie vier. Sie haben uns gelehrt, was uns keine Theorie hätte lehren können: daß unsere Ideen zwar aus Büchern stammen mögen –, daß sie aber in der Praxis standhalten. Das ist unschätzbar. Sie sind unschätzbar. Wir danken Ihnen dafür."

Damit kamen die Studenten zu uns und begannen, unsere Hände zu schütteln und unsere Wangen zu küssen. Es war ein bewegender Moment. Ein Moment, in dem schließlich aller Ärger verschwand. Und wir stellten fest, daß wir an etwas Wichtigem beteiligt gewesen waren.

☆

Später an diesem Abend saß ich allein in meiner Wohnung und dachte nach, ob das das Ende der Gruppe bedeuten würde – der Darwin-Manager, wie Jeremy uns genannt hatte. Ich dachte darüber nach, ob wir weitermachen wollten, jetzt, wo wir wußten, daß wir zumindest in gewissem Ausmaß manipuliert worden waren.

Als ich ins Schlafzimmer ging, bemerkte ich das Blinken des Nachricht-Lämpchens meines Anrufbeantworters. Ich drückte den Knopf.

„Hallo Geoffrey, ich bin's, Dory. Wie wäre es mit einem Treffen bei mir am nächsten Dienstag? Schließlich – wer braucht schon eine Gruppe von Studenten, die uns dabei hilft, Resonanz herzustellen?"

Ich wußte, ich würde da sein.

André Papmehl (Hrsg.)

Absolute Customer Care

Wie Topunternehmen Kunden als Partner gewinnen

Unverzichtbares „State of the art"-Wissen für alle, die ihre Kunden begeistern und als Partner gewinnen wollen. Renommierte Autoren (u. a. Reinhard Sprenger und Edgar K. Geffroy) zeigen in 22 Beiträgen, wie Topunternehmen 100%ige Kundenorientierung als zentralen Wettbewerbsfaktor einsetzen. Wertvolle Hinweise, Checklisten und Tips helfen bei der praktischen Umsetzung im Unternehmen.
ISBN 3-85436-251-X / 348 Seiten
DM 54,– / öS 394,– / sFr 49,–

Watts Wacker / Jim Taylor / Howard Means

Futopia

... oder das Globalisierungsparadies.
Die Welt in 500 Tagen, Wochen, Monaten, Jahren

Amerikas neuestes Trendkultbuch bietet einen einzigartigen Crashkurs im Chaosdenken. Totale Freiheit und totale Verantwortung, unendliche Möglichkeiten und unendliche Risiken. Das Zeitalter der Vernetzung fordert geistige Flexibilität, Empathie, Authentizität und Eigenverantwortung. Informieren Sie sich über die neuen Regeln der Chaoswelt. Auf dem Spiel stehen Ihre Chancen in den nächsten 500 Tagen, Wochen, Monaten und Jahren.
ISBN 3-85436-232-3 / 344 Seiten
DM 54,– / öS 394,– / sFr 49,–